Georg Fischer
Knut Backhaus
BETEN

Georg Fischer
Knut Backhaus

Beten

echter

Die Reihe Neue Echter Bibel – Themen wird herausgegeben von Christoph Dohmen und Thomas Söding

Bibliografische Information der Deutschen Nationalbibliothek

Die Deutsche Nationalbibliothek verzeichnet diese Publikation in der Deutschen Nationalbibliografie; detaillierte bibliografische Daten sind im Internet über <http://dnb.d-nb.de> abrufbar.

www.echter-verlag.de
Druck und Bindung: Druckerei Friedrich Pustet, Regensburg
ISBN 978-3-429-03072-8

Inhalt

Altes Testament 9

Hinführung 11

A. Beispielgebende Anfänge in der Tora 13

1. Anfänge in der Genesis 13
2. Ein frommer Diener auf Brautschau: Genesis 24 14
3. Vom Schreien zum Singen: Gebete in Exodus 15
4. Angemessenes Lob auf Befreiung: das Schilfmeerlied Exodus 15 17
5. Maß nehmen an Mose: Gebete in Numeri und Deuteronomium 19

B. Von Müttern, Propheten und Königen: Gebete in der Geschichte 23

1. Die Frühzeit: Josua und Richter 23
2. Mutter und Kind: Hanna und Samuel in 1 Sam 24
3. Vater und Sohn: David und Salomo 27
4. Betende Propheten: Elija und Elischa 31
5. Ein Nachkomme in den Fußstapfen Davids: Hiskija 32
6. Das Aufblühen des Betens: die Chronikbücher 33

C. Brennpunkte des Geschehens: Gebete bei den Schriftpropheten . 35

1. »Gott meines Heils«: Jesaja 35
2. Im Clinch mit Gott – Jeremia 39
3. Hoffnungen im Gericht – das Zwölfprophetenbuch 43

D. Vermehrtes Beten in späteren Schriften 48

1. Drei große Bußgebete (Esra 9, Neh 9, Dan 9) 48
2. Drei Identifikationsfiguren (Ester, Tobit, Judit) 52
3. In großer Not (Klgl, Ijob, Bar) 55
4. Kampf und Gebet (1 und 2 Makk) 58
5. Weisheitliche Belehrung (Koh, Sir, Weish) 59

E. Die Hochblüte des Gebets – der Psalter 62

1. Glück der Gottesnähe und Erfahrung der Gott-Ferne – Ps 42–43 62
2. Zusammenfließen vieler Überlieferungen – Ps 77 und 104 ... 63

3. »Leiblichkeit« – Ps 63 und 139 ... 65
4. Unschuldig oder sündig? – Ps 15 und 51 ... 66
5. »Er« und »Du« – Ps 23 und 62 ... 67
6. Sprache und Bildwelt – Ps 55 und 148 ... 69
7. Gott als »Sonne und Schild« – Ps 84 und 85 ... 70

Am Übergang ... 72

Neues Testament ... 75

A. Biblisches Beten – Ein Blick auf das Bleibende ... 77

1. Sprachlos vor Gott: Streifzug durch eine verlorene Welt ... 77
2. Der Ernstfall: Grundzüge des Betens im Neuen Testament (Ps 22; Mk 15) ... 79
3. Urchristliches Seelenleben: Zum Gang durch das Neue Testament ... 84

B. Jesus: Beten als Beziehung ... 87

1. Beten und Handeln: Markus ... 87
2. Erhörungsgewissheit: Redenquelle ... 88
3. Der Lehrer des Gebets: Matthäus ... 90
4. Bilder und Vorbild: Das lukanische Doppelwerk ... 92
5. Das Herrengebet ... 95

C. Urchristliche Gebetskultur ... 101

1. Vom Werden des christlichen Betens ... 101
2. Die Christus-Hymnen des Corpus Paulinum ... 103
3. Die Christus-Psalmen der lukanischen Eingangserzählung ... 109
4. Die Himmelshymnen der Johannes-Offenbarung ... 113

D. Paulus: Beten als Erfahrung ... 116

1. Geistlicher Realismus ... 116
2. Christus-Teilhabe ... 119
3. Leiblichkeit ... 121
4. Kirchlichkeit ... 122
5. Ethos ... 123

E. Die (johanneische) Summe: Gleichzeitigkeit ... 125

Dialog 129

Altes Testament (Georg Fischer) 131
Neues Testament (Knut Backhaus) 133

Anmerkungen 136
Literaturverzeichnis 145
Abkürzungsverzeichnis 146
Bibelstellenregister 147

Altes Testament

Georg Fischer SJ

»Schütte wie Wasser dein Herz aus
vor dem Angesicht des Herrn!«
Klgl 2,19

Hinführung

Beten und Gebete *durchziehen die Bibel von ihrem Anfang bis zum Ende.* Erstmals finden wir das Thema am Ende von Gen 4,26, als dem Set Enosch geboren wird: »... damals wurde begonnen, den Namen Jhwhs anzurufen«. Die letzten Stellen finden sich in Offb 22, wo V. 9 zur Anbetung Gottes auffordert und V. 20 bittet: »Amen, komm, Herr Jesus!« Von der Geburt eines Enkels des ersten Menschenpaares bis hin zum Schlusskapitel der Bibel erstrecken sich Gebete.

Auch die *Häufigkeit* des Betens in den Heiligen Schriften unterstreicht, dass es in ihnen einen Schwerpunkt bildet. Bisher gibt es keine exakten Zählungen oder Auflistungen sämtlicher Gebete in der Bibel, was auch mit den Schwierigkeiten einer genauen Definition und der Abgrenzung gegenüber ähnlichen Formen der Verehrung Gottes zusammenhängt (s. gleich unten). Doch nennt M. Greenberg außerhalb der 150 Psalmen die Zahl von ca. 140 Gebeten in den hebräischen Erzählungen des AT;[1] davon werden 97 in ihrem Wortlaut gebracht, während sonst nur die Tatsache erwähnt wird, dass jemand betet. Dazu kommen bei den Propheten und sonstigen Schriften der Hebräischen Bibel mindestens noch einmal etwa 80 Gebete sowie in den griechischen Büchern des AT um die 100 Belege dafür. Alles zusammen ergibt eine Zahl von *über 470 Gebeten für das gesamte AT.*[2]

Weiters fällt auf, dass gerade längere Gebete (wie z.B. Ex 15; 1 Sam 2; Neh 9) *Höhepunkte der Theologie* der jeweiligen Bücher darstellen. Offenbar verdichten diese Texte in den jeweiligen Werken, was deren Autoren über Gott sagen wollen.

Alle drei Aspekte gemeinsam legen nahe, Beten in der Bibel als eines ihrer *zentralen Anliegen* aufzufassen. Manche Texte, wie Offb 22,9 (s.o.) oder die Einleitungen zur Gebetsbelehrung Jesu in Mt 6,9; Lk 11,2, fordern zum Beten auf; Letztere leiten sogar ein Gebet, das Vater unser, ein, das Modell sein und nachgesprochen werden soll. Ähnlichen Beispiel-Charakter haben andere biblische Texte, unter ihnen besonders die Psalmen. Insgesamt ergibt sich daraus, dass die Bibel auch als eine Art »*Gebets-Lehrbuch*« zu verstehen ist.

Die Frage, *was genau Beten sei*, ist nicht leicht zu beantworten. »Neben dem Opfer ist das Gebet ... die natürlichste und häufigste Form der religiösen Äußerung und Reaktion des Menschen auf die Erfahrung des Göttlichen.«[3] Diese Definition betont den *Antwort-Charakter* des Betens: Weil Gott zuvor sich in irgendeiner Weise gezeigt hat, wendet der Mensch sich

anschließend an ihn. Auf geistliches Leben bezogen bedeutet das, dass Beten selbst bereits Gnade, von Gott ermöglicht und angestoßen ist.
Eine andere Definition fasst Gebet als »›personhafte‹, dialogische Zuwendung eines Menschen zu seinem Gott, um ihm das eigene Dasein in seiner Bedürftigkeit oder Zufriedenheit als den Wirkungsbereich ›dieses‹ Gottes darzustellen«[4]. Bei diesem Verständnis von Beten liegen die Akzente stärker auf der *Situation* des Menschen und auf seiner *Beziehung* mit Gott (s. die Stichworte ›dialogisch, Wirkungsbereich‹). In dieselbe Richtung geht auch K. Rahner mit seiner Aussage: »Jeder Aufschwung des Herzens, der diesen Gott unmittelbar selber meint, ist Gebet.«[5]
Nicht einfach sind die Abgrenzungen gegenüber anderen Formen der Gottesverehrung, wie Meditation, Kontemplation, Anbetung, Gottesbefragung, Beschwörung u.a.[6] Am sinnvollsten scheint, in manchen Fällen mit *fließenden Übergängen* zu rechnen, Beten im eigentlichen Sinn aber zu reservieren für ein sprachliches Ausdrücken dessen, was einen in der Verbindung mit Gott bewegt,[7] wobei irgendeine Art von ›Distanz‹ zu ihm überwunden wird.
Gebete zeigen also, wie die Beziehung zu Gott *von menschlicher Seite intensiver* wird und zu größerer Nähe führt. Anliegen des vorliegenden Buches ist es, diese Dynamik anhand der biblischen Texte sichtbar zu machen. Während im NT die Zahl der Stellen einigermaßen überschaubar ist, verlangen Umfang und Reichhaltigkeit im AT eine starke Beschränkung in der Auswahl und noch mehr bei der Auslegung; deswegen ergeht die Bitte an die Lesenden, bei der Lektüre dieses Buches auch die Bibel aufzuschlagen und jeweils *vorher die hier besprochenen Stellen zu lesen.*
Für das Vorstellen haben jene Texte den Vorzug erhalten, die in Erzählungen oder prophetische und andere Bücher eingefügt sind; anders als die Psalmen, die außerhalb ihres Kontextes überliefert sind, lassen sie eine *Einbindung in konkrete Umstände* erkennen. Diese verbindet mit Alltagssituationen bzw. mit besonderen Erfahrungen und bietet so die Chance, dass auch heutige Leser einen Bezug zu ihrem Leben erstellen können. Es ist unser Wunsch, dass unser Buch viele dazu anregen und in ihnen den Wunsch wecken möge, auch ihrerseits sich vermehrt und neu betend Gott zuzuwenden.

»Wer ist wie du unter den Göttern, Jhwh,
wer ist wie du, herrlich im Heiligtum,
geachtet in Preisungen, vollbringend Wunder?«
Ex 15,11

A. Beispielgebende Anfänge in der Tora

Die ersten fünf Bücher der Bibel sind nicht nur allgemein das *Fundament der Bibel*, sondern auch unter mehreren besonderen Rücksichten: Sie enthalten Grunddaten des Glaubens Israels, wie z.B. Schöpfung (Gen 1–2), Befreiung (Herausführung aus Ägypten), Rechtssammlungen, und so ebenfalls erste Gebete. Damit gibt sie Orientierung und stellt Maßstäbe auf.

1. Anfänge in der Genesis

Der Beginn des Betens in Gen 4,26 kam bereits oben (bei der Hinführung) in den Blick. Wo Menschen erfahren, dass die *Gabe des Lebens* über Kinder zu Enkeln weiterreicht, gibt es Grund für die Hinwendung zu Gott.
Als nächster Beter erscheint Melchisedek mit einem *Doppel-Lobpreis* anlässlich der erfolgreichen Befreiungsaktion Abrams für Lot und die Leute mit ihm in Gen 14. Dem Zurückkehrenden geht der Priester entgegen und begrüßt ihn (V. 19f):
»Gesegnet / gepriesen sei Abram vom höchsten Gott, der Himmel und Erde geschaffen,
und gesegnet / gepriesen sei der höchste Gott, der deine Feinde in deine Hand überliefert hat!«
Das mutige, sich selbst einsetzende Handeln für andere weckt ein Loben, das in zwei Richtungen geht, auf die so sich engagierenden Menschen und auf den dabei wesentlich mitwirkenden Gott.
Die *erste Gottesanrede* in der Bibel stammt von einer Frau, einer Magd. Die Ägypterin Hagar reagiert in Gen 16,13 auf die Erscheinung des Boten Jhwhs an sie mit: »Du bist ein Gott, der mich sieht!« In ihrer Not auf der Flucht vor Sarai erfährt sie Hilfe, Bestätigung sowie Verheißung, und sie drückt diese erlebte Sorge Gottes in ihrem Bekenntnis aus.[1]
Beten für andere beginnt mit Abraham in Gen 20,17 – in Fortsetzung seines fürbittenden Einsatzes für Sodom und Gomorra in Gen 18,16–33 – und hat *heilende Wirkung*. Das Besondere daran ist, dass auch der Betende selbst dabei im Vorfeld belastet ist; er hatte seine Frau Sara als seine »Schwester« ausgegeben (V. 2), damit König Abimelech in die Irre geführt wird, und so seinen Teil zu den Folgen beigetragen, die er mit seinem Gebet wieder abwenden will. Daraus ist abzuleiten, dass schuldig Gewordene und sogar in Fällen, die sie mit betreffen, gleichfalls beten sollen und bei Gott Gehör finden können.

Gen 24 ist so reich bezüglich des Betens, dass es eigens behandelt werden soll (→ 2.). Gleich im nächsten Kapitel aber begegnen wir erneut der *Fürbitte*, diesmal von Isaak für seine unfruchtbare Frau (Gen 25,21); sie wird ebenfalls von Gott erhört, wie auch die darauffolgende Befragung Gottes durch Rebekka (V. 22f).

Ihr Sohn Jakob betet in *kritischen Situationen*, exemplarisch veranschaulicht an den großen Ortswechseln. Beim Wegziehen, im Anschluss an die Traum-Erscheinung in Bet-El, gelobt er in Gen 28,20–22 nach einer Reihe von Bedingungen:[2] »Wenn Gott mit mir ist und ..., dann wird Jhwh mir Gott sein ... und alles, was du mir gibst, werde ich dir sicherlich verzehnten.« Der Wechsel von der 3. zur 2. P. richtet das Gelübde am Ende auf den unmittelbaren Kontakt mit Gott aus. Es ist somit nicht nur allgemeines Versprechen, sondern ihm persönlich gegeben.

Der Not des Ausziehens entspricht die *Angst bei der Rückkehr* in Gen 32. Die Nachricht, dass Esau ihm mit 400 Mann entgegenzieht, bringt Jakob dazu, seinen Tross in zwei Lager zu teilen (V. 8) und sich an Gott zu wenden (V. 10–13). Dabei bezieht er sich auf dessen Verheißungen in den Versen, die sein Gebet rahmen (V. 10 und 13). Dazwischen bekennt er zuerst seine Unwürdigkeit (V. 11), um dann mit der Bitte um Errettung (V. 12) auf sein eigentliches Anliegen zu kommen. Gottes Wort ist Ausgangspunkt[3] und umschließende Sicherung für den furchtsamen Jakob in seiner Todesangst; es gibt ihm Kraft, trotz seines Nicht-wert-Seins Gott in der Not um Hilfe anzugehen.

Das nächste und letzte Gebet in der Genesis stammt ebenfalls von Jakob, kurz vor seinem Tod, inmitten des Segnens seiner Söhne (Gen 49,18). Nach dem Segen an Dan spricht er: »Auf dein Heil hoffe ich, Jhwh!« Die rätselhafte Bemerkung[4] gibt der Überzeugung des sterbenden Patriarchen Ausdruck, dass letztlich *alle entscheidende Hilfe* nur von Gott kommen kann, und beendet so angemessen seine Lebenserfahrungen und die Gebete der Genesis.

2. Ein frommer Diener auf Brautschau: Genesis 24

»Wer eine Frau gefunden, hat Glück gefunden und erlangte Wohlgefallen von Jhwh« (Spr 18,22). Ist eine solche Suche schon für sich selbst schwierig, so noch mehr für jemand anderen. Damit beauftragt Abraham nach dem Tod seiner Frau Sara seinen Diener und sendet ihn unter feierlichem Schwur in seine frühere Heimat (Gen 24,3f). Abrahams *Bekenntnis und Zuversicht* bezüglich Gottes vergangener und in die Zukunft anhaltender Unterstützung (»Bote / Engel« V. 7) begleitet den Diener dabei auf seiner Reise (s. V. 40).

Am Zielort angekommen, *beginnt* dieser angesichts der überaus herausfordernden Aufgabe *zu beten* (V. 12–14). Er spricht Jhwh in V. 12 als »Gott meines Herrn Abraham« an und bittet ihn, diesem *häsäd*, »Verbundenheit,

Gnade«, zu erweisen, in Rahmung mit dem Ende seines Gebets in V. 14. Sie soll daran erkennbar werden, dass ein von ihm angesprochenes Mädchen über das Erbetene hinaus – Wasser zum Trinken für ihn selbst – bereit ist, auch die Kamele zu tränken.[5] In Kombination von eigenem Handeln des Dieners und göttlichem Mitwirken solle so deutlich werden, wen Gott als Frau für Isaak »bestimmt« habe.

Noch vor Abschluss des Betens tritt bereits Rebekka auf (V. 15), die aufgrund weiterer Merkmale (V. 16) als Braut in Frage kommt. Mit ihr erfüllt sich exakt das, worum der Diener zuvor gebeten hatte, so dass dieser anschließend vor Jhwh niederfällt und ihn preist (V. 26f). Das Gebet am Ende der ersten Begegnung mit Rebekka am Brunnen ist Dank für das Gelingen und bildet mit Wortentsprechungen (s. »Jhwh, Gott meines Herrn Abraham«; »Verbundenheit«) einen Rahmen mit jenem am Anfang; das zusätzliche »und Treue« steigert dabei die göttliche Loyalität.

Es kommt dann zur Begegnung und Aufnahme in Rebekkas Familie. Dort legt der Diener ohne Scheu zweifach *Zeugnis* ab von seinem Beten. Er berichtet, weitgehend getreu der Sache nach, in V. 42–44 sein anfängliches Gebet und auch dessen vorzeitige Erhörung (V. 45) sowie in V. 48 seine dankbare Reaktion. Damit können die Zuhörenden erkennen, dass offensichtlich Gott die Hand bei dieser glücklichen Fügung mit im Spiel hatte und das Zusammentreffen gelingen ließ.

Diese Darlegung überzeugt auch Betuël und Laban, Rebekkas Vater und Bruder, und sie willigen in die Verheiratung mit Isaak ein (V. 50f).[6] Darauf betet Abrahams Diener *erneut* (V. 52, »niederfallen vor Jhwh« wie in V. 26, hier noch intensiviert durch »zur Erde«).

Die fünf teils längeren Erwähnungen von Beten in Gen 24 zeigen, dass ihm eine *Schlüsselrolle* zukommt bei der Durchführung des schwierigen Auftrags, konkret: dem Finden einer geeigneten Frau für Abrahams Sohn Isaak. Wo Menschen an Grenzen gelangen, wo übergreifende, nicht mehr bestimmbare Zusammenhänge ins Spiel kommen, (spätestens) dort ist angebracht, sich an Gott zu wenden. Der fromme Diener Abrahams ist Vorbild dafür, und auch für das Stehen zu dieser Haltung durch die doppelte Bezeugung. Der Erfolg bei seiner heiklen Sendung bedeutet eine Ermutigung an alle, in ähnlichen Situationen seinen Weg des Betens nachzugehen.

3. Vom Schreien zum Singen: Gebete in Exodus

Ex 1–2 schildert, wie der Druck auf die Israeliten in Ägypten immer stärker wird. Ex 2,23 erwähnt dann ihr *Schreien* angesichts der anhaltenden Arbeitsbelastung, ohne jedoch Gott als Adressaten zu nennen; dennoch dringt es zu Gott (V. 23b), der daraufhin intensiv tätig wird (V. 24f) und es in der Berufung des Mose explizit als Grund seines Einschreitens erwähnt (3,7). Selbst ein nicht direkt an ihn gerichtetes Klagen in Not erreicht Gottes Ohr.

Zwei Kapitel später, am Ende von Ex 4, reagiert das Volk mit *Niederwerfen und Anbetung* auf die göttliche Entsendung von Mose zu ihrer Befreiung (4,31). Sie erkennen darin, dass Gott ihr Schreien und ihr Elend wahrgenommen hat, und antworten ihrerseits mit Verehrung. – Bei der Ankündigung des endgültigen Abschieds aus der ägyptischen Sklaverei in 12,27 findet sich die exakt gleiche Reaktion wieder.

Der Weg in die Freiheit ist aber noch lang und schwierig. Auf die Vorwürfe der Aufseher an Mose und Aaron anlässlich der verschärften Unterdrückung durch den Pharao in Ex 5 wendet sich Mose seinerseits mit *Anklagen an Gott* (V. 22f): »Herr! Warum hast du schlecht gehandelt an diesem Volk? Warum nur hast du mich gesandt? ...« Er spricht offen sein Leid und seine Enttäuschung Gott gegenüber aus. Dieser antwortet ihm auf seine Klage gleich doppelt (6,1.2–8) und zeigt so, dass er Moses Probleme voll ernst nimmt und angeht.

Der wiederholte Widerstand des Pharao bildet ein weiteres Hindernis auf dem Weg zur Befreiung. Trotz der Zeichen Gottes will er die Israeliten nicht ziehen lassen; dabei *bittet er öfter Mose, zu Jhwh zu beten* zur Abwendung der negativen Folgen (8,4.24; 9,28; 10,17), was dieser auch macht (8,8.25f; 10,18). Die Ausführungsnotiz in 9,29 gebraucht für »beten« die Wendung »die Hände ausbreiten«, eine Entsprechung zu Ersterem im Bild einer Geste; 8,8 hatte »schreien« verwendet.[7]

Letzteres begegnet erneut beim Geschehen am Schilfmeer. Ex 14,10 zeigt gegenüber 2,23 einen *Fortschritt*, insofern die Israeliten sich jetzt direkt an Jhwh wenden. Wenige Verse später (V. 15) fragt Gott Mose: »Was schreist du zu mir?« Nachdem zuvor keine Bemerkung diesbezüglich erfolgte, macht diese Anfrage auf ein vorausliegendes, doch *nicht berichtetes Beten* Moses aufmerksam. Viele Gebete erfolgen im Verborgenen (vgl. Mt 6,6), doch vor Gott gehen sie nicht unter.

Auch hier setzt er sich zugunsten der zu ihm Schreienden ein und schenkt ihnen Errettung vor dem verfolgenden »Ägypten«. Dies führt zu einem *Ausbruch der Freude* im jubelnden Loblied Ex 15, das als Höhepunkt der Gebete in Ex eigens besprochen wird (→ 4.).

Nach dem Durchzug durch das Schilfmeer *hört Beten nicht auf*. Schon in 15,25 muss Mose erneut zu Jhwh schreien, weil das Volk wegen des bitteren Wassers gegen ihn murrt. Ähnliches wiederholt sich, als die Gemeinschaft in Refidim am Verdursten ist (17,4).

Nicht nur bei internen Konflikten, auch *bei Angriffen von außen* bedarf es des Gebets. Die exemplarische Erzählung der Auseinandersetzung mit »Amalek« in Ex 17 verteilt dafür zwei Führungsrollen, die eine im Kampf auf Josua (V. 9f), die andere der Gebets-Begleitung auf Mose, der seinerseits dabei Unterstützung erhält (V. 11f).[8] Entscheidenden Anteil am Sieg hat das Beten, wie der Unterschied zwischen gesunkenen und erhobenen Händen verdeutlicht.

Das Buch Exodus bietet weiter noch einige bedenkenswerte Momente für unser Thema. Gottes Erretten »aus der Hand Ägyptens« wird Grund für den *Lobpreis Jitros*, des midianitischen Schwiegervaters Moses, der darin

Jhwhs Überlegenheit über alle Götter erkennt (18,10f). Der Auszug bringt damit auch Fremde zur Verehrung des wahren Gottes.
Weder im Dekalog noch im Bundesbuch (Ex 20–23) findet sich eine Bestimmung in Bezug auf Gebete. Daraus lässt sich ableiten, dass *Beten immer frei bleibt*. Es gibt keine Verpflichtung dazu, wohl aber eine Einladung, wie die Aufforderung zur Anbetung (vgl. schon 4,31; 12,27) an ausgewählte Personen in 24,1 in anderer Weise symbolisiert.
Die Behandlung der *relevanten Texte in Ex 32–34* muss berücksichtigen, dass Gott mit Mose dort in einem so unmittelbaren Kontakt steht (s. die einmalige Nähe durch »von Angesicht zu Angesicht« und den Vergleich mit dem Freund in 33,11), dass wohl nicht eigentlich von »Beten« gesprochen werden kann, doch stehen sie ihm von Inhalten und Vorgehen her nahe. Zudem bieten sie Vorlagen, auf die spätere Texte, unter ihnen auch Gebete, zurückgreifen. Deswegen seien sie hier kurz angesprochen.
Auf die Vernichtungsabsicht Gottes anlässlich der Anfertigung des Goldenen Kalbes (32,10) reagiert Mose beschwichtigend. In V. 11–13 stellt er zunächst zwei Warum-Fragen (vgl. 5,22), auf die er zwei Aufforderungen folgen lässt: Gott möge umkehren vom Zorn sowie der Erzeltern und der ihnen gegebenen Zusagen gedenken. Der *fürbittende Einsatz* intensiviert sich noch mit V. 31f in der Bitte um Vergebung, wobei er seine Person in die Waagschale wirft, und ist Zeichen selbstloser Solidarität mit dem sündhaften Volk. Mose wird darin zum großen Vorbild all jener, die später in gleicher Weise bei Gott Fürsprache einlegen (s. schon vorher Abraham, o. bei 1., Mose selbst öfter wieder in Num 11–21, Samuel und andere Propheten u. S. 27, sowie 2 Makk 12,42).
Ab 33,12 richtet Mose weitere Bitten an Gott mit dem Ziel der persönlichen Begleitung (V. 16 »du mit uns gehst«) und der *Offenbarung seiner Herrlichkeit* (V. 18); Letztere erfolgt in seinem Vorübergehen an Mose in 34,5–7, bei dem er doppelt seinen Namen ausspricht und ihn mit der »Gnadenformel« verbindet, worauf Mose mit Anbetung antwortet (V. 8). Die außergewöhnliche Nähe des Kontaktes mit Gott findet ihren Widerschein im strahlenden Angesicht (V. 29–35) – entsprechend der oft äußerlich sichtbar werdenden Ausstrahlung von Menschen, die eng mit Gott im Gebet verbunden sind. So lassen sich an Moses Reden mit Gott – sozusagen im Ideal überhöht – mehrere wichtige Aspekte erkennen, die ebenfalls Beten auszeichnen.

4. Angemessenes Lob auf Befreiung: das Schilfmeerlied Exodus 15

Wenn ein Kind den Schoß der Mutter verlässt, beginnt es zu schreien. Eine ähnliche Erfahrung macht Israel beim Durchzug durch das Schilfmeer. Als es zum neuen Leben in Freiheit gelangt, *beginnt es zu singen*. Dieses Singen in Ex 15 ist nicht nur das erste[9] Lied der Bibel, es wird auch begleitet von deren erstem Tanz, noch dazu im Rhythmus getragen von Instrumenten

(»Handtrommeln« in V. 20). Zugleich handelt es sich um das erste im Wortlaut berichtete gemeinsame Gebet und um das längste menschliche Sprechen im Buch Exodus. All das verschafft Ex 15 eine markante Sonderstellung und macht aus ihm eine Art Modell für Beten der Gemeinschaft (vgl. auch die häufige Aufnahme der Exodus-Thematik in Psalmen, s.u. auf S. 64).
Die eben genannten außergewöhnlichen Merkmale bilden die *entsprechende Antwort* auf das vorausliegende, ebenfalls alles Bisherige sprengende Handeln Gottes. Wo er in der endgültigen Befreiung von Ägypten so neu und wunderbar handelt, darf der Mensch nicht zurückbleiben in seiner Anerkennung (vgl. die Bewegung in Weish 10,18–21 sowie im NT das jubelnde Rufen in Offb 19 nach dem Untergang Babels in Kap. 18).
Bereits 14,31 hatte diesbezüglich »glauben an Jhwh und an seinen Diener Mose« erwähnt, doch das genügt nicht; Mund und Herz müssen sich öffnen im erhebenden, lobpreisenden Singen. Was Mose angeht, findet von 14,31 hin zu 15,1 ein *entscheidender ›Seitenwechsel‹* statt: War er eben noch in einem Zug mit Gott an dessen Seite gesehen worden, steht er nun vereint mit den Israeliten[10] diesem gegenüber in der Verehrung, die jenem allein gebührt.
Der Gesang setzt ein mit einer Beschreibung (3.P., »er«) in V. 1–5. Sie greift, wie auch der folgende Teil in Anrede (V. 6–10, in 2.P. mit »du«), poetisch und vielfach bildhaft ausmalend Ex 14 auf. Dabei ragt nach dem Aufgesang (V. 1) die erste selbständige Aussage über Gott heraus: »Meine Stärke und mein Lied ist Jah«, die zusammen mit der Fortsetzung »und er ist mir zur Rettung geworden« noch zweimal später aufgenommen wird (Jes 12,2; Ps 118,14). Die erstmalig hier begegnende Kurzform des Gottesnamens, »Jah«, zeugt von besonderer *Vertrautheit*, die Kombination »Stärke – Lied« davon, dass Gott sowohl die Dimension der Kraft als auch die der Kunst zukommen.
Letztere gelangt zum Ausdruck in der hochstehenden Poesie des Textes und im Gesang, Erstere wird inhaltlich weiter ausgeführt in prägnanten Formulierungen, unter ihnen »Jhwh ist ein Kriegsmann« (V. 3, verbunden mit seinem »Namen«, d.h. seinem Wesen) und die zweifache Erwähnung »deiner Rechten« in V. 6. Gegen diese *Macht Gottes* kann alles feindliche Begehren (V. 9) nichts ausrichten.
Die gedoppelte staunende Frage »Wer ist wie du ...?« in V. 11 (s.o. das Motto) ist in ihrer genauen Formulierung einzigartig und bildet Zentrum und Wendepunkt des Schilfmeerliedes. In der Mitte fokussiert sich der Blick auf Jhwhs *einmalige Erhabenheit*, die ihn über andere »Gottheiten« emporhebt und an seinen Wundertaten erkennbar ist. Zugleich wandelt sich die Perspektive: War bisher das vergangene Geschehen Anlass zum Lob, so sind V. 12–18 auf die Zukunft ausgerichtet. Das schon Geschenkte ist Grund zum Dank, und das noch Vorausliegende wird bereits in das Preisen hineingenommen, so dass beide Aspekte gleichwertig in diesem Beten vertreten sind.
Der Bezug auf künftige Ereignisse wird besonders sichtbar in V. 12, der über »verschlang sie die Erde« in exklusiver Weise mit dem Aufstand in

Num 16,30.32.34 verbunden ist, weiters beim Hindurchziehen durch andere Völker in V. 14–16 und im Zielpunkt »Ort für dein Wohnen« in V. 17, der nur noch in 1 Kön 8,49 (// 2 Chr 6,39) begegnet und somit auf den von Salomo errichteten Tempel verweist. Das Lied Ex 15 sieht bei Gott ein einheitliches Handeln, das *Hilfe und Führung durch alle Zeiten hindurch* umfängt und in V. 18 mit dem Proklamationsruf der ewigen Königsherrschaft Jhwhs entsprechend endet.
Die Veränderungen zwischen V. 1 und V. 20f tragen gleichfalls wichtige Bedeutung für das Beten. Der Singular »ich will singen« wird zur Plural-Aufforderung »Singt ...!«. Damit treten zu den Männern nun auch die Frauen hinzu und ebenso *Musik, Bewegung und Tanz*.[11] Darin zeigt Ex 15 eine die ganze Gemeinschaft mit sich steigernder Beteiligung erfassende Dynamik, von Mose und den Israeliten zu Mirjam mit allen Frauen, zusammen gleichsam eine Art Doppelchor bildend. Das Schilfmeerlied ist damit ein Beispiel, wie lobendes Beten in ansteckendem Schwung sich zu literarischer Brillanz erhebt sowie immer weiter ausgreifen und alles einbeziehen kann.

5. Maß nehmen an Mose: Gebete in Numeri und Deuteronomium

Das zentrale Buch der Tora, *Levitikus*, weist kein einziges ausdrückliches Gebet auf und geht darin mit anderen Schriften wie Mal, Spr, Hld und Ester (in der hebräischen Fassung, vgl. zudem Ez, u. bei C, 3) überein. Doch finden sich drei Belege für »bekennen« (Lev 5,5; 16,21; 26,40) sowie in Lev 26,1 die Warnung vor dem Niederwerfen vor Kultobjekten. Im seltenen Erwähnen des Betens spiegelt sich, dass manche Autoren *andere Akzente setzen* und einige Bereiche des gesellschaftlichen Lebens in Israel, zumindest zeit- oder teilweise,[12] ohne Beten auskamen.

Doch schon das folgende Buch, *Numeri*, schließt an den Befund bei Exodus an, indem es wiederholt von Gebeten berichtet und dabei Mose eine entscheidende Rolle gibt. Als Erstes wird er Vermittler einer berühmten *Segensformel*, die er in Gottes Auftrag Aaron und seinen Söhnen mitzuteilen hat (Num 6,22f); der Segen selbst wird dann in V. 24–26 angeführt und in V. 27 von Gott als »Legen meines Namens« gedeutet. Beim Segnen ist mit zwei Bezügen zu rechnen: Zum einen werden die Israeliten, als Einzelne, mit »du« angeredet. Zum anderen erfolgt alles im Auftrag Gottes und als sein Geschenk; er ist ja in allen Sätzen Subjekt. So muss vorausgesetzt werden, dass Segnen sich auch, zumindest indirekt, an ihn richtet.
Israels Weiterziehen vom Sinai erfolgt im Einklang mit den Bewegungen der Bundeslade. Auch dabei hat *Mose eine wichtige Funktion*, indem er ihren Aufbruch und ihr Ruhen mit Zurufen an Jhwh begleitet (Num 10,35f). Wache Aufmerksamkeit und Anteilnahme an Gottes Tun kennzeichnen ihn.
Unmittelbar anschließend, in Num 11,2, tritt er wieder als *Fürbitter* auf, wie schon in Ex 32f für das Volk (und zuvor in Ex 8–10 für Pharao). Diese Rol-

le hält sich durch: Er betet für seine Schwester Mirjam in Num 12,13, obwohl Aaron und sie ihn zuvor angegriffen haben (V. 1f). Die Verleumdung des Landes durch die Kundschafter weckt in Gott erneut den Wunsch, das Volk zu vernichten (Num 14,11f); auch diesmal vermag Mose, ihn in längerem Gespräch (V. 13–19, unter Bezug auf dessen Selbstoffenbarung mit der Gnadenformel aus Ex 34 in V. 17f) umzustimmen, so dass er vergibt (V. 20). Vielleicht ist Moses und Aarons Niederfallen vor Gott in Num 20,6 angesichts des Murrens der Israeliten ebenso als Fürsprache zu interpretieren, ohne dass aber Worte dafür erwähnt würden. In jedem Fall jedoch wiederholt sich in Num 21,7 die bereits in Num 11,2 gesehene Bewegung. Das Volk wendet sich an Mose, hier sogar explizit mit der Bitte ums Gebet, und dieser kommt dem Wunsch der Gemeinschaft nach und erreicht bei Gott ein Aufhören der Straffolgen.

Zwischen den eben genannten Gebeten, die allesamt für andere erfolgen, gibt es eine Stelle, an der Mose sich *in eigener Sache* an Gott richtet. Als das Murren der Israeliten, das schon nach dem Auszug einsetzte (Ex 15,24; 16,2; 17,3), nun nach der Begegnung mit Gott am Sinai in der Form von Unzufriedenheit und Vorwürfen wieder ausbricht (Num 11,1–6.10), klagt er Jhwh sein Leid (V. 11–15, beginnend mit zwei Warum-Fragen, s. dazu Ex 5,22). Auch Gottes Gesandte dürfen ihm ihren Schmerz und ihre Enttäuschung vortragen, selbst wenn es dabei zu Übertreibungen oder Entstellungen kommt (V. 11 »nicht Gnade gefunden«; V. 12 das Bild des Pflegers mit dem Säugling im Schoß). Gott hat sogar dafür Verständnis; er geht auf Moses Anliegen voll ein (ab V. 16).

Im *Deuteronomium* wandelt sich vieles. Zwar hat Mose nach wie vor eine bedeutende Rolle, u.a. als Sprecher nahezu des ganzen Buches, doch treten weitere Aspekte in den Vordergrund.

Wenn das Weinen der Israeliten vor Jhwh in Dtn 1,45 als Beten zu verstehen ist, dann vermittelt es die klare Botschaft, dass bei *vorausgehendem Ungehorsam* nicht mit Gottes Erhören gerechnet werden kann. – In ähnliche Richtung mag die abgelehnte Bitte Moses in Dtn 3,23–28 zu interpretieren sein; Gottes Vorhaltung von Num 20,12 steht noch immer im Hintergrund.[13]

Nicht direkt vom Beten, wohl aber von *»suchen« und »fragen« nach Jhwh* spricht Dtn 4,29 im Zusammenhang mit dem Exil. Eine solche Haltung kann sehr wohl auch Gebete einschließen, wie es an anderen Stellen der Fall ist, an denen diese beiden Wörter in Verbindung mit »finden« durch Gott begegnen (z.B. Jer 29,13).

Explizit gefordert wird Beten in Dtn 8. Die Erfahrung, in ein fruchtbares Land zu kommen, dort essen zu können und satt zu werden, soll in *dankbare Anerkennung* einmünden (V. 10). Das dafür verwendete hebr. Wort *barak* (auszusprechen »barach«) umfasst sowohl »segnen« als auch »preisen, loben« (s. schon Gen 14). – Die ebenfalls heute beobachtbare Gefahr, dass Wohlstand zur Abwendung von Gott führt, ist Dtn 8 nicht fremd: Gleich darauf mahnt es dreifach, nicht den zu »vergessen«, von dem all diese Gaben kommen (V. 11.14.19). Beten ist Zeichen der Bewusstwerdung, Erinnerung und Wertschätzung für geschenktes Leben und bei Sättigung oder gar Fülle nur mehr als angebracht.

In Dtn 9 greift Mose seine *fürbittende Rolle von Ex 32* auf, mit leichten Veränderungen. Hier spricht er davon, dass das Zerschlagen der Tafeln seinem Niederfallen vor Gott (Dtn 9,18, ausgefaltet in V. 25–29) vorausging, das danach volle 40 Tage dauerte und von Fasten begleitet war. Er muss eigens auch für Aaron flehen (V. 20). Dies bedeutet, dass sogar das höchste priesterliche Amt in seinem Ahnherrn auf das Gebet anderer angewiesen ist.

In den Gesetzestexten sind erwartungsgemäß kaum Gebete anzutreffen. Dennoch findet sich in einem *besonders schwierigen Fall* eine an Gott gerichtete Bitte um Vergebung (Dtn 21,8). Wo der gewaltsame Tod eines Menschen nicht aufgeklärt werden kann, soll das Gebet helfen, dass die Blutschuld nicht die ganze Gemeinschaft trifft.

Dem schon angeschnittenen Sonderfall, dass Beten eine kultische Handlung begleitet (s. Anm. 12), begegnen wir in Dtn 26. Dem Darbringen des Korbes mit den Erstlingsfrüchten folgt ein *Bekenntnis*, eingeleitet mit »... und du sollst sagen vor Jhwh, deinem Gott: ...« (V. 5). Dieses endet nach einem Rückblick auf Gottes beschützendes, befreiendes und großzügiges Wirken in der Vergangenheit mit einer Anrede an ihn in V. 10, welche in der Übergabe der Erstlingsfrüchte die volle Erfüllung der göttlichen Verheißungen bestätigt. Was Mose in Dtn 8 angemahnt hatte, vollzieht sich dabei exemplarisch.

Ganz ähnlich geben Dtn 26,13–15 einen *Gebetstext* vor, der begleitend zu einer Handlung, diesmal zur Abgabe des Zehnten im dritten Jahr (V. 12), aufzusagen ist. Er betont mehrfach die treue Erfüllung göttlicher Gebote (V. 13f) und erbittet Segen für Volk und Land (V. 15).

Schon in Ex 15 hatte Mose gesungen; in Dtn 31,19.21f.30 ist erneut von einem *Lied* die Rede, das er, nun in Gottes Auftrag, an seinem Todestag die Israeliten lehrt. 32,1–43 berichtet seinen Inhalt, und V. 3 gibt das Ziel an: »Den Namen Jhwhs will ich ausrufen; bringt Größe dar unserem Gott!« Von seiner Gattung her hebt sich Dtn 32, als mahnende Belehrung (Dtn 31,19) und verdichtete theologische Zusammenfassung des Wesens Jhwhs, aber von dem ab, was sonst für Gebete üblich ist, und wird deshalb hier nicht besprochen.

Auch in *Moses Segen* (Dtn 33) unmittelbar vor seinem Tod ist das Moment des Redens über Gott stark, vor allem in der Rahmung (V. 2–5 und 26–29), doch finden sich ebenfalls Anreden an ihn in V. 7 und 8–11, womit die beiden ›Stämme‹ Juda und Levi ausgezeichnet werden, Letzterer besonders: Der ganze Segen für den Priester-Stamm Levi ist Gebet.

*

Der Rückblick auf Beten in der Tora enthüllt eine markante *Zweiteilung*: Während in der Genesis viele Personen als betend geschildert werden und ab Gen 16 vor allem in Notsituationen, dominieren in den Büchern Exodus bis Deuteronomium die Gestalt des Mose und bei den Anlässen verletzte Beziehungen Gott gegenüber, die seinen fürbittenden Einsatz erfordern.[14] Dieses Beten für andere bildet mit gut zehn Stellen einen Schwerpunkt bei Mose, doch gibt es weitere markante Akzente. In Ex 5,14 und Num 11,11–15 wendet er sich klagend/schreiend an Gott. Beim Schilfmeerlied in Ex 15 ist er nicht nur eine Art *Vor-Sänger* (vgl. zudem Dtn 31f), sondern erscheint gleichsam als dessen Dichter. Er *vermittelt Gebetstexte*, z.B. den priesterlichen Segen in Num 6 sowie die Bekenntnisse in Dtn 26, und *belehrt* auch grundsätzlich über das Beten (Dtn 8). Als einer, der immer größere Intimität mit Gott gesucht hat (Ex 33f) und vielfach selbst betete, decken sich bei ihm Verkündigung und Lebenszeugnis. Mose ist so das Modell eines betenden Menschen, was mit einen Schlüssel zum Verständnis der Tora darstellt.

»Dem armen Volk hilfst du ...
du bist meine Leuchte, Jhwh!«
2 Sam 22,28f

B. Von Müttern, Propheten und Königen: Gebete in der Geschichte

Die Überschrift verdankt sich einerseits dem Umstand, dass eine entscheidende Phase der Geschichte Israels mit einem ausführlichen Blick auf *Hanna, die Mutter Samuels*, einsetzt (1 Sam 1f), anderseits in der Folge mehrere *Gebete von Propheten und Königen* erwähnt werden. Daneben freilich gibt es weitere Texte, die vom Beten berichten und ebenfalls Aufmerksamkeit verdienen, allerdings knapper besprochen werden als in Teil A.

1. Die Frühzeit: Josua und Richter

Die Auseinandersetzungen im Zug der sogenannten ›Landnahme‹ im *Buch Josua* ließen erwarten, dass Israel sich für deren Gelingen wiederholt an Gott wende – bezeichnenderweise aber steht keines der drei Gebete darin in direktem Zusammenhang damit:
Das erste Mal betet Josua nach der Niederlage des Volkes gegen die Bewohner von Ai in Jos 7, aus *Enttäuschung über die ausgebliebene göttliche Hilfe*. Als der Nachfolger Moses wendet er sich, in einer Mischung aus dessen Stil und Vorwürfen der Gemeinschaft,[1] klagend an Gott (V. 7–9). Dessen Antwort hingegen ab V. 10 zeigt auf, dass die Ursache beim Volk liegt.
Das nächste »Beten« Josuas erfolgt angesichts des Überfalls »aller Könige der Amoriter« (Jos 10,6) gegen das mit den Israeliten verbündete Gibeon. Im Anschluss und zur *Erklärung des gewonnenen Kampfes* berichtet V. 12 ein Reden Gideons zu Jhwh, welches das Stillstehen der Sonne erfleht und von Gott in einzigartiger Weise erfüllt wird (V. 14).
Zuletzt erwähnt Josua in seiner Abschiedsrede, Gottes Geschichtsrückblick zitierend, das *Schreien Israels* zu Jhwh beim Auszug aus Ägypten (Jos 24,7). Es führte zu einem unter vielen Zeichen göttlicher Hilfe, die zu einer Entscheidung für seinen Dienst motivieren sollen (V. 14–28).

Auch im *Buch der Richter* stehen nicht viele Gebete. Mit Anklängen an Ex 15 singen Debora und Barak in Ri 5 ein *Preislied*[2] für Jhwhs Rettung vor Sisera, dem Feldherrn der Kanaanäer. Debora nennt sich darin »Mutter in Israel« (Ende von V. 7). Dieses Lied ist von großer Länge (31 Verse) und weist verschiedene Sprechrichtungen auf. Nur zweimal redet es Gott in 2.P. an, in V. 13b mit der Bitte, die Helden zu begleiten, sowie in V. 31a mit dem Wunsch: »So mögen vergehen alle deine Feinde, Jhwh!«

Jiftachs Gelübde in Ri 11,30f bildet das nächste ›Gebet‹. Es setzt ein mit »Wenn du die Amoriter in meine Hand gibst« und endet mit einem unüberlegten Versprechen, das er selbst und seine Tochter als (unbesonnenes) »Mund aufreißen« bezeichnen (V. 35f). – Die Anweisungen in Koh 5,1–3 (vgl. dazu Spr 20,25), mit solchem Reden Gott gegenüber zurückhaltend zu sein, mögen auch diesen Hintergrund haben.

Zwei *Gebete Simsons* werden überliefert. Das erste Mal ist er am Verdursten, ruft Jhwh an und erfährt Hilfe in einer Weise, die an Israel in der Wüste erinnert (Ri 15,18f; vgl. Ex 17,6; Num 20,8.11). Simsons zweites Beten erfolgt kurz vor seinem Tod (Ri 16,28) und steht dem Loben Dagons durch die Philister unmittelbar zuvor gegenüber (V. 23f). Die Bitte an Jhwh, zu gedenken und ihn für das Rächen/Vergelten zu stärken, geht in Erfüllung und bereitet so dem Jubel der Feinde ein Ende. – Die Verbindung von ›Gebeten‹ und andere in den Untergang mitreißendem Selbstmord (vgl. zudem 1 Makk 6,43–46) hat in den letzten Jahren erschreckende Aktualität gewonnen.

Ri 21 erwähnt letztmalig im Buch ein ›Beten‹. Trauernd und klagend wenden sich die übrigen Stämme nach ihrer Strafaktion gegen Gibea und die Benjaminiten an Gott (V. 2) und stellen ihm eine Warum-Frage (V. 3). Sie erhält keine Antwort, auch deswegen nicht, weil der voreilige Schwur von V. 1 und das unglaubliche Verbrechen von Ri 19 diese bereits enthalten. Nicht Gott, sondern die Menschen selbst sind *schuld an den Missständen.*

*

Die Gebete in den Büchern Josua und Richter streichen neu mehrere *Probleme* heraus: Beten kann auf falschen Voraussetzungen aufruhen und zu ungerechten Anklagen führen (Jos 7). Es kann ohne vernünftiges Überlegen erfolgen und so schlimme Konsequenzen haben (Ri 11 und 21). Auch ist möglich, es zu ›instrumentalisieren‹ für den Kampf gegen die Feinde (Ri 16; evtl. Jos 10). Jos und Ri geben damit Impulse, die kritische Fragen an das Beten ebenfalls für die heutige Zeit stellen.

2. Mutter und Kind: Hanna und Samuel in 1 Sam

a) Hanna als Vorbild

Schon in Ri 5 sind wir einer ›Mutter‹ begegnet; diese Aufgabe rückt noch stärker in den Vordergrund bei *Hanna*, auch deswegen, weil zuerst und eindringlich das Leid ihrer Unfruchtbarkeit beschrieben wird (1 Sam 1,2.5–8). Mit ihr steht am Beginn einer neuen Epoche der Geschichte Israels eine Frau im Mittelpunkt, und ihr Bitten um einen Sohn wird in der Folge entscheidenden Einfluss auf deren Gestaltung entfalten.

Ihr Lobgesang in 1 Sam 2,1–10 ist das *längste Gebet* einer Frau in der Hebräischen Bibel; sieht man es zusammen mit ihrem Flehen in 1 Sam 1,10–13, ist sie die Frau, die darin am intensivsten betend geschildert wird. Das legt nahe, in ihr ein Modell dafür zu sehen.

1 Sam 1 enthüllt viel Exemplarisches:

- In ihrer unausweichlichen Not[3] sucht Hanna den Tempel Jhwhs auf (V. 9), einen geeigneten Ort für ihre Klage.
- Sie weinte zuvor in V. 7f vor den Menschen; jetzt tut sie es auch vor Gott (V. 10), ihrem sozialen Verhalten entsprechend und unverstellt.
- Sie betet in einer Haltung der Hingabe; die Entsprechung im ›Geben‹ bei Gott und ihr in V. 11 zeugt davon, dass sie bereit ist, Geschenktes nicht für sich zu behalten, sondern großzügig wieder weiterzugeben.
- Ihr Beten weist zwei Richtungen auf. Einerseits redet sie »zu ihrem Herzen« (V. 13),[4] anderseits beschreibt sie es Eli gegenüber als »meine Seele vor Jhwh ausschütten« (vgl. das Motto am Beginn des Buches aus Klgl 2,19). Zugleich mit Gott wird auch das Innere angesprochen.
- Es ist möglich, nicht nur wie offenbar damals üblich laut zu beten, sondern ebenso still (V. 12f).
- Außenstehende, sogar ein Priester wie Eli, können Betende völlig falsch einschätzen und verkennen (V. 12–14); diese aber dürfen sich erklären (V. 15f).
- Hanna betet in einer Haltung der Demut. Sowohl Gott als auch Eli gegenüber bezeichnet sie sich als »deine Magd« (V. 11.16).
- Im Beten kann sich eine Verwandlung ereignen. Hatte Hanna zuvor in V. 7 nicht mehr gegessen, so nimmt sie jetzt wieder Nahrung zu sich, und ihr Gesichtsausdruck ist anders geworden (V. 18).
- Mit diesem einmaligen Beten ist es nicht getan. Es folgen Anbetung am nächsten Morgen (V. 19; auch wieder V. 28), Bereitschaft zur Erfüllung ihres Versprechens (V. 22) und dessen Ausführung (V. 24–28).

Schließlich mündet alles ein in ihr Preisgebet *1 Sam 2,1–10*. Dieser jubelnde Ausbruch verdeutlicht das Außergewöhnliche, das sich ereignet hat. Hanna erhebt sich dabei in ihrem Loben weit über ihre Situation und die Gegenwart hinaus. Ihr Gebet beschreibt Gottes Wirken in grundsätzlicher Weise und wird damit zum *Programmtext*, der auch zukünftige Entwicklungen der Bücher Samuel und Könige vorwegnimmt und u.a. in Ps 113,7f sowie im Magnifikat in Lk 1,46–55 Aufnahme findet.

Ausgangspunkte für Hannas Beten sind die eigene Freude (V. 1) und Jhwhs Einmaligkeit (V. 2, dreimal »keiner«).[5] Dann ergeht eine Warnung gegen Überheblichkeit (V. 3, gerichtet an »ihr«, eine 2.P.Pl.), bevor der Hauptteil diese Mahnung mit 14 Oppositionen begründet (V. 4–7): Angesichts all dieser Umkehrungen, die wesentlich auf Jhwhs Alles und sogar Gegensätze umfangendes Handeln zurückzuführen sind (V. 6f, durchgehend er als Subjekt), erscheint jegliches menschliche Großtun völlig unangemessen und verkehrt. Die ›Beliebigkeit‹ der Kontraste, die sowohl zu Gutem als auch zu für ›schlecht‹ Gehaltenem führen, wird aufgefangen im V. 8, der Gottes *Sorge für die Niedrigen* und ihre Erhöhung als Schlüssel seiner Herrschaft über die Welt und damit als Orientierung für die Geschichte hervorhebt. Die Dynamik des Gebetes läuft zu auf Gottes Richten zwischen den Frevlern, seinen Gegnern, und seinen Frommen samt dem König/Gesalbten in V. 9f. Das Stichwort »Horn«, als Inbegriff von Kraft, Stärke, bildet einen Rahmen (V. 1 mit 10).

Was Hanna als Umkehrung bestehender Verhältnisse und als Zielpunkte von Gottes Handeln beschreibt, bietet eine Art »*Leseanleitung*«[6] für das Folgende. Sie gilt u.a. für:

- die Wende der Geschichte, von der Epoche der Richter zu jener der Könige, die – anachronistisch – schon in V. 10 in den Blick kommen;
- Israel, das zunächst noch von den Philistern unterdrückt wird (1 Sam 4 ...), schließlich aber »Ruhe vor allen Feinden« erhält (2 Sam 7,1);
- das untergehende Priestergeschlecht des Eli (1 Sam 2–4), während Samuel aufsteigt;
- Sauls Erwählung zum König und sein tragisches Scheitern (1 Sam 9–31); usw.

Nach den schrecklichen Ereignissen von Ri 19 und 21, in denen Frauen Opfer männlicher Gewalt und Dummheit werden, bietet die Gestalt der Hanna in 1 Sam 1–2 ein *positives Gegenmodell.* Ihr Beten vermag eine Wende herbeizuführen, zunächst für sich persönlich, dann aber in ihrem Sohn Samuel auch für die Gemeinschaft. Nach ihm, den sie ganz früh Gott übergeben hat, weiterhin jedoch mütterlich versorgt, erhält sie fünf weitere Kinder (s. 1 Sam 2,19–21). Hanna ist so Beispiel einer Mutter in Beten und Handeln.

b) Samuel, der Fürbitter

Bei Hannas Sohn Samuel kommen *mehrere Linien zusammen*: In der innigen Beziehung zu Gott folgt er seiner Mutter nach. Im treuen Dienen am Tempel zu Schilo (1 Sam 2,18.21.26; 3,1–3 ...) versieht er priesterliche Aufgaben. Er wird als Prophet angesehen (1 Sam 3,20) und übt das Amt eines ›Richters‹ aus (1 Sam 7,15–17), in besserer Weiterführung mancher Vorgänger im Buch der Richter. Drei Stellen schildern ihn auch als Fürsprecher für das Volk.

Es beginnt in 1 Sam 7, anlässlich einer kriegerischen Auseinandersetzung mit den Philistern. Im Unterschied zu ähnlichen Situationen in Ri ermahnt Samuel zuerst das Volk, sich ausschließlich Jhwh zuzuwenden (V. 3f). Dann verspricht er, *für es zu beten* (V. 5), wird darum ersucht (V. 8) und führt es aus (V. 9), worauf Gott Israel hilft.[7]

Das zweite Mal betet Samuel in 1 Sam 8,6, als die Ältesten von ihm die Einsetzung eines Königs verlangen. Angesichts eines solchen verkehrten Ansinnens bleibt die Hinwendung zu Gott der *einzige Weg* für eine Lösung. Zwar wird nicht explizit erwähnt, dass Samuel für das Volk betet, doch lassen die Umstände dies mit annehmen.

Die dritte Stelle findet sich bei seinem Abtreten in 1 Sam 12,23. In seiner Rede zum ganzen Volk sagt er zu: »... fern sei mir, gegen Jhwh zu sündigen (darin, dass ich) aufhörte, euretwegen zu beten.« Damit drückt er aus, dass für einen verantwortlichen Leiter das fürbittende Eintreten für die Gemeinschaft bei Gott *untrennbar dazugehört*, seine Unterlassung ein Vergehen ist und dieser Einsatz auch nach Beendigung der Aufgabe nie aufhört.

Im Verständnis seiner Verpflichtung geht Samuel in den Spuren des *Mose*, der selber wiederholt sich betend für das Volk eingesetzt hat (Ex 32; Num 14; Dtn 9, s.o. S. 19f). Beide erscheinen zusammen als große Fürbitter in Jer 15,1; wenn Gott dort nicht einmal auf sie gemeinsam hört, ist die Lage völlig aussichtslos. Die Fürsprache bei Gott für die Gemeinschaft zeigt sich auch bei *weiteren Propheten*, z.B. Jesaja (2 Kön 19,4 // Jes 37,4; 2 Chr 32,20), Amos (Am 7,2.5) und vor allem Jeremia, wo sie breit ausgefaltet wird (s. dazu unten S. 40).

Im weiteren Leben Samuels kommt es in 1 Sam 15,24–31 zu einer Situation, in der er das Eintreten für Saul *verweigert*; Ähnliches wiederholt sich nach seinem Tod (1 Sam 28,14–19). Beide Passagen unterstreichen, dass bei schwerem Ungehorsam nicht damit gerechnet werden darf, Beten oder Fürsprache würde alles wieder ins rechte Lot bringen.

3. Vater und Sohn: David und Salomo

In der *Weitergabe religiöser Traditionen*, besonders des Betens, schließt sich das Beispiel der Könige David und Salomo fast nahtlos an jenes von Hanna und Samuel an. In beiden Fällen erscheint die Familie als Hintergrund, in dem die heranwachsende Generation vom Verhalten der Eltern lernt und geprägt wird.

Die großen Gebete Davids stehen erst in 2 Sam, doch finden sich zuvor schon Hinweise, dass er eine *enge Verbindung mit Gott sucht*. Dazu gehören die Befragungen Jhwhs in 1 Sam 23,10–12 (an dieser ersten Stelle, in Keila, mit rahmender Anrede »Jhwh, Gott Israels«); 30,8; 2 Sam 2,1; 5,19.23f, die preisenden Ausrufe in 1 Sam 25,32.39 (angesichts des überlegten Verhaltens der Abigajil; vgl. zudem 2 Sam 2,5f) und die tanzende Einholung der Bundeslade nach Jerusalem in 2 Sam 6,5.14.21, die in freudiger Bewegung, Jubel und Schofar-Klang (V. 15) auch äußerlich ›Gottes Kommen‹ im Symbol seiner Gegenwart feiert.

a) Ein eigentlich ›überflüssiges‹ Gebet? – 2 Sam 7

Der vorige Absatz zeigte, dass David in einer *vertrauten Beziehung* mit Jhwh lebt. Das Angebot, ihm ein ›Haus‹, d.h. einen Tempel, zu bauen (1 Sam 7,2.5), liegt auf dieser Linie, wird von Gott jedoch abgelehnt und mit einer Verheißung beantwortet. Sie entspricht einerseits dem königlichen Vorschlag mit dem Stichwort ›Haus‹ (V. 11), geht aber anderseits in dessen Sinn von ›Dynastie‹ und ewig anhaltender Königsherrschaft weit darüber hinaus.

Dem großzügigen König David begegnet Jhwh auf noch freigebigere Weise.

Auf Gottes immense Zusage hin drängt es David zu *längerem Beten* (V. 18–29) in der Haltung des Sitzens.[8] Elfmal spricht er »Jahwe« aus, davon sieben Mal mit »Herr« voraus (rahmend: V. 18–20.22 und 28f), und zehnmal nennt er sich »dein Diener«; daran wird die Intensität der Beziehung und zugleich der Abstand deutlich. Die einleitende Frage in V. 18: »Wer bin ich ...?« (vgl. Ex 3,11; 1 Sam 18,18) unterstreicht noch die Unwürdigkeit.

Davids weitere Frage in V. 20 formuliert einen bis heute *oft gehörten Einwand* gegen Beten: Wenn Gott ohnehin alles weiß, was für einen Sinn macht es dann noch, ihm etwas zu sagen? – Davids Fortfahren gibt Antworten darauf, indem er einerseits Gott lobt und anderseits ihn bittet. Er bringt dabei Neues zum Ausdruck.

In V. 22 bekennt er nämlich, dass Jhwh *unvergleichlich und alleine Gott* ist (s. auch Jer 10,6f und, ähnlich, 1 Sam 2,2); nur hier sind diese Motive direkt mit der Einmaligkeit des Volkes Israel verknüpft (V. 23). Damit solche doppelte Einzigartigkeit sichtbar bleibe in Zukunft, erfolgen in drei Anläufen (3x »nun aber« in V. 25.28f) Bitten an Gott, die um dessen »Wort« (s. schon V. 19.21, gemeint ist die vorangegangene Verheißung) und seine Erfüllung kreisen und im Erflehen des entsprechenden Segens in V. 29 enden.

Davids Beten ist also nicht überflüssig, sondern bringt zusätzliche Momente mit ein. Außerdem ist es Ausdruck und Zeugnis dafür, dass er *aufmerksam Gottes Reden aufgreift*. Er spricht dies auch selbst aus in V. 27: »Weil du ... das Ohr deines Dieners aufgedeckt/geöffnet hast, so: ›Ein Haus will ich dir bauen!‹, deswegen hat dein Diener sein Herz gefunden, zu dir dieses Gebet zu beten.« Die einmalige Wendung »sein Herz finden«, d.h. Mut fassen, benennt schön, wie Gottes vorausliegendes Anreden Menschen motivieren und bestärken kann, sich ihrerseits an ihn zu wenden. Für Gott ist dies nicht ein langweilendes Belästigen, sondern Zeichen gelebter und gewünschter Beziehung. Wenn er redet und äußerst Wertvolles schenkt, wäre es anstandslos, stumm zu bleiben.

Auch im weiteren Verlauf betet David *noch öfter*, so bei Krankheit und Tod des gemeinsamen Kindes mit der Frau Urijas, Batscheba (2 Sam 12,16.20), mit der Bitte 2 Sam 15,31 angesichts von Absaloms Aufstand, bei der Hungersnot in 2 Sam 21,1, nach seiner Volkszählung in 2 Sam 24,10.17 ... Unter diesen allen ragt 2 Sam 22 heraus, das längste Rettungsgebet der Bibel.

b) Dank am Lebensende – 2 Sam 22

Nicht nur der Umfang, auch die theologischen Aussagen lassen in diesem Dankgebet, das weitgehend ähnlich in Ps 18 übernommen wurde, einen *Höhepunkt im Leben Davids* erkennen. Kurz vor seinem Tod spricht der wohl größte König Israels aus, was ihm persönlich wichtig ist und auch, worin das Entscheidende seiner Herrschaft liegt. Zeitpunkt, Stilisierung als Lied

(V. 1) und manche Themen (u.a. »Fels«, V. 2f.32.47) rücken ihn dabei in die Nähe Moses (vgl. Dtn 32).
2 Sam 22 ist so reichhaltig, dass hier nur wenige Aspekte gestreift werden können. Schon der Auftakt mit dem *Vertrauensbekenntnis* in V. 2f setzt einen markanten Akzent. Neunmal wird dabei mit persönlichem Bezug (»mein«) Gott als verlässlicher Schutz und Retter angesprochen, was zum lobenden Ausruf in V. 4 führt. Die Thematik von Hilfe und Rettung ist durchgehend dominant, in polarer Entsprechung zu den vielen Feinden (schon V. 1, und bis V. 49, bes. stark ab V. 38). Wenn ein Kämpfer und Kriegsheld wie David göttliche Bewahrung und Unterstützung (z.B. V. 30 [»mit meinem Gott überspringe ich Mauer(n)«],35)[9] in seinen Auseinandersetzungen bekennt, verweist er damit auf den letztlich tragenden Grund. Er wird so zum Vorbild für andere, wie die Fügung »Zuflucht suchen« in V. 3 und V. 31 belegt. Gottes gewaltiges, den ganzen Kosmos ergreifendes und verwandelndes Erscheinen (ab V. 8) hat die Befreiung aus Gefahr zum Ziel und »führt in die Weite« (V. 17–20).
Einen gewissen Anteil am göttlichen Handeln schreibt David auch sich selbst zu. Im Abschnitt V. 21–25 spricht er, rahmend, von *»meine Gerechtigkeit«* – was angesichts seines Lügens und Tötens (1 Sam 27,8–12), seines Ehebruchs und Auftragsmordes (2 Sam 11) und anderer Vergehen seltsam anmutet. Zwei Überlegungen können helfen, es zu verstehen: Zum einen geht es David um das Prinzip des gerechten göttlichen Ausgleichens je nach dem menschlichen Tun (s. die Fortführung in V. 26f). Zum anderen besagt »Gerechtigkeit« nach hebräischem Verständnis nicht völlige Schuldlosigkeit, sondern ein der Beziehung entsprechendes loyales Verhalten; und darin kann man sagen, dass David trotz mancher Verfehlungen treu und gerade zu Gott gehalten hat (vgl. zu dieser Thematik auch E, 4).
Die eigentlichen Schlüssel zum Verständnis dieses Danklieds finden sich im Zentrum. »Und dem armen/niedrigen Volk hilfst du« benennt in V. 28 das Außergewöhnliche, dass Gottes Retten sich ausgerechnet *auf die Elenden, Schwachen richtet*. Auch daran wird erkannt, dass Jhwh *einziger Gott und Fels* ist, wie die zwei rhetorischen Fragen in V. 32 mit »Wer ... außer ...?« nahelegen. Die angesprochenen Erfahrungen münden ein in das explizite Lob ab V. 47, das am Ende mit »Gesalbter, König« erneut (nach »Horn, Fels« schon zu Beginn in V. 3, u.a.) starke Stichwortentsprechungen zum Loblied der Hanna in 1 Sam 2 aufweist.
Davids Gebet gegen Ende seines Lebens in 2 Sam 22 legt offen, was ihn getragen hat. Im Rückblick auf eine lange und bewegte Zeit bekennt er im Bild des »Felsens« (V. 2f.32.47; auch wieder 23,3) die Zuverlässigkeit Jhwhs und seiner Hilfe. So entsteht durch die beiden Loblieder Hannas und Davids gleichsam ein ›schützender Rahmen‹ um die beiden Samuelbücher, der durch die Verwendung derselben Wörter (s. obigen Absatz) noch betont ist. Beide Gebete zusammen vermitteln auch eine Botschaft. Sie zeigen, dass *Beten jeder/m, jederzeit und in vielen Formen möglich* ist: Frau und Mann, Niedrig und Hoch, Mutter oder Vater, am Anfang und am Ende, in die Zu-

kunft hineinblickend und auf Vergangenheit zurückschauend, kürzer oder sehr lang usw.

c) Salomos Bitte im Traum – 1 Kön 3

Davids Nachfolger als König wandelt, zumindest in manchem, in den Fußspuren seines Vaters. Die *Liebe zu Jhwh und Großzügigkeit* ihm gegenüber lassen sich an Gebotsbefolgung und Zahl der Opfer in Gibeon in 1 Kön 3,3f ersehen. Dort erscheint Gott ihm nachts im Traum und stellt ihm einen Wunsch frei (V. 5).
Träume entziehen sich bewusster Formung. Was Salomo also in V. 6–9 Gott antwortet, *enthüllt unverstellt sein innerstes Denken* und legt so Zeugnis ab von seinem Charakter. Zunächst bekennt er dankbar Gottes »Verbundenheit« (2x) im Handeln an David und sich in V. 6. Dann, in V. 7 und 8, führt er den Kontrast aus zwischen der eigenen Niedrigkeit (»dein Diener; kleiner Junge«; vgl. zu Ersterem David in 2 Sam 7) und »deinem Volk«, das unzählbar groß geworden ist. Schließlich nennt er in V. 9 als seine Bitte »ein hörendes Herz«, im Blick auf die Gemeinschaft, die er zu leiten (»richten«, vgl. Samuel in 1 Sam 7) hat.
Salomos Wunsch ist nicht nur getragen von der Sorge um das Volk, sondern auch *bestimmt von Schlüsselbegriffen der Gottesbeziehung*: Das Hauptgebot in Dtn 6,4f verlangt »Höre ...!« und Jhwh zu lieben »mit deinem ganzen Herzen ...«. Eine so den Wesenszügen des Glaubens konforme Haltung findet Gottes Wohlgefallen und überreiche Erhörung (ab V. 10, s. auch das »weise und verständige Herz« in V. 12).

d) Das Tempelweihegebet – 1 Kön 8

Von David ist in 2 Sam 22 ein langes Gebet überliefert; Gleiches gibt es für seinen Sohn Salomo aus Anlass der Einweihung des Tempels in 1 Kön 8. Eine dreifach konzentrische Struktur[10] hat *als Mitte sieben Bitten* (V. 31–51), bei denen die vierte und die letzte auch durch die Länge betont sind.
Doch schon zuvor wird Wesentliches zum Beten erkennbar. In mehreren Anläufen erscheint König Salomo wie *eine Art Vor-Beter* für das Volk; dabei mischt sich auch theologische Reflexion in sein Reden. Als Erstes greift er in V. 12f sowohl Gottes ›Vorliebe‹, im Dunkel zu wohnen, als auch das festliche Ereignis auf. Ab V. 15 setzt ein längerer Lobpreis auf Jhwhs bisheriges Agieren mit David und ihm in Bezug auf den Tempel ein. V. 22 erwähnt mit Sich-Hinstellen vor den Altar und Ausbreiten der Hände zwei Gesten; die Notiz in V. 54 klärt in dem Sinn, dass Salomo die ganze Zeit dazwischen auf den Knien lag. Das eigentliche Gebet beginnt in V. 23 mit dem Motiv der Unvergleichlichkeit Jhwhs, hier erläutert u.a. mit der aus Dtn 7,9 stammenden Wendung »bewahrend den Bund und die Verbundenheit« (erneut Dan 9,4; Neh 1,5; 9,32).
Die Schlüsselfrage nach der Funktion des Tempels und dessen Verbindung

mit Gebet geht Salomo in V. 27–30 an, am Übergang unmittelbar vor den sieben zentralen Bitten. Auch wenn Gott nicht in diesem neu gebauten Haus ›wohnt‹, so solle sich doch seine Aufmerksamkeit (»Augen geöffnet«, und 5x »höre«) auf das dort oder dorthin verrichtete Beten/Flehen (9x erwähnt) richten. Der Tempel erscheint so als *Stätte besonderen göttlichen Hörens und intensiven menschlichen Betens*, wobei das letzte Wort »und vergib« das Ziel angibt[11] und gleichzeitig die Überleitung zu den Bitten bildet, in denen es noch viermal wiederholt wird (V. 34.36.39.50).
Die sieben Bitten bilden den Kern von Salomos Beten. Er erfleht damit Gottes ›Hören‹ (in allen sieben Anliegen erwähnt) bei *grundlegenden Nöten* der Gemeinschaft. Zu ihnen zählen u.a. interne Konflikte, wo es um Gerechtigkeit geht (1. Bitte, V. 31f), Auseinandersetzungen mit Feinden (2. + 6. Bitte), Ausbleiben von Regen (3. Bitte). Eine zentrale Stellung kommt der 4. Bitte zu, die eine Vielzahl von Plagen und Krankheiten, von Einzelnen oder der Gemeinschaft, in den Blick nimmt und damit ganz allgemein ist (V. 37–40). Die 5. Bitte betet sogar für Fremde, und die 7. nennt mehrfach schon das Exil – ein Hinweis auf eine späte Abfassung dieses Gebets, nicht vor dem 6. Jh. v. Chr. Dort in der Ferne möge es sogar genügen, »in Richtung« auf ihr Land und den Tempel zu beten (V. 48; vgl. dazu Dan 6,11 und den Brauch bei Muslimen, sich beim Beten nach Mekka auszurichten). In der Breite der Anliegen gleicht Salomos Beten dem großen Fürbittgebet der Kirche am Karfreitag.
Er findet damit *bei Gott Gehör* (1 Kön 9,1–9, bes. V. 3). Die Parallelstelle in 2 Chr 7,14 sagt sogar zusätzlich das erbetene »Vergeben« zu, das in 1 Kön 9 noch offenblieb. Das Gebet Salomos bei der Tempelweihe zeigt insgesamt, dass selbst bei einem so wichtigen Ereignis Beten das Entscheidende ist und dass solche Hinwendung zu Gott mehr zählt als noch so schöne religiöse Gebäude.

4. Betende Propheten: Elija und Elischa

Mose und Samuel als ›Propheten‹ erschienen bereits mehrfach in ihrem Beten. Mit Gott vertraute Menschen pflegen diese Form innigen Kontaktes, vor allem auch zugunsten anderer. Das trifft auch für den *Gottesmann* zu, der für Jerobeam I. auf dessen Bitte hin betet, worauf seine verdorrte Hand wiederhergestellt wird (1 Kön 13,6). Ähnliches begegnet vermehrt bei den zwei großen Propheten der Frühzeit Israels, Elija und Elischa.[12]
Als der Sohn der Witwe von Sarepta leblos wird, *fleht Elija* zu Gott (1 Kön 17,20f) und erreicht, dass das Leben in ihn zurückkehrt. Beim Opferwettstreit auf dem Karmel sollen beide Parteien den »Namen Gottes anrufen« (1 Kön 18,24f); bei der Ausführung betet Elija (V. 36f)[13] und wird erhört. Als er bald darauf vor Isebel flieht, bittet er, Jhwh möge sein Leben nehmen (1 Kön 19,4) – dieser Wunsch für sich wird aber nicht erfüllt.
Seinem *Nachfolger Elischa* gelingt sogar, einen bereits toten Sohn durch Be-

ten wieder lebendig zu machen (2 Kön 4,33). Der aussätzige Naaman erwartet von ihm eindrückliche, mit Gebet verbundene Gesten (2 Kön 5,11) und wird darin enttäuscht, findet aber dennoch Heilung. Dies zeigt, dass Gottes Wirken nicht spektakulärer, öffentlicher ›Gebets-Auftritte‹ bedarf. Schließlich belegen die drei Gebete in 2 Kön 6,17f.20 durch ihre Gegensätze (»Augen öffnen [2x] – mit Blindheit schlagen«) die umfassende Kraft. An den beiden extremen Polen wird deutlich, dass Beten alles zu umfangen vermag.

5. Ein Nachkomme in den Fußstapfen Davids: Hiskija

Nach den betenden Propheten kehrt unser Thema erst wieder in einer kurzen Notiz über den Nordreichkönig Joahas, er habe »Jhwhs Angesicht besänftigt« (2 Kön 13,4). Unter den wenigen guten Königen in der Folgezeit ragt *Hiskija* (ca. 721–693) als besonders fromm heraus.

2 Kön 18,3.5f charakterisieren ihn schon eingangs mit rechtem Handeln und *inniger Gottesbeziehung*. Diese wird darin konkret, dass er in schwierigen Situationen den Tempel bzw. den Propheten Jesaja aufsucht, beten lässt und auch selbst betet – Beispiel dafür, dass es solche Unterstützung durch andere braucht und, wie bei wichtigen Anliegen, mehrere sich gemeinsam verstärkend an Gott wenden sollen. Hiskija handelt so, zunächst beim assyrischen Angriff auf Jerusalem 701 und bei der Schmähung Jhwhs durch den Rabschake (2 Kön 19,1–4.14f), dann im Fall seiner Krankheit (20,1–5.11).

Das erste Gebet, in 19,15–19, weist im Kontext nationaler Bedrohung eine *Dynamik vom Lob zur Bitte* um Rettung in V. 19 auf. Realistische Wahrnehmung (Aufnahme des Hohns in V. 16, und assyrisches Vorgehen bei Eroberungen V. 17f) verbinden sich mit dem Bekenntnis von Jhwhs Einzigkeit, das den Rahmen bildet (»du allein«, V. 15.19).

Zum zweiten Anlass schildert 20,3 kurz das unter Weinen vorgetragene Bitten um Gedenken des rechten Lebenswandels. Während 2 Kön auf die Genesung hin keine Reaktion berichtet, fügt die Parallel-Erzählung in Jes 38,9–20 ein *Dankgebet* ein, in dem Hiskija die erschreckende Erfahrung des nahen Todes schildert (V. 10–14). Stockend vollzieht sich in V. 15 eine Wende zum Loben, das über Generationen hinweg anhalten soll und den Zielpunkt bildet (V. 19f). Den Schlüssel für dieses Umschlagen liefert V. 17: »Zum Heil/Glück (hebr. *schalom*) wurde Bitteres mir, Bitteres.« Wo Gott so Leid verwandelt, darf der Mensch nicht still bleiben. Beten ist of Bezeugung des unerwarteten, wunderbaren, überraschend eine Wende zum Guten schenkenden Einschreitens Gottes.

6. Das Aufblühen des Betens: die Chronikbücher

Der Vergleich zwischen Sam – Kön und den deutlich später, vermutlich in hellenistischer Zeit, entstandenen Büchern der Chronik zeigt eine deutliche *Zunahme der Gebete*.[14] Von König Hiskija z.B. findet sich in 2 Chr 30,18f ein weiteres Gebet für jene Vielen im Volk, die das Pesach nicht nach den Vorschriften gegessen haben.

Dies ist auch in der Hinsicht typisch, als nämlich ein großer Teil der Gebete in Chr von Königen stammen. Darin kommt zum Ausdruck, dass Beten ein ›königliches Tun‹ ist und gleichsam allen am Herzen liegen muss, die Verantwortung für eine Gemeinschaft tragen. Zudem sollte, was schon so starke und wichtige Personen als notwendig für sich empfinden, noch vermehrt für einfache Menschen gelten. Die gegenüber 1 Kön 8 zusätzliche Erwähnung des Lobs der Israeliten für Jhwh in 2 Chr 7,3 »Ja, er ist gütig, seine Verbundenheit hält ewig!« ist ein Zeichen in dieser Richtung.[15]

Um nicht manches schon in Sam und Kön Gesehene zu wiederholen und knapp zu bleiben, seien nur besondere Texte und Akzente hervorgehoben. Die erste Erwähnung Gottes überhaupt in der Chr geschieht im *Gebet des Jabez* inmitten der Chronologien in 1 Chr 4,10, der u.a. um Befreiung von Unheil und Schmerz bittet.

Das zweite Vorkommen steht in 1 Chr 5,20. Dort beten die Ostjordanstämme um Gottes *Hilfe im Krieg*, ein Motiv, das sich noch öfter wiederholt (Joab in 19,13; Juda in 2 Chr 13,14; König Asa in 14,10; König Joschafat in 20,6–12 usw.).

Eine interessante Ausweitung des Betens erfolgt bei der Überführung der Lade nach Jerusalem in 1 Chr 16,7–36. Diese »*Festkantate Davids*« (H.-P. Mathys) kombiniert die ersten 15 Verse von Ps 105 am Beginn mit Ps 96 in der Mitte und den letzten zwei Versen von Ps 106 als Abschluss zu einem Gebet zusammen. Die Verbindung mehrerer Psalmen bei einem Anlass, wie sie etwa im Stundengebet der Kirche Eingang gefunden hat, mag mit darauf zurückgehen.

Zum chr Sondergut gehört ebenso *Davids letztes Gebet* in 1 Chr 29,10–20. Damit tritt an die Stelle von 2 Sam 22 (s.o. 3.2) ein Lob mit ganz anderer Ausrichtung, nämlich für die Freigebigkeit, mit der auch das Volk den Tempelbau unterstützt (u.a. V. 14.17). In ihr spiegelt sich das Bewusstsein, selbst von dem alles überragenden, herrlichen Gott (s. die Häufungen in V. 11f) zuvor äußerst reichlich empfangen zu haben. Mit diesem Gebet und der Fülle an vom Volk beigesteuerten Gaben für den Tempel übergibt David tags darauf die Herrschaft an Salomo (V. 22).

In 2 Chr finden wir auch fremde Könige, die Jhwh preisen. Das Gebet des *Hiram von Tyrus* wird in 2,11 gegenüber der Vorlage 1 Kön 5,21 deutlich ausgeweitet. Ebenso erfährt das Lob der *Königin von Saba* in 2 Chr 9,8 zwei Erweiterungen gegenüber 1 Kön 10,9. Die Zunahme des Lobpreises für Jhwh in Chr geht aber vor allem auf das Konto des *Tempelpersonals* (z.B. 2 Chr 5,13; 7,6; 20,19).

Ein warnendes Gegenbeispiel zu König Hiskija, der in seiner Krankheit zu Gott betet (s.o. sowie 2 Chr 32,24), ist König Asa, der dabei nicht Jhwh aufsucht und einen Vers später stirbt (2 Chr 16,12f). Umgekehrt berichtet 2 Chr 33,12f.18f sogar von einem Gebet des *Manasse*. Dieser in 2 Kön 21, 1–18 nur negativ gezeichnete König findet in 2 Chr bei Gott mit seinem Flehen Gehör und erhält daraufhin Freiheit, Rückkehr in die Heimat und Herrschaft wiedergeschenkt. – Die vorausgehenden Bemerkungen in 2 Chr 33,11 über eine Gefangennahme Manasses und Wegführung nach Babel durch die assyrischen Truppen sind zwar wohl fiktiv; doch will die Darstellung die *Kraft des Gebetes* zeigen, das noch einem grob sich verfehlenden Menschen wieder Gottes Huld zurückbringen kann.
Jesu Anspielung in Mt 23,35 auf *Secharjas* Ermordung im Tempel bezieht sich wahrscheinlich auf 2 Chr 24,22. Dort bittet dieser bei seinem Sterben Jhwh, es zu sehen und Rechenschaft zu fordern, im Unterschied zu Stefanus, der in einer ähnlichen Situation noch für seine Verfolger betet (Apg 7,59f).
Eine letzte Andeutung auf Beten in der Chronik liegt vermutlich im *Weinen Joschijas* vor Gott, das dieser erhört (2 Chr 34,27). Ein Akt der Barmherzigkeit bei Gebeten steht so passend am Ende der Hebräischen Bibel und von Büchern, die ihn wiederholt darum anflehen und dafür preisen.

*

Der Blick auf die Geschichtswerke des AT, die bis zur Einnahme und Zerstörung Jerusalems 587 v. Chr. reichen, enthüllt deren *intensive Prägung durch Gebete*. Große Personen und entscheidende Ereignisse sind mit ihnen verbunden. D. Mathias spricht in Bezug auf Chr von »gebeteter Geschichte«; deren »Hoch-Zeiten sind Zeiten praktizierten Gebets zu JHWH«.[16] Diese Deutung gilt, etwas eingeschränkt, zumindest auch für Sam und Kön. Das Beten in diesen Büchern dient zur Charakterisierung der Menschen und zum Verständnis wichtiger Wandlungen in Gesellschaft und Politik. Aber noch mehr sind die Gebete darin *Glanzpunkte der Theologie*: In ihnen leuchtet auf, wer Gott ist.

»Wer ist ein Gott wie du,
tragend Vergehen und
vorbeigehend an Verfehlung?«
Mi 7,18

C. Brennpunkte des Geschehens: Gebete bei den Schriftpropheten

Die prophetischen Bücher schildern die dramatischen Auseinandersetzungen, die Jhwh angesichts von Unrecht, Missständen und Notlagen mit den Menschen, vor allem mit seinem Volk, hat. Die *Heftigkeit der Konflikte* findet Eingang auch in die Gebete, z.B. in ihren oft zugespitzten Formulierungen und in der Polarität, mit denen sie die gegensätzlichen Themen Gericht und Heil behandeln. Zugleich werden sie zu Zeichen der Hoffnung, dass inmitten von Gottes Enttäuschung und Ärger über menschliches Fehlverhalten der Kontakt mit ihm nicht abgebrochen ist.

1. »Gott meines Heils«: Jesaja

Der erste der großen Schriftpropheten geht gleich am Beginn unser Thema an:
»Wenn ihr eure Hände ausbreitet, verberge ich mein Gesicht vor euch; auch wenn ihr das Beten viel macht, bin ich nicht hörend« (Jes 1,15).
Die anschließende Begründung »eure Hände sind voll Blut« geht über in eine Aufforderung, sich zu waschen und zu reinigen. *Verbrechen und Gewalt* sind nicht mit Beten vereinbar.
Distanz gegenüber Gott spricht auch aus dem Verhalten des Königs Ahas, der ablehnt, ein Zeichen zu erbitten (Jes 7,10f), und dem des Volkes, das nicht Jhwh sucht (9,12). Doch am Ende des ersten großen Blockes, im *Danklied Jes 12,*[1] erfolgt eine positive Auflösung, wobei in schwungvoller Dynamik, von einem Ich in V. 1f ausgehend, gleich mehrere andere angesprochen und zum Lob und Jubel über Gott aufgerufen werden:
- in V. 3 (2.Pl.) jene, die »Wasser schöpfen in Freude ...«
- in V. 4f, durch die in V. 3 aufgerufen, eine andere Gruppe: »Dankt/lobt Jhwh ...!«
- in V. 6 in 2.Sg. die »Bewohnerin Zions«, d.h. die gläubige Bevölkerung Jerusalems.
- Dazu kommt, allem vorgeschaltet im ersten Satz von V. 1, dass schon das Sprecher-Ich zuvor als »du« angeredet wird.

Eine derart komplexe Kommunikationsstruktur auf so engem Raum, die mindestens fünf Personen/Gruppen zum Preisen Gottes auffordert bzw. sie

einbezieht, ist einmalig. Sie macht deutlich, dass das Loben Jhwhs *der Ermutigung bedarf und viele Menschen vereinen* soll.
Ein inhaltlicher Schwerpunkt liegt auf der hier für diesen Abschnitt zu Jesaja gewählten Überschrift, die in ähnlicher Form, rahmend, V. 2 prägt und zudem den Programm-Namen des Propheten (»Jhwh ist Heil«) widerspiegelt. Im gleichen Vers wird mit »Meine Stärke und mein Lied ist Jah ...« auch Ex 15,2 aufgenommen. Somit setzt dieses Lob hier in Jes den Jubel über Gottes Befreiung am Schilfmeer fort. Beten ist oft *Fortführung vergangener Glaubenserfahrungen*; dies zeigt sich ebenso an Ps 105,1f, der am Beginn auf Jes 12,4b–5a zurückgreift.
Das Danklied verlangt, Jhwh und seinen Namen international bekannt zu machen und zu preisen (V. 4f). Als Abschluss von Jes 1–12 ist es die *angemessene Reaktion* auf jenes Handeln Gottes, das trotz der vielen menschlichen Defizite in den Verheißungen eines göttlichen Kindes und eines geistbegabten Sprosses (Kap. 9 und 11) neues Heil wirkt.[2]
Eine interessante Notiz im Zusammenhang mit Ägypten findet sich in Jes 19. Waren es früher die Israeliten, die dort wegen der Unterdrückung zu Jhwh schrien und Hilfe erfuhren, sind es nun die Ägypter selber.[3] Auch ihnen sendet Gott einen Retter, macht sich bekannt, und sie erfüllen ihm Gelübde (V. 20f). Das *Beten der ehemaligen Feinde* zeigt, dass die Beziehungen jetzt ausgesöhnt sind, Gott sich ihnen gleichfalls zuwendet, erbitten lässt und sie sogar als »mein Volk« bezeichnet (V. 22.24).
Nach vielen Sprüchen über verschiedene Nationen (ab Jes 13) kommt es in 24,14–16 zu einem *Jauchzen über Gottes Pracht*. Es vereint Menschen in Ost und West im Gesang »Zierde dem Gerechten!« und anerkennt so freudig Jhwhs universales, Gerechtigkeit schaffendes Handeln.[4]
Das bis anhin längste Gebet im Buch leitet in 25,1–5 die außergewöhnlichen Zusagen beim Mahl für alle Völker auf Gottes Berg ein (ab V. 6). Ein ungenannter Sprecher preist Gott für sein wunderbares Tun und seine Treue. Diese werden besonders greifbar im Untergang der »uneinnehmbaren Stadt« (V. 2, Inbegriff beherrschender, unterdrückender Machtzentren) und der Gewalttätigen (zweimal V. 4). Darin zeigt sich, wie Gott selbst *Schutz und Hilfe für die Geringen* ist.
Jes 26 weitet diese Motive aus. Auf ein Danklied (V. 1–6, überwiegend in 3.P.), das mit ›vertrauen‹ 12,2 und mit dem Fall der Stadt Kap. 25 aufgreift, folgt ein fast durchgehend in Du-Anrede gehaltenes *ausführliches Bekenntnis* (V. 7–19). Die Bewegung geht dabei vom Sehnen nach Jhwh und seiner Gerechtigkeit (V. 7–9, im Kontrast zu den Frevlern V. 10) über das Rühmen von Gottes Macht, der sich zugunsten seines Volkes gegen andere durchsetzt (V. 11–15), hin zu einer in einmaligen Formulierungen sich aussprechenden Hoffnung (V. 19). Sie gründet auf der Erfahrung, dass in der eigenen Not und Hilflosigkeit (V. 16–18) Gott die soeben bekannte Rettung gebracht hat; darauf blüht der Glaube, dass sogar Tote an Leben, Freude und Gemeinschaft mit Gott (Symbolik von Tau und Licht in V. 19) teilhaben können. Jes 26 erhebt sich damit im Gebet zu einer Höhe, die über die

Grenzen physischer Existenz hinwegsehend bleibende Verbundenheit mit Gott erahnen lässt.
Jes 37f bringen jene Gebete, die bereits oben (B, 5) bei Hiskija zur Sprache kamen. Bisher nicht Gewohntes fordert aber wenig später 42,10: »Singt Jhwh ein *neues Lied!*« Wo Gott in der Sendung seines Dieners (unmittelbar zuvor, V. 1–9) neu zu handeln beginnt, genügen ›alte Schallplatten‹ nicht mehr zu seinem Lob. Das Motiv des neuen Liedes hat mehrfache Aufnahme in den Psalmen gefunden (u.a. Ps 33,3; 40,4; 144,9; Jdt 16,13; Offb 5,9; 14,3), und es sollte auch heute gelegentlich wieder im Kirchengesang mancher Gemeinden ernster genommen werden.
Das Thema *unterlassener Gebete* spricht Jes 43,22 an. Gott beklagt sich, dass ›Jakob‹, d.h. sein Volk, ihn nicht »angerufen« hat. Um es zu ermutigen, ergeht in 55,6 eine Aufforderung dazu, die mit starken Motivationen verbunden ist und sogar Frevler erreichen will.[5] Wenig später, in 58,9, sagt Gott für den Fall, dass Fasten in rechter Weise, nämlich mit entsprechendem sozialem Verhalten, erfolgt, sein Antworten zu. Dies bedeutet eine Wende zu 58,2–4, wo Jhwh auf die ihn befragenden Menschen wegen ihrer Ausübung von Gewalt nicht reagiert. Gegen Ende des Buches, in 65,1, steigert Gott das Motiv dazu hin, dass er zu suchen und zu finden war sogar für jene, die nicht nach ihm fragten; in V. 2, paradox verdreht, erscheint er selbst gleichsam in Gebetshaltung, mit zum widerspenstigen Volk hin ausgebreiteten Händen. So sehr ringt Jhwh um eine gute Beziehung mit ihm.
Im Kontrast zum unterbliebenen Anrufen Gottes parodiert Jes 44,17 Verehrer von Götzenbildern, die sich vor diesen niederwerfen und um Rettung bitten (vgl. auch 57,13). Die *Auflösung zu dieser verkehrten Hoffnung* gibt 45,15, wo sogar drei Gruppen von Fremden Jhwh als »Helfer« anbeten und von ihm sagen, dass er sich verborgen hält. Damit benennen Angehörige anderer Völker zwei wesentliche Grunderfahrungen, die Israel mit seinem Gott gemacht hat.[6] Diese Bewegung hin zu internationaler Anerkennung kehrt wieder in der Bezeichnung des Tempels als »Haus des Gebets für alle Völker« (56,7; aufgenommen Mk 11,17, sowie verändert in 1 Makk 7,37) und vollendet sich im vorletzten Vers von Jesaja, der von Jhwhs Anbetung durch »alles Fleisch« spricht (66,23).
Zur *Neugestaltung Jerusalems* in Jes 62 gehören Wächter, die unaufhörlich Jhwh »erinnern« (V. 6) und ihm keine Ruhe lassen – eine Art Vorwegnahme des unablässigen Betens beim Gleichnis vom ungerechten Richter in Lk 18,1–7. Im selben Kapitel Jes 62 geht V. 9 parallel zur Aufforderung von Dtn 8,10; das Essen der Früchte des Landes soll zum Lob Jhwhs führen.
Hatten die zuletzt genannten Stellen Beten nur kurz erwähnt, so kommt in Jes 63,7–64,11 das mit Abstand längste Gebet des Buches. Dieses Volksklagelied[7] spricht die *verletzte Beziehung mit Gott* an und vermag unmittelbar folgend in Jes 65f ihn zu einer positiven Antwort und damit zu einem glücklichen Abschluss des ganzen Buches zu bewegen. Es öffnet deshalb einen entscheidenden Zugang zum Verständnis von Jesaja und bietet darüber hinaus ganz besondere Aussagen über Gott.

Der Auftakt 63,7 gibt das *Programm* vor: Das ungenannte betende Ich will Gottes überfließendes gnädiges Handeln in Erinnerung rufen (vgl. o. 62,6, als dessen Erfüllung). Rahmend steht »Verbundenheit« (hebr. beide Male im Pl., als Intensivierung), zweifach ist von »viel/Fülle« die Rede, und »Güte« und »Erbarmungen« verstärken weiter die Beschreibung seiner huldvollen Zuwendung.
Das Erinnern vollzieht sich in *zwei Stufen*. Die erste (V. 8–10) stellt Gottes Retten der Auflehnung des Volkes, seiner Kinder, entgegen. Die zweite (V. 11–14) fokussiert auf seine Führung im Geschehen des Exodus und wechselt am Ende zur Du-Anrede (V. 14b), was die Überleitung zum *eigentlichen Gebetsteil* mit Bitten und Bekenntnis bildet (ab V. 15, bis zum Schluss). Dieser ist umrahmt von Vorwurf und Anfrage bezüglich der göttlichen »Zurückhaltung« (63,15; 64,11) von Eifer und Erbarmen für sein Volk, die angesichts vieler Nöte (abirren V. 17; das Heiligtum zertretende Feinde V. 18; Sünden V. 4f ...) umso unverständlicher ist.
In diese sich öffnende Schere zwischen falschem Verhalten der Gemeinschaft und dem heiligen, berechtigt zürnenden Gott hinein wagt sich das Gebet hier mit dem *Appell an Gottes Gefühle und die von ihm bisher eingegangene Beziehung*. Das dreifache Pochen auf »du bist unser Vater« (zweimal in 63,16; dazu nochmals in 64,7) ist im AT ohnegleichen und bildet eine Brücke zur Gebetsbelehrung Jesu im Vater unser (Mt 6,9). Auch die Bezeichnungen »unser Erlöser« (V. 16; sonst nur Jes 47,4) und »unser Bildner« (64,7; einmalig) sprechen Gott auf seine übernommene Verantwortung an. Zu seinen bereits eingangs in 63,7 erwähnten Eigenschaften treten noch Liebe und Mitleid, Eifer und »Tosen deiner Eingeweide« (63,9.15) als ganz starke Emotionen hinzu.
Jes 63f offenbart mit dieser doppelten theologischen Argumentation und den kreativen Formulierungen eine hohe spirituelle Sensibilität, die sowohl Einsicht in eigene Schuld als auch tief gründende Hoffnung umfängt. Es zieht alle Register, um Gott zum Eingreifen zu bewegen. Er hat sich in der Vergangenheit auf das Volk eingelassen, in seinem »heiligen Geist« (zweimal in 63,10f, sonst nur Ps 51,13 in der Hebräischen Bibel; vgl. zudem »Geist Jhwhs« in V. 14) ihnen Nähe und Führung geschenkt. Dieses Engagement kann er, so legt das *lange Bestürmen mit Erinnerungen, Aufforderungen und Fragen* nahe, nicht einfach aufgeben. Will Gott sich treu bleiben, müsste er etwas unternehmen. Tatsächlich erreicht dieses Beten sein Ziel; Gott antwortet in Jes 65f, auch mit Heilsverheißungen, und bricht damit das ihm unmittelbar zuvor vorgehaltene Schweigen (64,11; s. auch o. zu 65,1f).
Der Schluss des Jesajabuches gibt so Zeugnis von der *Kraft des Gebetes*. Es nimmt hier seinen Ausgang beim Gedenken an Gottes Wesen und Tun. In seltenen oder neuen Ausdrücken für Gott sowie im massiven Ansprechen seiner Emotionen und der Beziehung ist eine geistliche Lebendigkeit zu spüren, die trotz großer eigener Verfehlungen eine unerschütterliche Zuversicht auf ihn als einzigen Retter bewahrt und darin auch nicht enttäuscht

wird. Damit macht das Buch und insbesondere Jes 63f Mut, in vergleichbar ausweglosen Situationen sich betend an Gott zu wenden und dabei Hilfe zu erhalten.

2. Im Clinch mit Gott – Jeremia

Der zweite große Schriftprophet bietet noch mehr zum Thema als sein Vorgänger, sowohl in der Anzahl der Texte als auch in der Breite der Aspekte.[8] Bei Jeremia tritt markanter als zumeist sonst in der Bibel heraus, dass Gebete *belastete Beziehungen widerspiegeln* können. Die Vorwürfe gehen in zwei Richtungen, an die Adresse Gottes und die der Menschen.

a) Fehlformen von Gebeten

Wer Jer von Beginn an liest, stößt in 2,27 auf erste ›Gebete‹. *Völlig verkehrt* werden Götter-Symbole aus Holz und Stein in elterlichen Rollen angeredet, während gleich darauf in der Not Gott selbst um Hilfe angegangen wird. Jer 3,4 setzt die Vater-Benennung fort, nun zwar korrekt für Jhwh, doch mit einem Anspruch, der im Gegensatz zum eigenen, sich von ihm distanzierenden Verhalten steht. Das untreue Volk pocht trotzdem auf die seit der Jugend bestehende Freundschaft und verlangt von Gott ein Aufhören seines Grolls (V. 5).

Dieser Auftakt findet später im Buch Fortführungen. Am Ende von Jer 10 bekennt ein Ich Gott gegenüber menschliche Beschränktheit und bittet ihn sogar um Züchtigung (V. 23f). Im Kontext der vorausliegenden schwerwiegenden Verletzungen des Bundes (Jer 7–9, z.B. die Übertretungen des Dekalogs 7,9; anschließend in 11,10 als Bundesbruch qualifiziert) erscheinen aber der sich entschuldigen wollende Hinweis auf die eigene Begrenztheit, die Bitte um Einschränkung der Strafe (»doch mit Maß«, V. 24) und vor allem die Aufforderung, Gott möge seinen Grimm auf andere Nationen ausgießen (V. 25), mehr als *unangemessen*. Jhwhs ablehnende Reaktion in Jer 11 bestätigt dies.

Noch größere *Zumutungen an Gott* enthalten die beiden Gebete in Jer 14. Das erste setzt in V. 7 mit einem Sündenbekenntnis ein, erhebt dann aber in Fragen mit Bildern unerhörte Anklagen. Jhwh gleiche einem Fremden, einem nur zum Übernachten einkehrenden Wanderer, einem hilflosen Mann und einem scheiternden Helden (V. 8f). Dies sind für das AT einmalige, ungeheuerliche Angriffe auf Gott. Das zweite Gebet in V. 19–22 spricht zwar deutlich positiver von ihm; dennoch zeigen die Fragen zu Beginn (V. 19), dass die Betenden nicht wirklich begriffen haben, was sie Gott angetan haben. Die *Asymmetrie in der Beziehung* ist ihnen nicht bewusst. Die extrem scharfe Ablehnung Jhwhs gleich im Anschluss in 15,1–4 macht deutlich, dass Grundlegendes nicht stimmt.

b) Erhoffte und erwünschte Gebete

Jer belässt es nicht beim Aufzeigen des Falschen; es zeigt auch *positive Modelle*. Die missbräuchliche Vateranrede in Jer 2f (s.o.) erhält eine Umkehrung in Gottes sehnsuchtsvoller Erwartung 3,19 »Und ich dachte: ›*Mein Vater!* würdest du mich nennen‹ ...«. Kurz darauf (V. 22c–25) ergeht ein längeres Gebet, in dem eine Gruppe (1.Pl., wir) *sich zu »Jhwh, unserem Gott«* (4x) und ihren Sünden gegen ihn *bekennt* sowie von den Höhenkulten distanziert. Als Antwort darauf bietet Jhwh ihnen Umkehr in 4,1–4 an.

Jer 10,1–16 behandelt den Gegensatz zwischen Göttern mit ihren Verehrern und Jhwh. In raffinierter Weise wechselt der Aufbau je viermal zwischen Blicken auf Erstere und auf den biblischen Gott hin und her: V. 2–5 ↔ V. 6f; V. 8f ↔ V. 10; V. 11 ↔ V. 12f; V. 14f ↔ V. 16, wobei die beginnenden Passagen von Jhwh, die über ihn handelnden Abschnitte dagegen von menschlichen Sprechern kommen. Letztere setzen mit einem Gebet in Du-Anrede ein (V. 6f, mit Aufnahme von 2 Sam 7,22), das Gottes Unvergleichlichkeit als Rahmen verwendet und seine Größe als »König der Nationen« preist. Die weiteren Verse über Jhwh (V. 10.12f.16) sind in 3.P. und hymnischem Ton. Fast versteckt in der ab 10,2 einsetzenden Gottesrede kommt so viermal jemand zu Wort, der *gegen die Nichtigkeit der Götzen ihm Lob zollt* und damit bestätigt, dass er gänzlich anders und ihnen überlegen ist – Beispiel dafür, wie auch heute Beten oft inmitten völlig verschiedener Ausrichtungen in der Gesellschaft erfolgt und sich davon abhebt.

In der Botschaft an die Judäer, die mit König Jojachin 597 v. Chr. nach Babel exiliert wurden, fordert Gott: »Sucht das Heil/den Frieden (*schalom*) der Stadt ... und betet für sie zu Jhwh!« (Jer 29,7). Er wünscht damit von den verschleppten Judäern das Gebet für jene, die für den eigenen Untergang verantwortlich sind. Jesu Anweisung, *für die Verfolger zu beten* (Mt 5,44), hat hier eine Wurzel (s., ähnlich, Bar 1,11).

Eine gewandelte Situation setzt auch die Trostrolle Jer 30f voraus. Eine nicht näher identifizierte Gruppe (2.Pl.) soll über das als »Jakob« bezeichnete Volk jubeln und sagen: »Rette, Jhwh, dein Volk, den Rest Israels!« (31,7). Mit diesem *Eintreten bei Gott* findet das dreifache Fürbittverbot an Jeremia (7,16; 11,14; 14,11) eine erste Aufhebung; endgültig erfolgt sie in Jer 42, wo der Prophet auf Ansuchen der Leute um Johanan Fürsprache für sie einlegt (V. 2–4) und Antwort erhält.

*

Jer stellt uns Pole vor Augen. Als Kontrast zu den verkehrten Gebeten (a) flicht er mehrfach im Buch *Beispiele und Aufforderungen* zum richtigen Beten ein. Sie verdeutlichen, was Gott sich ersehnt. Beten für die Feinde, Eintreten für die Rettung einer leidenden, reduzierten Gemeinschaft, Sich-Bekennen zu ihm und seiner Erhabenheit über alle konkurrierenden ›Götter‹ sind bis heute gültige Impulse.

c) Prophetenleid – die ›Konfessionen‹

Das Jeremiabuch ist berühmt für eine Gruppe von Texten, die nach einem Werk des Augustinus den Namen »Konfessionen« (= Bekenntnisse) erhalten haben. Sie geben Zeugnis von einem *persönlichen Ringen mit Gott*, wie es zuvor in dieser Schärfe nicht gewagt wurde. Dabei offenbart der Sprecher nicht nur seine innere Not, sondern wird sogar hingerissen zu harten Anklagen gegen Gott.

Meist werden *fünf Texte* zwischen Jer 11 und 20 zu diesen Konfessionen gerechnet;[9] doch begegnen bereits vorher ähnliche Züge, etwa im Vorwurf Jer 4,10 oder in der immensen Trauer in 8,21–23. Für die Vorstellung wähle ich die letzte Konfession und einzelne Elemente aus den vorausgehenden.

Am Ende von Jer 11 ist der Prophet mit der Morddrohung in seinem Heimatort konfrontiert. Er wendet sich an Gott, einerseits vertrauensvoll (11,20), anderseits *anfragend*: »Warum gelingt der Weg der Frevler, sind in Frieden alle, die grob betrügen?« (12,2). Der Beginn von Gottes Antwort (12,5f) macht ihm seine Grenzen und die Infiziertheit der eigenen Familie bewusst, deren Fortführung (ab V. 7) deckt Gottes persönliche, tiefe Verwundung dabei auf.

Auch bei der zweiten Konfession in Jer 15 erhält der Klagende Antwort, gleich zweimal (V. 11–14 und 19–21). Er ist zerrissen zwischen Schande und Verfolgung (V. 15) und Freude an Gottes Wort (V. 16), erlebt Isolierung und unaufhörlichen Schmerz, der ihn Gott vorhalten lässt: »Wirklich bist du mir ein Trugbach geworden, unzuverlässige Wasser« (V. 17f). Ein *gequälter Mensch* schreit hier sein Leid heraus, auch seine Enttäuschung über Gott. Als persönliche Empfindung mag der letzte, den Gipfel bildende Vorwurf stimmen, real jedoch nicht, wie Gottes Korrektur ab V. 19 deutlich macht. Konkret bezogen verlangt sie vom Propheten eine Rückkehr zu kostbarem, wertvollem Reden. Untreue lässt Gott sich nicht unterstellen; dagegen nimmt er Stellung, weil sonst die Wahrheit verfälscht würde. Doch zeigt er sich in keiner Weise empfindlich oder beleidigt, wie die Überhöhung der Sendung Jeremias (»wie mein Mund«) und die verstärkten Zusagen belegen (vgl. V. 20f mit 1,18f).

Das Beten gegen die Verfolger in 17,18 und 18,21–23 klingt wenig christlich. Doch ist sein *Hintergrund zu beachten*: 17,15 bringt deren Spott über Jhwhs Wort, mit dessen Eintreffen sie nicht rechnen. 18,18–20 weisen auf, dass die Beziehung zwischen Jeremia und ihnen gekennzeichnet ist durch konträres Verhalten und Enttäuschung auf Seiten des Propheten; er ist bisher für sie eingetreten, doch sie stellen ihm hinterlistig nach und wollen seinen Auftrag verunmöglichen. Sein Gebet ist somit weniger persönlich motiviert als vielmehr ein Bitten darum, dass Gott für Gerechtigkeit und für *seine* angegriffene Botschaft Partei ergreife.

Die *letzte Konfession* (ab 20,7) bringt unter mehreren Rücksichten Steigerungen. Voraus gehen Schläge, Einsperrung, Folter und öffentliche Beschämung Jeremias am Tempel durch Paschhur, Aufseher dort und ›Kollege‹ als

Priester und Prophet (V. 2f). Die schreckliche Erfahrung fließt ein in das von extremen Umschwüngen geprägte Beten, das *alle Beziehungen stark gestört* aufzeigt, gleich anfangs die mit Gott. »Du hast mich betört« (oder gar »verführt«, V. 7) ist ein massiver Vorwurf, dem aber in V. 11–13 Zuversicht und Lob-Aufforderung entgegenstehen. V. 10 erwähnt »Viele« und »Vertraute« (wörtl. »Menschen meines Friedens«) als Gegner; der Prophet hat eine Mehrheit gegen sich und sogar seine Freunde. Im Anschluss (V. 14–18) erscheinen auch die Beziehungen zu seinen Eltern und zur eigenen Existenz enorm belastet.
Jeremias Beten spiegelt *Zerrissenheit und innere Auflösung*. Sie hat wesentlich mit der in seiner Sendung erfahrenen Ausweglosigkeit zu tun, wie sie V. 8f in engster Konzentration als unauflösliche Spannung schildern: Verkünden trägt ihm Schande und Spott ein, Schweigen hält er selbst nicht aus, weil es in ihm wie Feuer brennt. Mit Gottes Wort ist dem Leiden nicht auszukommen – doch darf es im Beten vor ihm benannt werden und findet dort den rechten Platz sowie Erleichterung.

d) Beten gegen Sinnlosigkeit – nach dem Ackerkauf, Jer 32

Letzteres gilt wohl ebenfalls für das *längste Gebet im Buch*. Jeremia musste in Gottes Auftrag in seiner Heimat Anatot ein Feld erwerben. Ein Jahr vor dem Untergang von Stadt und Land[10] will Gott mit dieser symbolischen Handlung Hoffnung wecken (32,15), gegen die Aussichtslosigkeit und Resignation angesichts der babylonischen Belagerung und des zu erwartenden Endes.
Der Großteil von Jeremias Beten hat *Gottes Lob* zum Inhalt. Nach der klagenden Anrede »Ach, Herr Jhwh!« (V. 17) bringt der Prophet eine bunte Sammlung traditioneller Aussagen über Gott in eigener Zusammenstellung; u.a. greift er auf prägnante Formulierungen bei Abraham, Mose, Salomo und Hiskija zurück[11] und schafft so einen scharfen Kontrast zum in V. 23 folgenden Ungehorsam des Volkes, den er bekennt und der als äußerste Undankbarkeit erscheint.
Nach der gehorsamen Durchführung der scheinbar sinnlosen Handlung und dem Lob wagt Jeremia, *Gott anzufragen* (V. 24f). Offen benennt er am Ende den Kontrast zwischen der Lage der Stadt und Jhwhs Auftrag. Es ist erlaubt, Gott Fragen zu stellen – und dieser weicht nicht aus, wie die sehr eingehende Antwort V. 26–44 zeigt. Darin bestätigt er seinen Propheten (s. die Übereinstimmungen zwischen V. 27f und V. 17.24), was einen schönen Einklang von Gott und Betendem andeutet. Doch bleibt Jhwh nicht bei der tristen Analyse Jeremias stehen, sondern verweist ab V. 37 auf sein neues Heilswirken. – Oft öffnet Gott im Gebet den Blick für eine andere, tiefere Sicht der Welt und seiner Wege.

*

Die Palette der Gebete in Jer ist sehr breit. In den Stimmungen umfangen sie bittere Klage und höchstes Lob; die Einstellungen beim Beten können verdreht oder aber ehrlich sein; die Inhalte betreffen neben Gott auch die Gemeinschaft und ihr Geschick, den Propheten und seine Sendung, die Haltung zu anderen, das mit dem göttlichen Wort verbundene Leiden usw. Dies, die Häufigkeit und Streuung der Gebete sowie ihre Funktion, mehrfach Wenden zu begleiten bzw. entscheidende Momente zu bilden, macht das *Beten zu einem bestimmenden Thema für das Jeremiabuch*, das von solch inniger Beziehung mit Gott zu verstehen ist und zu ähnlich vertrautem Gespräch einladen möchte.

3. Hoffnungen im Gericht – das Zwölfprophetenbuch

Weil *Ezechiel* nur recht wenig an Gebeten aufweist – am ehesten sind darunter die Klagen in Ez 8,8; 11,13; 21,5 und die Notiz von der Anbetung des ganzen Volkes in Ez 46,3 einzuordnen –, geht die Besprechung gleich zu den zwölf kleinen Schriftpropheten über. Sie folgt ihrer Anordnung, hebt drei besondere Akzente (a–c) heraus und erwähnt kurz noch andere wichtige Texte.

a) Wo liegt der Unterschied? – Hosea 6 und 14

In der Mitte von Hosea findet sich ein Umkehraufruf (Hos 6,1–3). Eine Gruppe will sich erneut Jhwh zuwenden und spricht lobend über ihn, in großem Vertrauen auf seine Fähigkeit und Absicht, zu heilen und neues Leben zu schenken. Gottes daraufhin ergehende Antwort (V. 4–6) ist *spröde abwehrend*, den Wunsch und das Beziehungsverhalten des Volkes in den Bildern von Morgenwolke und Tau als flüchtig und unverbindlich disqualifizierend.

Offenbar stimmt etwas an der Hinwendung zuvor nicht (vgl. o. bei Jer, 2a). Ein genauerer Blick auf V. 2f enthüllt *unangemessene Erwartungen*. Gottes Gerichtshandeln (»zerreißen, schlagen« V. 1) wird als schnell vorübergehend angesehen (»nach zwei Tagen, ... am dritten Tag«, V. 2), und sein neuerliches Kommen zum Volk als selbstverständlich erachtet, nahezu einem natürlichen, automatischen Ablauf gleichend (»sicher wie die Morgenröte«, V. 3). Solchen Anmaßungen und Fehlhaltungen stellt Gott seine anderen Bewertungen und Ansprüche entgegen, u.a. im berühmten Wort: »An Verbundenheit habe ich Gefallen und nicht an Schlachtopfer, an Gotteserkenntnis mehr als an Brandopfern« (V. 6).

Im Schlusskapitel von Hosea wird die Thematik aufgenommen. Hos 14,2–4 bringen wiederum einen Umkehraufruf, doch nun anderer Art, nicht nur wegen der Verteilung auf einen auffordernden Sprecher (V. 2–3a) und den von ihm nahegelegten Gebetstext für eine Wir-Gruppe (V. 3b–4). Im Unterschied zu Kap. 6 ist darin nämlich von Vergehen die Rede, die Menschen

bekennen ihre Schuld und bitten um Vergebung. Zusätzlich distanzieren sie sich vom verkehrten Verhalten und beschließen ihr *Bußgebet* mit dem Preisen von Jhwhs Erbarmen für besonders Bedürftige (»Waise«, V. 4). Der falschen Anrufung »unser Gott« für Götzen setzen sie das Versprechen entgegen, mit den »Lippen zu vergelten« (V. 3), möglicherweise eine Anspielung auf Beten,[12] als Gabe an Gott.
Dieser reagiert in V. 5–9 mit einer Reihe von Zusagen, die auch eine *einmalige Liebeserklärung* (in V. 5, ergänzt mit »frei, ohne Grund«) mit einschließen. Dabei verbinden Stichworte (»heilen, Tau«) mit der Passage in Hos 6, die so sowohl aufgegriffen als auch positiv weitergeführt erscheint. Wo die Hinwendung zu Gott sich von Verkennung und Anmaßung zu aufrichtigem, ungeschminktem Beten wandelt, öffnet sich ein Weg zu neuem Leben.

Der folgende Prophet, *Joel*, erwähnt Schreien bzw. Rufen zu Gott (Joel 1,14.19). In Joel 2,17 wird ein Gebet für die Priester vorgegeben, das ihn zu Mitleid für sein Volk aufrufen soll. Ähnlich möchte *Amos* durch seine Fürsprache (vgl. S. 27) Gott zum Erbarmen bewegen (Am 7,2.5), kann aber auf Dauer das Gericht nicht aufhalten. Drei hymnische Passagen (Am 4,13; 5,8f; 9,5f) scheinen teils wie unpassende Unterbrechungen der Drohworte, sind aber zentral für die Botschaft des Buches.[13] Lob verdient Gott auch dann, wenn er Missstände im eigenen Volk aufdeckt und dagegen angeht.

b) Illusionen eines Propheten: Jona 2

Das Jonabuch präsentiert Beten in *parodierender Verzerrung*. Dies setzt ein in Jona 1 mit drei Erwähnungen des Themas. Die ersten Betenden sind die heidnischen Matrosen, die im Sturm zu ihren Göttern schreien (Jona 1,5). Der schlafende Prophet dagegen muss eigens vom Kapitän aufgefordert werden, auch seinen Gott anzurufen (V. 6). Bevor die Seeleute dann Jona auf dessen Geheiß über Bord werfen, beten sie sogar zu Jhwh,[14] dessen Wirken sie anerkennen und bei dem sie ihr Vorgehen gleichsam zu entschuldigen versuchen.
Das längere Beten Jonas in Kap. 2 hat unterschiedliche Bewertungen erfahren. Es wird aber nur dann richtig erfasst, wenn die *ironischen Züge* daran beachtet werden.[15] Erst *nach* vollen drei Tagen (V. 1) beginnt der Prophet, Gott anzusprechen (V. 2). Dabei verdreht er völlig die Wirklichkeit, wie der Vergleich mit seinem Handeln zuvor in Kap. 1 mit einigen wenigen Beispielen zeigt:
2,3: »Ich habe geschrien aus meiner Not« ↔ Er hat geschlafen und war still.[16]
2,4: »Du warfst mich in die Tiefe, ins Herz der Meere« ↔ Das haben die Matrosen gemacht, und es war die Folge des Fliehens vor seiner Sendung.
2,5: »Ich wurde vertrieben von vor deinem Angesicht« ↔ Er ist selber davongelaufen.

2,9: »Die bewahrend sind leere Nichtse, verlassen ihre Verbundenheit« ↔ Diese Abqualifizierung von Götzendienern steht im Kontrast zum Verhalten der Matrosen, die bis zuletzt und unter eigener Lebensgefährdung ihn, den Schuldigen, zu retten versucht haben, während Jona selbst, in keiner Weise loyal, sie ins Unglück gebracht hat.

Jona 2 ist wohl das schönste Beispiel, wie ein ›Frommer‹ gänzlich *fern der Realität* beten kann. Zugleich gibt es wenig Tröstlicheres als die Bemerkung in V. 11, dass Gott ihn dennoch in seiner misslichen Lage erhört und rettet. Der Prophet Jona, der hier ›danebenliegt‹, sich täuscht, schräg die Welt wahrnimmt, bildet das *Paradebeispiel für das Motiv »Blindheit – Heuchelei«* beim Beten, das die gesamte Bibel durchzieht. Als kleine Auswahl aus vielen Stellen sei neben Jes 1,15; Hos 6,1–3 und manchen schon bei Jer erwähnten Stellen (s.o. 1 und 2a) verwiesen auf: Jes 29,13 mit Mk 7,6f; Jer 7,9f; Hos 8,1f; Mi 3,3f; Zef 1,5f; Sach 11,5; Mk 12,40; Mt 6,5–7. Angesichts dessen kann sich nur die inständige Bitte an Gott erheben, er möge das eigene Beten ehrlich, rein und lauter machen, damit es der impliziten Herausforderung zu voller Wahrhaftigkeit immer mehr genüge.

Jona 3,8 nimmt mit dem königlichen Befehl zur Anrufung Gottes das Thema der frommen Heiden aus Kap. 1 auf, allerdings gesteigert durch »mit (aller) Anstrengung«.[17] Fasten und Trauerriten der gesamten Bevölkerung, einschließlich der Tiere, sowie Hoffnung auf Jhwh begleiten dieses Beten (V. 7–9). Sie bezeugen seine *Ernsthaftigkeit*. Gott nimmt den ganzen Einsatz bei der Umkehr wahr und daraufhin sein angedrohtes Unheil zurück (V. 10).

Gottes Milde wird in Jona 4 zum Anlass eines *Gebetes ganz eigener Art*. Seine Nachsicht mit Ninive, dem Inbegriff von Gewalt, Brutalität, Götzendienst ... erregt den Zorn des Propheten (V. 1), der sich in Vorhaltungen bezüglich Jhwhs erbarmenden Wesens (V. 2) und der Bitte zu sterben entlädt (V. 3, erneut V. 8; vgl. 1 Kön 19,4). Und sogar diesem so verbitterten Jona begegnet Gott in annehmender, weiterführen wollender Weise. Wiederum lässt dies Hoffnung für heute aufkommen, wenn Gebete mit Ärger oder verkehrten Einstellungen belastet sind.

Erfreulicheres als Jonas Verhalten taucht im Buch *Micha* auf, allerdings erst am Ende. Mi 7,14 bringt die erste Du-Anrede für Gott, er möge sein Hirtenamt über das Volk ausüben; zumindest in V. 15 scheint er darauf eine positive Antwort zu geben. V. 18–20 kehren überwiegend zur 2.Sg. für Jhwh zurück. Im Blick ist seine Einmaligkeit (vgl. die ähnlichen Fragen in Ex 15,11),[18] die hier einzigartig mit *Sündenvergebung* kombiniert ist (s.o. das Motto vor diesem Teil zu den Schriftpropheten). Ein lobendes Anerkennen von Gottes seit der Zeit der Erzeltern anhaltender Treue und Verbundenheit beschließt das Gebet in V. 20 und damit auch das ganze Buch – eine Einladung dazu, größere Werke mit Beten zu beenden.

c) Vom Zittern zum Jubel: Habakuk 3

Während Nahum nie die 2. Sg. für Gott gebraucht, verwendet *Habakuk* sie gleich von Anfang an. In zwei Passagen (Hab 1,2–4 und 1,12–2,1) klagt der Prophet Gott an, bei groben Missständen, Unrecht und Betrug untätig zuzuschauen; sie stehen Beten nahe, zeigen allerdings auch eine Stilisierung als Diskussion (s. die Antworten Gottes in 1,5–11 und 2,2–5). Doch bereiten sie den Boden für den »Zieltext«[19] der Schrift, das prophetische Gebet in Hab 3.

Der ausspähende Prophet (2,1) gesteht darin, Gottes Wirken ehrfürchtig wahrgenommen zu haben, und bittet ihn, sich in der Erregung des Erbarmens zu erinnern (3,2) – ein einmaliges, doch unvergänglich aktuelles Flehen. Das gewaltige Auftreten Gottes in einer machtvollen Epiphanie (ab V. 3) zur Rettung des Volkes (V. 13–15) bewirkt tiefe Erschütterung in Habakuk (V. 16), die sich aber am Ende in Jubel und großes Vertrauen wandelt (V. 18f). Das Hab abschließende (s. auch Mi 7 zuvor) Gebet beschreibt eine *typische Bewegung von angstvoller Not zu zuversichtlicher Freude*. Beten hat verändernde Kraft (vgl. schon Hanna in 1 Sam 1 und, später, u.a. Esra 9 sowie Klgl).

Bei *Zefanja* weitet sich der Kreis der Jhwh-Verehrer international aus. In Zef 3,9f verspricht Gott, den Völkern gereinigte Lippen zu geben, ihn anzurufen; seine »Beter« (das hebr. Wort dafür nur hier) werden sogar aus dem fernen Afrika kommen.

Dieses Motiv kehrt wieder bei *Sacharja* an exponierten Stellen des Buches. Gegen Ende des ersten Teils sagt Sach 8,20–22 an, dass viele Nationen sich aufmachen werden, Jhwh in Jerusalem aufzusuchen und »sein Angesicht zu besänftigen« (vgl. 7,2; eine Aufforderung dazu auch in Mal 1,9). Noch einen Schritt weiter geht es am Schluss von Sach, in 14,16f: Regen und damit Fruchtbarkeit entscheidet sich für alle »Geschlechter der Erde« daran, ob sie jährlich am Laubhüttenfest sich dort vor dem »König Jhwh der Scharen« anbetend niederwerfen. Der eine Gott des ganzen Universums *vereint so die Menschheit* im Gebet zu ihm.

Sacharja behandelt auch die Thematik des Anrufens Gottes. Weil die Menschen nicht auf sein Rufen hörten, wird er es umgekehrt ebenso nicht tun (7,13). Auf diesem negativen Kontrast-Hintergrund kommen dann als *positive Auflösungen* die Aufforderung, um Regen zu bitten (10,1), und die Zusagen der Erhörung in Sach 10,6 sowie vor allem jene in 13,9, die das Bundesverhältnis als wieder bestehend von beiden Seiten bekräftigt.

*

Die Gebete bei den Propheten zeigen *vermehrte Intensität*, sowohl durch die Zunahme an Häufigkeit, durch die Vielfalt an Motiven als auch durch verschärfte Auseinandersetzungen auf allen Ebenen: persönlich, mit sich selbst oder im Ringen mit Gott; in gesellschaftlichen Fragen oder gar international. Im Letzten geht es dabei immer um die Beziehung mit Jhwh, die einerseits tragend ist, anderseits als gefährdet, unstimmig oder gar unaufrichtig erscheint. Beten entfaltet dabei *reiche positive Wirkungen*. In der einen Richtung schenkt Gott Heil, geht auf die ihn ansprechenden Menschen ein, bestärkt sie und verbindet sie untereinander darin. In der anderen Richtung legen Gebete eigene Lage und Denken ungeschminkt offen und tragen so zu Klärung, Erleichterung und Verbesserung bei.

»Ihr Lobenden, erhebt den Herrn!
Soviel ihr vermögt
– denn er wird (es) auch noch übersteigen.«
Sir 43,30

D. Vermehrtes Beten in späteren Schriften

Bisher haben wir überwiegend den ersten und zweiten Kanonteil der Hebräischen Bibel besprochen. Es fehlen noch viele Bücher des dritten Teils, der Schriften, sowie alle griechischen Werke. Nach allgemeiner Ansicht stammen die meisten von ihnen aus *späterer Zeit*, wohl bereits der hellenistischen Epoche (ab ca. 300 v. Chr.). Das schließt nicht aus, dass Werke wie Sprichwörter oder Hoheslied, die beide keine Gebete enthalten,[1] frühere Sammlungen aufnehmen; im Fall des Buches Weisheit reicht die Abfassung vermutlich sogar in die Zeit Jesu.
Ein *auffallendes Charakteristikum* im Vergleich zu den meisten schon behandelten Büchern ist eine *starke Zunahme* der Gebete in diesen späteren Schriften (s. dafür bereits Chr, oben S. 33). Das ist zwar nicht immer – Kohelet etwa bildet eine Ausnahme, neben den eben erwähnten Spr und Hld –, doch oft zu beobachten. Zwei typische Beispiele für diesen Prozess liefert der Vergleich zwischen den hebräischen und griechischen Fassungen der Bücher Ester und Daniel. In der Septuaginta enthalten beide Werke vermehrt Gebete.

1. Drei große Bußgebete

Jeweils im Kapitel 9 der Bücher Esra, Nehemia und Daniel finden sich *bezüglich ihrer Thematik ähnliche Gebete*.[2] Führende Personen bekennen darin die Schuld der Gemeinschaft, erkennen die Berechtigung der eingetroffenen Gerichtsfolgen an und flehen um Gottes Erbarmen.

a) Gezieltes Beten – Esra 9

Mit Esra setzen wir die Bewegung der Chronikbücher von Teil B) fort. Die dort in Aussicht genommene *Restaurierung Jerusalems* ist inzwischen mit der Wiedererrichtung des Tempels (520–515) und der Stadtmauern (ca. 445 unter Nehemia) weitgehend Wirklichkeit geworden. Zwei kleine Gebete in Esra 3,11, anlässlich der Grundsteinlegung des Tempels, und 7,27f, das dankende Lob für das bei den Perserkönigen gefundene Wohlwollen, hängen damit zusammen.
Esra 9, eine »literarische Predigt im Gebetsstil«,[3] ist demgegenüber weit länger, bildet *theologisch den Höhepunkt* des Buches und gibt mit der auf das

Schlusskapitel 10 zulaufenden Dynamik zur Auflösung der Mischehen gleichzeitig dessen Zielrichtung an. Davon ist auch das Gebet geprägt, so sehr, dass sich die Frage stellt, ob es nicht dazu »*instrumentalisiert*« wird. Anders, positiv betrachtet, ist Esra bei seinem Beten stark von einem Anliegen ergriffen, und dies hat entsprechende Auswirkungen im Handeln.
Seine persönliche Betroffenheit zeigt sich bereits zuvor in den Reaktionen auf die Kunde von den Missständen (9,3–5: Kleider zerreißen, Haare und Bart ausraufen, Erstarrung bis zum späten Nachmittag ...). Inhaltlich schließen sich die Wortfelder von Schuld und Scham im Gebet ab V. 6 daran an, denen ab V. 8, einsetzend mit dem ersten von drei »nun aber« (noch V. 10 sowie in V. 12 in einem Zitat, vgl. dazu 2 Sam 7,25.28f), Gottes *unverdiente, gnädige Rettung* und Hilfe gegenübersteht.
Dieser Kontrast prägt mehrfach das weitere Gebet. V. 10–12 präzisieren das eigene Vergehen als Übertretung eines durch Propheten übermittelten göttlichen Verbotes, sich mit anderen Völkern zu verschwägern.[4] Das Schuldeingeständnis von V. 10 kehrt in V. 13 wieder, zusammen mit Gottes Schonung, und leitet über zur rhetorischen Frage von V. 14; sie fordert, *Abstand zu nehmen* von einem erneuten Brechen seiner Gebote. V. 15 fasst abschließend den Gegensatz zwischen Gottes Gerechtigkeit und Verschonung einerseits und Schuld und Nicht-bestehen-Können der Gemeinschaft anderseits zusammen.
So kann es nicht weitergehen, drückt Esras Gebet aus. Und tatsächlich kommt es zu Veränderungen im anschließenden Kapitel 10. Esra 9f bezeugen so die *verwandelnde Kraft* des Betens und ebenso, dass Betende schwere Verfehlungen nicht stehenlassen können, sondern dagegen anzugehen haben.

b) »Gott der Vergebungen« – Neh 9

Neh 9,5–37 bildet das *längste Gebet* der Bibel außerhalb der Psalmen.[5] Wie bei Esra gibt es dabei eine auf konkrete Vereinbarungen zulaufende Dynamik: Neh 10,31–33 z.B. erwähnen als Verpflichtungen Sich-Enthalten von Mischehen, Beobachtung des Sabbats und des Sabbatjahres sowie Abgaben für den Tempel.
Weit mehr als Esra ist aber das *gesamte Buch Neh* von Beten geprägt.[6] Es begleitet den Statthalter bei wichtigen Entscheidungen (Neh 1f), stärkt beim Mauerbau und in Konflikten (Neh 4 und 6), gibt dem Lob Gottes entsprechende Gestalt (Neh 5; 8; 12). Ein besonderer Zug in Neh ist die Bitte um Gottes Gedenken in doppelter Richtung, einerseits zum Guten (5,19; 13,14.22.31), anderseits zur Anrechnung von Feindseligkeiten (6,14; 13,29).
Schon das ›*Auftaktgebet*‹ in Neh 1,4–11 ist einzigartig.[7] Es bereitet mit gezielten Wendungen und Themen das große Schuldbekenntnis von Kap. 9 vor. Das lässt sich z.B. bei den Gottesaussagen in 1,5 und 9,32 sehen, die ihrerseits, wie überhaupt viele Formulierungen in Neh 9, auf andere atl. Texte zugreifen. Nehemia betet auch im Weiteren wiederholt, so in 2,4 während

des Gesprächs mit dem König (vgl. Ijob in den Dialogen mit den Freunden) sowie in Gefährdungen und Anfeindungen (6,9.14).
Das lange Bußgebet in Neh 9 steht an der Wende des Buches zur Neugestaltung der Gemeinschaft und ihrer gesicherten Existenz. Ein ausführlicher Geschichtsrückblick zeigt die *Diskrepanz zwischen Gottes gnädigem Handeln und der wiederholten Verweigerung des Volkes* in mehreren Phasen auf: V. 16–18 schildern die Ablehnung der Auszugsgeneration, V. 26–30 die anhaltende Widerspenstigkeit derer, die ins Land gekommen sind. Die acht in V. 5 namentlich erwähnten Leviten leisten damit ›Erinnerungsarbeit‹,[8] die sie treffend zwischen die Du-Anrede zu Beginn (V. 6) für den gerechten Gott (V. 8) und das »Wir« als letztes Wort in V. 37 einspannen.
Der alleinige Grund für das Weiterbestehen der Gemeinschaft liegt im *Übermaß an Erbarmen* (V. 19.27.31) des einzigen Gottes und Schöpfers Jhwh (V. 6); die einmalige Formulierung »Gott der Vergebungen« in V. 17 in Verbindung mit der Aufnahme der Gnadenformel aus Ex 34,6 verleiht dem angemessenen Ausdruck.
Auch der Abschluss des Gebets ab V. 32 kann nichts anderes tun, als trotz der Verfehlungen an seine Verbundenheit zu appellieren und die Notlage als »Knechte« im eigenen Land (V. 36) ihm hinzuhalten. Nicht einmal eine Bitte um deren Aufhebung wird am Ende gewagt, so sehr ist sie als berechtigte Folge der Vergehen offensichtlich. Neh 9 bezeugt damit, dass Beten auch in großer Schuld möglich ist und getragen wird von der *Hoffnung auf Gottes Barmherzigkeit.*

c) Erdrückt von Schuld – Daniel 9

Wenn Daniel in Dan 9 wie die Protagonisten der beiden zuvor besprochenen Bücher betet, setzt er damit eine *frühere Haltung fort.* In Dan 2,18 hatte er seine drei Gefährten dazu aufgefordert, in 2,20–23 es auch selbst getan; jene erscheinen ein Kapitel später im Feuerofen nach den griechischen Überlieferungen mit zwei langen Gebeten (3,24–45 und 3,51–90 LXX // Theodotion).[9] Deren Haltung bringt sogar König Nebukadnezzar zum Lobpreis ihres Gottes (Dan 3,28 hebr.; vgl. zudem 4,31.34).
Etwas Neues begegnet in Dan 6,8 mit dem *Gebetsverbot* – frühes Beispiel für alle Versuche, Gottesverehrung zu unterdrücken. Daniel widersetzt sich und betet, wie üblich, dreimal am Tag und in Richtung Jerusalem (V. 11f; s. 1 Kön 8,48 und o. S. 31). Er wird dessen angeklagt in V. 14 und in die Löwengrube geworfen (V. 17), darin aber von Gott gerettet, was den König – diesmal Darius – erneut zum Rühmen des biblischen Gottes veranlasst (V. 27f).
Auf diesem Buch-Hintergrund ruht Daniels Bußgebet in 9,4–19 auf und entfaltet dabei viele für Beten *wichtige Aspekte*:
– Es steht an einer Wende im Buch. Neues Vokabular wie »Jhwh, Bund, Verbundenheit, Gerechtigkeit, Erbarmen, Vergebung« geht einher mit dem Übergang von Visionen bzw. Träumen (bis Dan 8) zu den zwei Of-

fenbarungen (ab 9,22, sowie Kap. 10–12), dem Ende des Dienstes beim König und dem Aufhören der Krankheit (8,27). Beten ist hier *Beginn der Wende* zur Rettung.

- So deutlich wie sonst nicht im AT nimmt das Gebet seinen Ausgang bei einer *Schriftlesung* und dem Wunsch, Gottes Wort besser zu verstehen (V. 2f). Daniel möchte den Sinn einer Ansage Jeremias (Jer 25,11f) begreifen und wendet sich dafür an Gott.
- Die einmalige Wendung in V. 3, »Gebet (und Flehen) zu *suchen*«, drückt die Unverfügbarkeit des Betens aus, das Menschen nicht machen können und nur geschenkt werden kann.
- Die begleitenden Gesten der Erniedrigung (V. 3: »Fasten, Sack und Asche«; vgl. Jona 3,5f; Est 4,3) unterstreichen die *Ernsthaftigkeit* der Gottsuche.
- Der Anfang in V. 4 steht Neh 1,5 ganz nahe; auch sonst greift Daniel oft *auf andere Gebete* und atl. Texte zurück, wie die vielen intertextuellen Verbindungen zeigen. Beten lebt aus der Tradition der biblischen Bücher.
- Der Hauptteil wird dominiert von nahezu endlosen *Eingeständnissen von Sünde und Treubruch* (V. 5–14; nur V. 12 ist davon ausgenommen); die bildhafte Redeweise von Esra 9,6, »unsere Verfehlungen sind uns über den Kopf gewachsen«, findet hier wohl ihre massivste Entfaltung.
- *Kern der Hoffnung* ist Gottes Erbarmen und Vergebung (V. 9; Letzteres im Plural, wie nur noch Neh 9,17). Die Bitte darum prägt auch den Schlussvers 19.
- Doppeltes »nun aber« (vgl. 2 Sam 7,25.28f; Esra 9,8.10 sowie, als einfaches »nun«, den Beginn von Simeons Gebet in Lk 2,29) fasst zunächst in V. 15f das Gesagte nochmals zusammen, bevor V. 17–19 am Ende die *eigentlichen Anliegen* nennen, dass Gott etwas gegen die Verwüstung von Heiligtum und Stadt unternehmen möge.
- Noch *während des Betens* (V. 20f und 23; s. dasselbe Motiv in Gen 24,15.45 sowie für die Zeit des Abendopfers Esra 9,4f) reagiert Gott mit der Entsendung Gabriels und kommt so Daniels Bitte nach dem Begreifen der gelesenen Jer-Stelle nach (V. 22). Er lässt ihn dabei teilhaben an seinen Plänen.
- Wer wie Daniel betet, ist Gott *kostbar*. Gabriels Anrede an ihn in V. 23 (ähnlich 10,11.19) verwendet einen Pl. der Wurzel ›begehrt‹ und drückt so intensiviert die enge Beziehung und Wertschätzung aus, die Gott für Betende hat.

*

In Dan 9 fließen viele Themen der beiden vorangegangenen Bußgebete ein und zusammen. Darüber hinaus vermittelt es nochmals *konzentriert* eine Fülle schöner Einsichten, die ganz allgemein für jegliches Beten gelten.

2. Drei Identifikationsfiguren

Wie die vorhin behandelten drei Bücher sind auch die Schriften Ester, Tobit und Judit nach ihren Protagonisten benannt. Deren Verhalten kann ebenfalls als *beispielhaft und maßgebend* für Gläubige angesehen werden. Zeitlich sind sie einzuordnen zwischen 3. und Ende des 2. Jh. v. Chr.[10]
Der Besprechung soll noch kurz ein Blick auf das Büchlein *Rut* vorangestellt werden, weil auch dort wie bei Est und Jdt eine Frau im Mittelpunkt steht und mehrere Personen modellhaftes Verhalten zeigen. In Rut begegnen einige *Segenssprüche*, so von Boas und seinen Dienern in 2,4, von Noemi in 2,20, von Boas gegenüber Rut in 3,10 und schließlich von den Frauen in Betlehem in 4,14, als Lobpreis Jhwhs. Auch wenn nicht explizit »beten« erwähnt wird, ist Gott doch im Reden gegenwärtig (gleichfalls sonst, z.B. Rut 1,8f; 2,12 u.ö.) und beim Handeln der Menschen im Blick.

a) Eine Königin ›wird fromm‹: Ester

Der etwas provokante Titel verdankt sich dem Unterschied in den Textüberlieferungen von Ester. Im Hebräischen findet sich im ganzen Buch weder »Jhwh« noch »Gott« noch »Himmel« noch irgendeine Spur von Beten. Die griechischen Fassungen von Est dagegen sind *reich an Theologie* und auch an Gebeten.
Es beginnt in Mordechais Traum in Est 1,1h–k mit einem *wunderschönen Bild*: Das gerechte Volk ruft zu Gott (aufgenommen am Ende in Est 10,3h); dabei wird aus ihrem Schreien wie aus einer kleinen Quelle ein großer Strom mit viel Wasser, Licht und Sonne gehen wieder auf, und die Demütigen werden erhöht. Der Vergleich deutet an, wie Beten Kraft entfaltet, anschwillt und zur Rettung führt.
In der LXX-Fassung von Est 4,8 fordert Mordechai seine Cousine, die Königin Ester, zum Beten auf. Wenig später (4,17a–h) unternimmt er es selber. Das längere Gebet dient auch der eigenen Rechtfertigung (V. 17d.e) und weist Gott darauf hin, dass die Hilfe für die bedrohten Gläubigen *in seinem Interesse* liegen muss: »... damit wir als Lebende deinen Namen preisen, Herr, und lösch nicht aus den Mund der dich Lobenden!« (V. 17h).
Dieses Motiv begegnet wieder in dem nach dem Beten des Volkes (4,17i) folgenden *Gebet der Ester* (V. 17k–z, bes. o). In ihren rahmenden Bekenntnissen (V. 17l.m und y.z, auch t) rühmt sie Gott mehrfach als einzig; nur er vermag zu helfen und ist ihre Freude. Sie gesteht auch die Schuld der Gemeinschaft ein (V. 17n) und bittet um Mut (V. 17r.z) angesichts des Risikos für ihr Leben, ungerufen vor den König zu treten (4,11). Esters Beten trägt dazu bei, dass sie ihre Angst überwinden kann, Todesgefahr auf sich nimmt und so die Rettung ihres Volkes zu erreichen vermag (ab 5,1f). Es bildet auch den theologischen Höhepunkt des griech. Esterbuches.[11]

b) Gleichklänge im Beten – Tobit

Unter den ca. 20 Stellen zu Beten in Tobit ragen einige Texte heraus; zudem zeigen sich Schwerpunkte in mehrfachen *Aufforderungen* dazu (Tob 4,19; 6,18; 8,4; 12,6) sowie in *Segnungen und (Reise-)Wünschen* (Tob 5,17; 7,11f.17; 9,6; 10,11.13).[12]

Tob 3 zitiert zwei längere Gebete, das erste von *Tobit* (V. 2–6), das zweite von *Sara* (V. 11–15). Sie stehen einander durch dieselben Motive (u.a. ungerechte Schmähung, Todesbitte) nahe. Während jedoch Tobit auch selbst durch falsche Vorwürfe seiner Frau gegenüber belastet ist (2,13f) und beim Beten vor allem um seine eigene Person kreist, ist Sara unschuldig und getragen von der Sorge um ihren Vater (V. 15, und schon 10). Sie erscheint damit als »beispielhafte Israelitin«.[13] Die Gebete beider finden Erhörung und führen zur Entsendung Rafaels.

Eine *Hochzeitsnacht* ist ein einschneidendes Ereignis. Tob 8, als einzige Stelle der Bibel, erwähnt dafür ein Gebet (V. 5–7), in dem Tobias sich auf Gottes Absicht in Gen 2,18 bezieht und seine reine Gesinnung bei der Heirat bekennt. Seine Frau stimmt mit »Amen!« dem zu (V. 8). Hier wird ein Verständnis von Ehe sichtbar, das sich an Gott orientiert und nicht ichbezogen ist.

Die Selbstoffenbarung des Engels Rafael in Tob 12 ist verbunden mit wesentlichen Aussagen über Beten. Der Engel nennt da u.a. seine Aufgabe, es vor Gottes Herrlichkeit zu tragen (V. 12.15); seine Aufforderungen dazu in V. 6.17.20 sowie die Bewertung in V. 8 kommen einer *göttlichen Autorisierung und Empfehlung* von Gebeten gleich.

Ihr wird gleich Folge geleistet, noch in V. 22, dann aber sehr ausführlich in Tobits Lobpreis in Kap. 13, *Höhepunkt des Buches* und des Rühmens Gottes in ihm (s. schon Raguël in 8,15–17; Tobias in 10,13; Tobit in 11,14 ...). Betonte Aspekte sind bei Gott Ewigkeit und Erbarmen; auch wird er als »unser Vater« angeredet (V. 4; vgl. Jes 63f). Der erste Teil (bis V. 8) ist stärker universal ausgerichtet, auf das Bekennen Gottes und sein Wirken vor »den Völkern«. Der zweite Teil hat Jerusalem intensiv im Blick. Es gibt eine einzige Bitte; sie setzt sich für die Gefangenen und Elenden ein (V. 12). Das Gebet ist geprägt durch viele Bezüge auf vorausliegende Texte (u.a. Dtn 30,2; 1 Sam 2,6f; Jes 54,11f).

*

Beten *vereint* in Tob *alle wichtigen Personen*: den Vater Tobit und den Sohn Tobias, dessen Braut Sara und deren Vater Raguël sowie den Engel Rafael – dabei stehen Himmel und Erde, ältere und jüngere Generation, Frau und Männer sowie beide Hochzeitsfamilien im Einklang.

c) Beten beim Töten? – Judit

Das wohl gegen Ende des 2. Jh. v. Chr. geschriebene Buch Jdt folgt Tob in der Häufigkeit der Gebete, bietet aber eine *Reihe von Zuspitzungen*, welche bis heute relevant sind: Grundlegend stellt das Buch die Haltung Nebukadnezzars (z.B. Jdt 2,5–13) und besonders dessen Anspruch auf göttliche Verehrung, der von seinem Feldherrn Holofernes gefordert wird (3,8), der *Anrufung Gottes durch Israel gegenüber* (4,9; 5,12; 6,18; 7,19). Judits Beten geht ihrem Tun voraus, begleitet es und beschließt es auch, wird aber durch Lügen und den Mord belastet – lässt sich das *rechtfertigen?*
Ihr erstes Gebet ab 9,1 kommt der vorangegangenen Aufforderung an sie durch Usija nach, für die Gemeinschaft zu beten. Als Zeit ist das abendliche Rauchopfer erwähnt.[14] Der unkritische Bezug in V. 2–4 auf das mörderische Handeln ihres Stammvaters Simeon in Gen 34 gibt bereits eine Richtung vor, die V. 10 und 13 mit »Trug« für das geplante eigene Reden weiterführen. Positiv setzt in V. 5f ein Lob des umfassenden Handelns Gottes ein, das wiederholt bis zum Ende in V. 14 als Motiv begegnet. Dabei treten als besondere Züge sein *Zerschlagen der Kriege* (Ende von V. 7, Gegenpol zur militärischen Macht der Assyrer) und die fünf Titel für Gott in V. 11 hervor, die ihn als *Helfer der Niedrigen* preisen.
In den Gesprächen mit den Assyrern und Holofernes setzt Judit ihren Plan um, mit täuschendem Reden (sogar im Zusammenhang mit Beten: 11,17) sie in die Irre und den Untergang zu führen. Dieser naht am vierten Tag, in der Nacht nach einem feucht-fröhlichen Mahl. In Fortsetzung der Gebete in den vorigen Nächten (12,8) wendet sie sich in 13,4f an Gott, unmittelbar vor der Tötung des Feldherrn, die von weiterem Beten (V. 7) eingeleitet und abgerundet wird (das Lob in V. 14.17f; evtl. schon V. 10 und 11). Jdt 13 verbindet dabei *Mord und Gebet* in gefährlicher Weise.
Im Schlusskapitel ertönt Judits Loblied, das vom ganzen Volk mitgesungen wird (s. die Einleitung zu 16,1–17 in 15,14). In ihm greift sie in V. 2 das Motiv der Beendigung von Kriegen aus 9,7 wieder auf und führt lange *Gottes Retten durch schwache Menschen* aus (V. 5–12). Zielpunkte dieses Gebets sind »das neue Lied« (V. 13, s.o. S. 37), das hier bereits realisiert wird, die Furcht Gottes (V. 15f) und die Warnung an Israels Feinde (V. 17).

*

Die Gebete in Jdt *zeigen Probleme auf*. Darf, wer ehrlich sich an Gott richtet, den Nächsten betrügen oder gar umbringen? Was in jedem normalen Fall ausgeschlossen ist, wird hier fiktiv zu einer hochstilisierten Konfrontation zwischen feindlichen Mächten und Gott selbst mit seinem bedrängten Volk zugespitzt (s. die anfänglichen Bemerkungen zu Jdt 2f). In einer solchen Situation darf von Notwehr gesprochen werden.
Dass es gerade nicht um eine Verherrlichung von Krieg oder Gewalt geht, belegen die zweifache Bezeichnung Gottes als »zerschlagend Kriege«, als

Ergänzung auch zu seinem Ehrentitel »Mann des Krieges« in Ex 15,3, das Motiv der Hilfe für und durch Schwache sowie die konkrete Rettung durch Judit, *eine mutige, kluge Witwe*. Sie wird in ihrem häufigen und theologisch reichhaltigen Beten wie ein Vorbild geschildert und schließt so passend an die zuvor besprochenen Identifikationsfiguren in Ester und Tobit an.

3. In großer Not

»Not lehrt beten« ist nur eine Seite der Wahrheit, weil die Bibel genauso die andere Seite reichlich bezeugt, dass Menschen mit Freude, Lob, Jubel und Dank vor Gott treten. Doch gibt es *tiefes Leid*, das bis über die Grenzen des Ertragen-Könnens bedrückt, ausweglos scheint und von daher sich an jenen wenden lässt, der noch jenseits aller unserer Horizonte steht. In dieser Richtung setzen die drei hier zu besprechenden Bücher die zuvor bei den Modellfiguren gesehenen Erfahrungen verstärkt fort.

a) Trauer über den Untergang – Klagelieder

Die Katastrophe von 587 v. Chr., der Zerstörung Jerusalems und seines Tempels, spiegelt sich in Klgl. Fünf überwiegend alphabetische Gedichte kreisen darum, das Unbegreifliche zu erfassen: *Wie konnte Jhwh sein Heiligtum und sein Volk so preisgeben?* Im Wechsel von Beschreibungen des Elends und Passagen, die Gott mit Du ansprechen, entsteht eine Dynamik, in deren Verlauf der Betende in Kap. 3 und 5 neuen Boden gewinnt.

Die erste Anrede in 2.Sg. für Gott in Klgl 1,9–11 ist gerahmt durch die Bitte *»Sieh, Jhwh!«*, die am Beginn von V. 20–22 aufgenommen wird. Das an Gott herangetragene Anliegen besteht darin, er möge die durch das Tun der Feinde entstandene Vernichtung wahrnehmen und ihnen entsprechend vergelten. Auch im zweiten Gedicht wendet sich der Schluss (2,20–22) mit derselben Bitte an Gott, doch ist sie dort Einleitung zu Fragen und Vorwürfen an ihn selbst.

Unmittelbar zuvor, in 2,18f (s. das Motto am Anfang der Hinführung), ergehen *Aufforderungen* an die Tochter Zion, mit Tränen, ohne Unterlass zu Gott um ihrer Kinder willen zu flehen. Dies wird aufgenommen in 3,41; bisher aber war er abweisend, wie V. 42–45 (ebenfalls in Du-Anrede) und darin besonders V. 44 zeigen: »Du hast dich gehüllt in Wolke(n), so dass kein Gebet durchdrang« (s. dazu Sir 35,21 u. bei 5b).

Doch wenig später, in 3,55, führt das Anrufen Jhwhs aus der »Grube der Tiefen« zu seinem Erhören (ab V. 56). Gegen Ende hin (vor allem V. 64–66) wird wieder wie in Klgl 1 Vergeltung an den Feinden erbeten. Während Kap. 4 sich nie direkt an Gott richtet, setzt 5,1 mit »Gedenke, Jhwh!« ein und schließt die Schilderung der entsetzlichen Zustände und das ganze Buch in V. 19–22 mit einem Gebet ab, in dem sich der Akzent wesentlich verschoben hat. Es erkennt Gottes Souveränität voll an (V. 19) und bringt zentral, gerahmt von Fragen, in V. 21 die Bitte: »Mach uns umkehren, Jhwh, zu dir, und wir wollen umkehren!« (vgl. für dieselbe Konstruktion Jer 31,18). Aus dem Blick auf die ›bösen Feinde‹ ist die *Einsicht in die Notwendigkeit eigener Bekehrung* gewachsen. Die strukturell exponierten Passagen an den Schlüssen in Klgl 1–3 und 5 lassen diese Bewegung und damit eine Reifung im Beten erkennen.

b) Unbeirrt durchhalten – Ijob

Die Gebete im Buch Ijob sind sehr verschieden und *breit verstreut*. Nach der ersten Serie von Unglücken fällt Ijob zur Erde nieder, betet an und endet mit »Der Name Jhwhs sei gepriesen!« (Ijob 1,20f). Dann folgen, inmitten der Redegänge mit den Freunden, Du-Anreden an Gott[15] und schließlich die Fürbitte für seine Freunde in 42,8.10. Auf sie sei hier ein wenig eingegangen.

In den Dialogteilen (Kap. 3–31; es gilt auch für die Elihureden in Kap. 32–37) ist Ijob der *Einzige*, der Gott anspricht. Dies erfolgt im ersten Redegang in allen seinen Antworten, in den weiteren Redegängen jeweils nur bei einer Antwort (16,7f mit 17,3f sowie 30,20–23). Damit übersteigt Ijob im Binnenteil des Buches die Ebene der menschlichen Gespräche hin auf eine zweite Ebene, jene Gottes, die im Rahmen (Kap. 1f; 38–42) stark präsent ist. Zugleich lässt die Hinwendung zu Gott inmitten des Redens mit den Freunden merken, dass Letzteres offenbar nicht voll befriedigend ist und er auch deswegen andere Hilfe sucht.

Innerhalb der ersten Antwort an Elifas kommt das Sprechen zu Gott am Ende. Es setzt vermutlich ein mit Ijobs Bitte um Gedenken angesichts seiner Hinfälligkeit in 7,7f (vgl. Klgl 5,1 zuvor), drückt dann aber in V. 12–21 seine *Verstörung* aus. Eine Kanonade von Fragen wirft Gott vor, wie ein unnachsichtiger Feind (V. 12.20f) und widersprüchlich (V. 17–19) mit ihm zu verfahren; dazwischen bittet er, von ihm abzulassen (V. 16).

Diese Momente kehren noch gesteigert in der Reaktion auf Bildad wieder. Die Vorstellung eines erbarmungslos strafenden Gottes prägt die Bedingungsgefüge 9,27f und 9,30f. In 10,2–14.16–18 klagt Ijob Gott an, ihn trotz seiner Unschuld (V. 7) nach Menschenart (V. 4–6), ja sogar wie ein Raubtier (V. 16) zu verfolgen, obwohl er eine *enge persönliche Beziehung* mit ihm eingegangen ist (V. 3.8–12.18). Diese erfahrenen Gegensätze verwirren Ijob völlig.

Nach dem Sprechen Zofars entgegnet Ijob lange (Kap. 12–14), wobei er sich erst in der zweiten Hälfte, dort aber intensiv, an Gott richtet. 13,20–28 benennen zwar immer noch die ungerechte Behandlung, doch wird im partnerschaftlichen Vorschlag von V. 22 die *Sehnsucht nach einer versöhnlichen Beziehung* spürbar. Dieser neue Zug kehrt verstärkt in 14,13.15–17 wieder, bleibt aber umgeben von Klagen über belastenden, Hoffnung zunichtemachtenden Umgang (14,3.5f.19f).

In der ersten Antwort im zweiten Redegang redet Ijob zweimal kurz Gott an. Nach Vorwürfen in 16,7f wagt er in 17,3f, ihn um Bürgschaft für sich zu bitten. »Wieder blitzt hier für einen Moment die *Vorstellung von einem Gott auf, auf den Ijob seine Hoffnung setzen möchte.*«[16] Kap. 17 jedoch endet ganz düster; dann folgt lange Zeit, bis 30,20–23, keine Anrede an Gott mehr, und jene letzte verfällt erneut in scharfe Vorwürfe mit bekannten Motiven, wobei die exakte Formulierung aber variiert (z.B. »Grausamer« für Gott in V. 21).

Schon Jeremia hatte Gott ähnlich massiv angegriffen und von ihm Antwort erhalten (s. Jer 11f und 15). Gleiches wird auch Ijob widerfahren, ab Kap. 38. Das bezeugt nicht nur, dass Gott ›viel aushält‹ und sich anzuhören bereit ist, sondern auch, dass solches Beten zu einer *noch vertieften, echten Beziehung* mit ihm führt.

Die letzten Bemerkungen zu unserem Thema betreffen die geforderte und ausgeführte Fürbitte Ijobs für seine Freunde in 42,8.10.[17] Sie ist in ihrer Bedeutung kaum zu überschätzen: Wer wie Ijob lange, bis ins Innerste hinein und in mehreren Durchgängen verletzt worden ist, *soll sich betend für jene einsetzen*, die sein Leid so vermehrt haben (s. die Fortsetzung einer solchen Haltung bei Jesus in Lk 23,34); im Zusammenhang damit wendet Jhwh das Geschick und erstattet das Verlorene doppelt. Dadurch endet das Buch Ijob auch unter der Rücksicht der freundschaftlichen Beziehungen ausgesöhnt.

c) Bitten um eine Wende – Baruch

Was am Ende des Buches dem leidenden Ijob geschenkt wird, bildet gleichfalls eine zentrale Erwartung jenes Werkes, das pseudepigraph dem Vertrauten Jeremias, Baruch, zugeschrieben wird. Diese Hoffnung besteht trotz des Bewusstseins großer Schuld, wie das *ausführliche Sündenbekenntnis* (Bar 1,15–2,10) und weitere Stellen (1,13; 2,12; 3,2.4f) zeigen. Die nach Babel exilierten Juden nennen darin als weitere Verfehlung, dennoch nicht Gott angefleht zu haben (2,8).

Auf das lange Eingeständnis folgt ab 2,11 in Du-Anrede das eigentliche Gebet, das doppelt so umfangreich ist (bis 3,8) und bereits eingangs in der ersten Bitte eine Wende des göttlichen Zorns erfleht (2,13). Wenig später, und rahmend (2,14, mit 3,7f), erscheint das Motiv der Wegführung/Verbannung, die als große Gefährdung angesehen wird und Änderung erfahren soll: »Höre doch das *Gebet der Toten/Todgeweihten Israels*!« (3,4) drückt drastisch das Selbstverständnis der Flehenden aus,[18] die ausschließlich auf Gottes großzügige Güte und Erbarmen (2,27) vertrauen können. In dieser Zuversicht gründet auch die wiederholte Aufforderung »Fasst Mut, Kinder, ruft zu Gott!« (4,21.27).

Schon am Anfang des Buches, in der Botschaft an die Gemeinde in Jerusalem, waren *Aufrufe zu beten* ergangen. Bar 1,11 fordert, für das Leben Nebukadnezzars und seines Sohnes zu beten (vgl. dazu Jer 29,7 sowie das Beten für den eigenen König in Ps 72,15); zwei Verse später erbitten die Exilierten das Gebet für sich wegen ihrer Sünden (Bar 1,13). Das Eintreten bei

Gott für andere ist hier erwünscht ohne Unterschied, ob Feind oder Freund.
Das Besondere an diesem Wunsch der Juden in Babel nach Gebet für sie ist, dass es offenbar *schriftlich*[19] *und im Wortlaut vorgegeben* wird (s. die Überleitung zu Schuldbekenntnis und Gebet in 1,14f: »... lest dieses Büchlein ... und sprecht: ...«). Dies und auch die vielen Anspielungen auf vorausliegende biblische Stellen weisen auf eine spätere Zeit (vermutlich ca. 2. Jh. v. Chr.), in der Gebete als Texte zum Nachsprechen fixiert werden.
Der sogenannte »Brief des Jeremia« (= Baruch 6) enthält ebenfalls einen solchen Aufruf zu einem vorformulierten, im Herzen zu sprechenden Gebet: »Vor dir muss man niederfallen, Herr!« (V. 5). Es bildet den Schlüssel zu diesem Werk, weil die darin *anerkannte Anbetung des wahren Gottes* von der Furcht vor allen angeblichen Göttern befreit (V. 4.14 u.ö.). Beten vermag Ängste zu lösen und inmitten von weltlichem Schein und Täuschungen in der Verehrung des einzigen Gottes gesunde, heilsame Orientierung zu geben.

*

Klgl, Ijob sowie Bar und auch die anderen in diesem Teil behandelten Bücher zeigen auf, dass Gott *in jeder Not* angegangen werden kann, worin immer sie konkret bestehen mag: Ob es der Untergang der Hauptstadt und des religiösen Zentrums ist, ob Verschleppung und Fremde, Schuld oder Verluste, die Gemeinschaft oder Einzelne betreffend – in allen Fällen, jederzeit und allen steht der Weg des Betens zu Gott offen. Zudem bezeugen die besprochenen Texte, entweder direkt oder durch die in ihnen spürbar werdende Zuversicht, dass er das Flehen zu ihm erhört und bereit ist, Elend und Leid zu wandeln.[20] Ihm sind Bedrückte nicht zuwider; er lässt sich durch menschliche Not belasten (vgl. Ps 22,25 und im NT Mt 11,28).

4. Kampf und Gebet

»Mit den Händen kämpfend, mit den Herzen aber zu Gott betend« gibt gegen Ende der zwei Makkabäerbücher (2 Makk 15,27; vgl. auch Jdt, o. 2c) die von ihnen *gewünschte Einstellung* wieder. Sie sind vermutlich im 2. Jh. v. Chr. entstanden und reagieren auf die durch die seleukidische Vorherrschaft erfolgte Bedrückung und Bedrohung.

a) Der Retter im Himmel – 1 Makkabäer

1 Makk erwähnt zwar einige Gebete (s. die »Du«-Anreden in 3,51–53; 4,30–33; 7,37f), doch darin nie »Gott«. In den Notsituationen, zumeist kriegerische Auseinandersetzungen, schreien die bedrängten Israeliten zum »Himmel« (z.B. 3,50; 4,10; 9,46). *Ihre Erwartung* findet Ausdruck im Titel »Ret-

ter Israels« (1 Makk 4,30; doch in 9,21 auch für Judas Makkabäus verwendet), und bei Erfolg steigen Loblieder nach oben (4,24). Erwähnenswert sind noch der »Gebetsort« in Mizpa (3,46) und die veränderte Aufnahme vom Tempel als »Haus des Gebets« aus Jes 56,7 in 1 Makk 7,37.

b) Große Vorbilder – 2 Makkabäer

2 Makk ist deutlich stärker theologisch als 1 Makk und weist ca. 30 Gebete auf. Ein hervorstechender Zug ist ihre Zuschreibung an *wichtige Personen*: Als Beter werden Mose und Salomo (2 Makk 2,10), der Hohepriester Onias (3,31; 15,12), Judas Makkabäus (12,36; 15,21–24; wohl auch 13,10f), Jeremia (15,14, in einer Erscheinung, als immer noch für Volk und heilige Stadt betend) und Priester (1,23–30; 14,34–36) genannt. Wer betet, tritt damit ein in die Reihe dieser großen Gestalten.
In einem Aspekt stehen beide Makkabäerbücher einander nahe, nämlich in der Verbindung von Kämpfen und Beten. Oft erwähnt auch 2 Makk Beten *vor Konflikten* (5,4; 8,2.14; 10,16.25–27; 12,15.36f ...) sowie ebenfalls Lobpreis *danach* (8,27; 10,38; 15,29.34). Solche Rahmungen weisen auf, wer eigentlich für den Ausgang von Schlachten und Kriegen entscheidend ist.[21]
Wiederholungen betonen bei Gott sein *Erbarmen*. Darauf vertrauen schon die Mutter und ihre sieben gemarterten Söhne (2 Makk 7,6.37). Dieses Motiv kehrt explizit wieder bei Gebeten in 8,29; 10,26 und 11,9 sowie indirekt in den Bitten 10,4 und 12,42. Letztere Stelle bringt mit der *Fürbitte für die Toten* und deren Verfehlungen (s. V. 40f und 44) ein neues Thema ein. 2 Makk weitet damit den Kreis der Gebetsanliegen auch auf die Verstorbenen und ihre vergangenen Sünden aus.

5. Weisheitliche Belehrung

In unterschiedlicher Weise behandeln die der Weisheit zugeordneten Schriften das Thema des Betens. Die drei in der Besprechung noch fehlenden Bücher setzen dabei *markante eigene Akzente*.

a) Mahnung zur Zurückhaltung – Kohelet

Im ganzen Buch des ›Predigers‹ findet sich *kein einziges Gebet*, wohl aber eine Warnung vor Übertreibung in religiösen Belangen. Koh 4,17–5,6 raten dazu,
- achtsam zu sein beim Besuchen des Gotteshauses
- Hören zu bevorzugen gegenüber Opfern
- sparsam zu sein im Sprechen zu Gott (5,1f.6a; vgl. Mt 6,7), insbesondere bei Gelübden (V. 3f).[22]

Dieser Abschnitt gehört zu den »zentralen theologischen Passagen des Buches«; die Weisungen über das Beten in V. 1 »setzen sich offenbar kritisch von einer verbreiteten religiösen Praxis ab. ... Gott ist nicht der Geschäftspartner, den man durch wortreiches Geschwätz zu einem Deal überreden kann.«[23] Die Mahnungen Kohelets sind ein *Impuls*, Form, Inhalte und Einstellungen bei unserem Beten auch heute wiederholt zu prüfen.

b) Aufforderung zum Lob – Jesus Sirach

Deutlich anders als bei Koh ist für das lange Werk Sir Beten eine »*Sache des Lehrens*«.[24] Mehrfach sowie sehr ausführlich spricht es davon und leitet zum Rühmen Gottes an, so dass sich analog zur »Aufforderung zum Tanz« der obige Titel nahelegt.

Das erste Gebet, eine *Bitte um Bewahrung* vor falschem Reden und Denken an den »Herrn, Vater und Herrscher/Gott meines Lebens«, steht in Sir 23,1–6; mit der vorausgehenden, einleitenden Frage in 22,27 zusammen wird klar, dass nur Gott diese ähnlich auch bei Koh erwünschte aufmerksame Achtsamkeit schenken kann.

Sir 28,2 lautet: »Lass Unrecht nach deinem Nächsten, dann werden, wenn du betest, auch deine Sünden gelöst werden!«, und erstellt damit einen *engen Zusammenhang* zwischen anderen gewährter und selbst von Gott erhaltener Vergebung. Ersteres ist Voraussetzung für ein fruchtbares Beten.

Sir 34–36 enthalten drei wichtige Aspekte zum Thema. 34,31 weist darauf hin, dass Verharren im *Sündigen und Beten sich nicht vertragen* (vgl. schon 15,9f) und in diesem Fall nicht mit Erhörung gerechnet werden kann. 35,21 bringt Hoffnung bezüglich der Klage in Klgl 3,44, dass das Flehen des Volkes Gott hinter den Wolken nicht erreiche: »Das Gebet eines Demütigen *durchdringt die Wolken*« und erlangt das Hören des Höchsten. Das Beten um Rettung in Sir 36,1–22 hat als Ziel, dass Gott *mehr erkannt* werde (V. 5 und 22) – eine bis heute gültige Ausrichtung.

Einladungen zum Gotteslob werden gegen Ende des Buches immer häufiger (z.B. 39,14f.35 und vor allem ab 42,15; doch s. auch schon 17,8–10). Besonders aufschlussreich sind dabei 43,27–33, die nach der Betrachtung von Gottes Herrlichkeit in der Natur abschließen mit der Feststellung, dass menschliches Rühmen ihm gegenüber *immer ungenügend* bleibt (s. das Motto zu Beginn dieses Teils sowie manche Aussagen in den Psalmen, z.B. Ps 40,6; 71,14–19).

Gottes *Lob in der Geschichte* anhand eines Durchgangs großer Gestalten ab Sir 44 enthält in der Beschreibung Davids in 47,8–10 gleichsam ein Musterbeispiel dafür. Es endet in 50,22–24 mit einer ausdrücklichen Aufforderung zum Lob, dem dann in Kap. 51 in der hebräischen Fassung[25] als dreifache Ausführung zuerst ein Danklied für Gottes Retten (V. 1–12), ein weiteres Loblied (ab V. 12e, mit gleichem Refrain wie Ps 136) und schließlich ein in die Ewigkeit reichendes Preisen Gottes (V. 30) folgen. Der Schluss von Sir ist damit völlig kohärent mit der Absicht des Buches: Gottes Lob immer mehr anwachsen zu lassen.

c) Im Gespräch mit Gott – Weisheit

Dieses späteste, in die Zeitenwende anzusetzende (zwischen 30 v. und 40 n. Chr.) Buch des AT ist sogar *strukturell* ganz stark *durch Beten geprägt*: Zum einen bildet im Mittelteil Salomos Bitte um Weisheit in 9,1–19 (bes. V. 4.10) das Zentrum, das in den Bemerkungen 7,7.15; 8,21 dreifach vorbereitet und eingeführt wird. Zum anderen enthält der Schlussteil (Weish 11–19) eine ganz eigenartige, vielfach wechselnde Mischung von Schilderung der Geschehnisse bei der Befreiung aus Ägypten und Du-Anrede an Gott (11,4.7f.10 usw.). Das Buch gipfelt so »meditierend, theologisch reflektierend und lobpreisend ... in betend-dankendem Blick auf die Geschichte«.[26] Dazu passt auch der letzte Vers: »In allem nämlich, o Herr, hast du dein Volk groß gemacht und verherrlicht und hast (es) nicht übersehen, zu jeder Zeit und überall beistehend« (19,22).
Diese Ausrichtung auf Beten in Weish ist betont durch die (fiktive) Zuschreibung an *König Salomo*, welche manche oben bei 1 Kön 3 (z.B. das »weise« Herz V. 12) und 8 gesehenen Züge fortsetzt und ihn als Vorbild auch für ›gewöhnliche Gläubige‹ hinstellt. Sie wird verstärkt durch Verweise auf andere, *frühere Betende*; zu ihnen zählen die Anspielungen auf das Loben der aus Ägypten Ausziehenden in 10,20 und 18,9 sowie die (gegenüber Num 17,11f ergänzte) Erwähnung des Betens Aarons in Weish 18,21 zur Eindämmung der Plage. Vor allem aber wirkt der Schlussteil ganz intensiv als *Anleitung zum Gebet*. Lange, ruhig und gleichsam modellhaft machen Kap. 11–19 vor, wie Menschen vor Gott sein Wesen (bes. in Weish 11,15–12,27), Handeln und ihre Geschichte bedenken und in vertrauter Weise mit ihm besprechen können. In solcher Nähe mit Gott endet die Zeit des AT.

»Ich habe gesagt zu Jhwh:
›Mein Herr bist du, mein Glück
– nichts geht über dich!‹«
Ps 16,2

E. Die Hochblüte des Gebets – der Psalter

Der vorherige Teil D ließ erkennen, wie sehr Beten in den ausgehenden Jahrhunderten vor der Zeitenwende in verschiedenen Kreisen des Judentums eine *verbreitete, gängige Praxis* geworden ist. Dies bezeugt noch mehr das letzte in der Besprechung ausständige Buch des AT, die Psalmen, die zur Gänze aus Sammlungen von Gebeten bestehen und in denen unser Thema seine höchste Blüte erlebt hat.

Die Fülle und Dichte, welche das Beten in den Psalmen auszeichnet, ist mitverantwortlich für ihre *einmalige Ausstrahlung*. Es gibt in der Literaturgeschichte der Menschheit keine anderen Texte, die über Jahrtausende in verschiedenen Kulturen, Sprachen und sogar Konfessionen das Beten so sehr bestimmt haben wie die Psalmen. Bis heute tragen sie auch das Stundengebet der Kirche, dienen als Zwischengesang in der Liturgie, inspirieren Einleitungs- oder Kommunionverse der Gottesdienste und bilden die Grundlage für viele Lieder – und dies, obwohl ihre ursprünglichen Melodien verloren gegangen sind.

Die folgenden Ausführungen wollen einige Gründe für diesen unvergleichlichen Einfluss beleuchten. Es ist hier völlig unmöglich, auch nur annähernd den Psalmen mit ihrer Reichhaltigkeit und künstlerischen Qualität gerecht zu werden. Deshalb erfolgt die Besprechung des Psalmenbuches anhand von *charakteristischen Zügen* dieser Gebete, die jeweils an konkreten Einzelbeispielen aufgezeigt werden.

1. Glück der Gottesnähe und Erfahrung der Gott-Ferne – Ps 42–43

Viele Psalmen bezeugen eine *innige Vertrautheit* mit Gott, die einerseits wunderschönes Zeugnis eines gelungenen Weges mit ihm ist, anderseits eine faszinierende, einladende, ansteckende Wirkung ausübt. Diese Anziehung hängt wesentlich damit zusammen, dass auch der Gegenpol, die ›Abwesenheit‹ Gottes, benannt wird und als erfahrenes Leid im Hintergrund steht. Ein gutes Beispiel für diese Spannung bietet der Doppelpsalm 42–43. Er setzt in 42,2f mit gleichsam ›tierischer‹ Sehnsucht nach Gott ein, die dem Schmerz der von anderen zu hörenden Anfrage »Wo ist dein Gott?« (V. 4.11) und den Vorwürfen an ihn, den Beter vergessen oder sogar verworfen zu haben (42,10; 43,2), gegenübersteht. In diese Zerrissenheit hinein treten freudige Erinnerung (42,5.7) und Hoffnungen (V. 8, und der Refrain

V. 6.12; 43,5, ein »Herzberuhigungsgebet«).[1] Sie leiten eine Bewegung auf 43,3f hin ein, die auf die erfüllte, lobende *Begegnung mit dem »Gott der Freude meines Jubels«* zuläuft. Dort lösen sich Unsicherheit und Schmerzen in der erlangten Nähe Gottes in Zuversicht auf.

Andere Psalmen beschreiben *ähnliche Erfahrungen*. Zu ihnen zählen Ps 16, aus dem obiges Motto genommen ist; Ps 17 mit einmaligen Bitten in V. 7f und der Erwartung am Ende in V. 15; Ps 23, in dem Gott als »Hirt und Wirt«[2] gegen Bedrohungen schützt; Ps 27, mit Gott als Licht und Heil, selbst wenn die Eltern einen aufgeben sollten (V. 10); Ps 63, in dem der Beter sogar in wasserlosem Land nach Gott schmachtet (V. 2) und seine Verbundenheit mehr als das Leben schätzt (V. 4); sowie viele weitere.

Das eben gefallene Stichwort »*Verbundenheit*« (hebr. *hesed*, oft auch mit »Gnade, Liebe ...« übersetzt), als anhaltende treue Zuneigung zu verstehen, benennt eine Grundeigenschaft Gottes; es kehrt u.a. gehäuft wieder in der bekannten Formulierung »... denn ewig währt seine Huld«, so rahmend in Ps 118,1–4.29, und als durchgängige ›Antwort‹, 26x (bei weitem am meisten im AT), in Ps 136.

Der im NT-Teil (S. 79–84) angesprochene *Ps 22* ist ebenfalls gekennzeichnet durch den Kontrast zwischen vermeintlicher Distanz Gottes (z.B. im Eingang, V. 2f) und erlebter Intimität mit ihm (V. 10f; vgl. dazu Ps 139, auch u. bei 3). Bei ihm mündet die Bewegung ein in eine große Lobspirale ab V. 23, die vom betenden Ich immer weiter international ausgreift (V. 28–30) und sogar noch zukünftige Generationen umfasst (V. 31f).

Abschließend zu diesem Aspekt der als Glück erfahrenen Gottesnähe einige Aussagen aus *Ps 73*:

»Ich aber bin immer bei dir; du hast meine rechte Hand ergriffen.

Nach deinem Plan führst du mich; und danach nimmst du mich (in) Herrlichkeit auf.

Wen habe ich im Himmel? Und (bin ich) mit dir, nicht habe ich Gefallen auf Erden.

Mag (auch) vergangen sein mein Fleisch und mein Herz – der Fels meines Herzens und mein Anteil bleibt Gott auf ewig. ...

Ich aber: Die Nähe Gottes ist gut für mich. Ich habe auf den Herrn Jhwh meine Zuflucht gesetzt – um all deine Werke zu erzählen« (V. 23–26.28).

In Ps 73 (wie auch Ps 16; 17 u.a.) scheint eine ganz enge Beziehung mit Gott durch, die sogar *über die Grenze des eigenen irdischen Lebens hinausgeht*. Das Geschenk solcher göttlicher Nähe führt gleichsam natürlich zu seinem Lob, wie ebenfalls in Ps 22, und möchte dazu auch andere animieren.

2. Zusammenfließen vieler Überlieferungen – Ps 77 und 104

Mit hoher Wahrscheinlichkeit ist der Psalter als Ganzes im 2. Jh. v. Chr. abgeschlossen worden. Damit steht er zeitlich am Ende des AT, und das erklärt einerseits die *Aufnahme fast aller vorausliegenden Traditionen*[3] und

anderseits jene *hohe Reife an theologischer Reflexion*, die in vielen Einzelpsalmen in Beschreibungen Gottes, Deutungen oder Zusammenfassungen begegnet. Dazu zuerst einige Beispiele vom Anfang des Psalmenbuches:
Ps 1,2 spricht zweimal von Jhwhs »Tora« und richtet damit auf den ersten Kanonteil der Bibel aus. Der Vergleich eines sich daran orientierenden Menschen mit »einem am Wasser gepflanzten Baum« in V. 3 greift auf Jer 17,8 zu und adaptiert die Vorlage.[4] *Ps 2* erwähnt Gottes »Gesalbten« und seinen »König auf Zion« (V. 2.6), wohl Anspielungen auf die entsprechenden Vorstellungen im Umkreis der Davidsverheißungen (vgl. noch V. 7 mit 2 Sam 7,14) und des Tempels. Die Überschrift von *Ps 3*, dem Beginn der ersten Sammlung von Davidspsalmen (bis Ps 41), verbindet mit seinem Fliehen vor Absalom (2 Sam 15,14). Diese Liste von Bezugnahmen ließe sich lange fortsetzen, bis hin zum letzten Ps 150, der in seiner Rahmung »Halleluja!« (erstmalig Ps 104,35) und in der Gottesbezeichnung »Jah« (V. 6, s. Ex 15,2) Bekanntes aufnimmt.
Beliebte Motive bei solchen Rückgriffen hängen mit der Geschichte oder der Schöpfung zusammen. Es gibt Psalmen, welche große Teile der Vergangenheit ausführlich Revue passieren lassen, mit unterschiedlichen Zielsetzungen (z.B. Ps 105 und 106, oder 78). Eine häufig benutzte Quelle ist der *Exodus*; der erste sich explizit und länger (nach der Anspielung in Ps 66,6) darauf beziehende Psalm ist Ps 77, weitere sind die drei eben genannten Geschichtspsalmen (78; 105f), sodann Ps 80f; 114; 135f. Dabei fällt auf, dass alle in der zweiten Hälfte des Psalters stehen und öfter paarweise auftreten.
Die Exodus-Verweise in Ps 77 bilden seinen Abschluss (V. 14–21). In der *lobenden Erinnerung an Gottes Wirken* kommt damit die anfängliche Aufgewühltheit und Verunsicherung (V. 2–10) des Beters zur Ruhe. Sechs Fragen ab V. 8 zeigen seine Verstörung, die sich dann im zentralen V. 11 äußert mit: »Das ist mein Leiden, (dass) sich geändert hat die Rechte des Höchsten.« Der Unterschied zwischen der jetzt erfahrenen scheinbaren Verwerfung und dem früheren machtvollen göttlichen Handeln ist nicht zu begreifen; doch das gedenkende Nachsinnen (V. 12f) leitet über zu einer siebten Frage »Wer ist ein großer El wie (unser/der) Gott?« (V. 14), die auch als Aussage gedeutet werden kann[5] und ihre Antwort anschließend in Gottes Wundertaten und der einmaligen Befreiung aus Ägypten findet. Obwohl Ps 77 zur Gattung der Klage gehört, enthält er keine einzige Bitte – es genügt, Gott sein Helfen in der Vergangenheit vor Augen zu halten.
Ein weiteres wiederholt begegnendes Thema bilden *Kosmos und Schöpfung*. Dazu gehören Hymnen wie z.B. *Ps 8* und *19* unter vielen anderen. »Jhwh, unser Herr, wie gewaltig ist dein Name über der ganzen Erde!« rahmt ersteren (Ps 8,2.10). Dieses menschliche Lob für Gott erfährt eine Gegenbewegung in seiner außergewöhnlichen Zuwendung zum Menschen (V. 5–7), die angesichts des Himmels als Werk seiner Fingerfertigkeit (V. 4, einmalig »Werk deiner Finger«) umso erstaunlicher ist und ihm auch Herrschaft und Verantwortung für die Lebewesen überträgt (V. 8f, in Aufnahme von Gen 1).

Die Sonne, die in Gen 1 nie namentlich genannt und auch in Ps 8 übergangen wurde, erhält eine wichtige Rolle in *Ps 19*, vor allem in V. 5–7. Nichts kann sich ihrer Glut entziehen, und ihr ›freudiger Lauf‹ über den gesamten Himmel dient als Vergleichshintergrund für das ab V. 8 einsetzende Lob der Tora (s. schon oben Ps 1), die in ähnlicher Weise völlig konstant bleibt, allgemein gültig ist sowie für Recht und Leben sorgt.

»Die Berge sind mein Gotteshaus, der Jodler mein Gebet ...« lautet es in einem Tiroler Lied. Der Jubel der Schöpfung (Ps 96,11–13; 98,7–9 u.ö.) und des Menschen in ihr über Gott prägen viele Loblieder, unter ihnen *Ps 104*, der abschließend hier kurz vorgestellt werden soll. Er enthält mit sechs Vorkommen von »Berg« (zwischen V. 6 und 32) und der auf das Singen in V. 33 zulaufenden Dynamik zwei Motive des Lied-Zitates und gibt damit einer überschäumenden Freude Ausdruck, die Gott (V. 31, evtl. auch V. 26 »spielen, scherzen«) und Mensch (V. 15.34) vereint. Die gleiche Rahmung wie bei Ps 103, mit »Preise, meine Seele, Jhwh!« (104,1.35),[6] umschließt die drei Bereiche des Kosmos (104,1–4 Himmel; V. 5–9 Erde; V. 25f Meer); neu gegenüber Gen 1 ist die starke Betonung der Erhaltung des Lebens (V. 10–23 sowie, bes. akzentuiert durch Du-Anrede, V. 27–30) und die Einbeziehung von Gefährdungen bzw. negativen Erfahrungen (z.B. in V. 29 und 35).

Wenn auch heute Menschen von Gottes herrlicher, überwältigender Natur ergriffen werden und zum Staunen (s. den Ausruf V. 24) und Singen kommen, vollzieht sich erneut jene in den Schöpfungspsalmen zu sehende Offenheit für den in ihr wirkenden Gott. Zusammen mit den religiösen Traditionen bildet die Erfahrung des Kosmos *unerschöpfliche Quellen*, aus denen bis heute Beten fließt.

3. »Leiblichkeit« – Ps 63 und 139

Die Betrachtung der Welt und ihrer Wunder vor Gott ist bereits ein Anzeichen für eine *Ausrichtung des Betens, die das Geschaffene in allen seinen Dimensionen ernst nimmt*, einschließlich der Körperlichkeit. Gebete vollziehen sich nicht alleine als ›geistige‹ Tätigkeiten, sondern beziehen vielfach auch den Leib mit ein:

- oft schon beginnend mit der Vorbereitung, die Fasten, Sack-Kleidung, Bestreuen mit Asche und andere Gesten kennt (vgl. Dan 9,3; Esra 9,3)
- in den Haltungen des Körpers; belegt sind u.a. sich niederwerfen, stehen (Neh 9,4f), knien (1 Kön 8,54), sitzen (2 Sam 7,18), liegen (»auf meinem Lager«, Ps 63,7)[7]
- in den Gesten der Hände, z.B. erhobene oder ausgebreitete Arme (Ps 63,5 bzw. 1 Kön 8,22.54), nach innen aneinandergelegte, gefaltete Handflächen beim Bitten, sogar begleitendes Klatschen (Ps 47,2)
- in der Beteiligung der Sprechwerkzeuge, wie Zunge, Lippen, Mund (Ps 51,16; 63,4.6), und von Atem (Ps 150,6) mit Lunge usw.
- evtl. in der Beteiligung weiterer Teile des Körpers, bei »Weinen« (Ps 6,7;

56,9), bei »Singen und Spielen«, oft mit Instrumenten (Ps 27,6; 33,2f),[8] sowie Tanzen (vgl. schon Ex 15,20) und Prozessionen (Ps 68,25f).

An dem allen wird deutlich, dass Beten im AT keine »Hirnübung«, sondern ein *ganzheitliches Geschehen* ist, das den gesamten Menschen umfassend mit einbezieht. Dazu passt, was wir bisher in den Teilen A bis D als ›Einbindungen ins Leben‹ gesehen haben, dass nämlich Gebete in konkreten Situationen verwurzelt sind (oder werden);[9] eine Spiegelung dessen zeigt sich in manchen (wohl meist redaktionellen) Überschriften der Psalmen, die auf solche Erfahrungen verweisen (s. Ps 3,1; 18,1; 34,1 ...), sowie noch mehr in den vielen Anspielungen innerhalb von Psalmen auf den Zustand des Beters.

Der oben zweimal erwähnte *Ps 63* lässt ›David‹ in der Wüste (V. 1)[10] sagen: »Es dürstet nach dir meine Seele/meine Person, es schmachtet nach dir mein Fleisch« (V. 2). Auch der Leib verspürt starke Sehnsucht nach Gott. Als weitere Orte des Betens werden neben der Wüste noch das »Heiligtum« (V. 3, s.o. 1 Kön 8) und das »Lager« (zum Schlafen, V. 7) genannt, ein Zeichen, dass es überall möglich ist. Dem Mund, der sich in V. 6 zum Lob Gottes öffnet (und sogar in der Nacht: V. 7), steht am Ende in V. 12 der Mund der Lügenredner gegenüber, der verschlossen wird. Körperliche Bilder prägen auch V. 9, der vom »Kleben« der Seele an Gott und von dessen »Rechter« (Hand) als Stütze spricht. *Ps 139* lotet in einem Gebetsprozess das Verhältnis zu Jhwh aus und bietet in der dritten Strophe (V. 13–18) einen »anthropologischen Spitzentext«.[11] Dabei benennt das betende Ich in V. 13–16 in einzigartiger und vielfältiger Weise, wie Gott es seit Anfang geschaffen, gewoben, gebildet und geplant hat. Das Wunder der eigenen Existenz ist immer die Basis, auf der menschliches Beten aufruht.

4. Unschuldig oder sündig? – Ps 15 und 51

Gegen Ende der vorhin besprochenen Psalmen kamen jeweils Feinde der Betenden bzw. Gottes in den Blick (Ps 63,10–12; 139,19–22), Menschen, die sich schwer verfehlt haben. Das bringt auf das Thema, *in welcher Verfasstheit man sich Gott nahen darf*. Die Psalmen behandeln diese Frage häufig und reichhaltig.

Schon Sir 34,31 (s.o. D, 3b) legte dar, dass *Sündigen und Beten unvereinbar* sind. Dieselbe Position zeichnet auch eine Reihe von Psalmen aus, unter ihnen die sogenannten »Einzugsliturgien« in Ps 15 und 24. Ersterer koppelt das Bleiben bei Gott – »Jhwh, wer darf weilen in deinem Zelt?« (Ps 15,1) – an eine Serie von elf Bedingungen rechten Verhaltens und gibt schließlich eine Zusage ewigen Bestandes (V. 2–5). Grundüberzeugung dahinter ist, dass »Unschuld der Hände und reines Herz« (Ps 24,4) Bedingung für den Zugang zu Gott sind. Noch gesteigert erscheint dieses Motiv in den »Unschuldsbeteuerungen«, wie Ps 17,3 »Du hast mein Herz geprüft, ... du hast mich geläutert – nichts findest du«, oder Erklärungen wie in Ps 7,4–6, wel-

che die eigene »Gerechtigkeit und Lauterkeit« (7,9; vgl. Ps 18,21–25 u.o. S. 29) beweisen sollen.
Doch zeigen andere Stellen, dass der Sachverhalt komplexer ist: »Unwissentliche (Vergehen) – wer begreift (sie)? Vor Verborgenen (Verfehlungen) reinige mich! Auch vor Frechen/Hochmut[12] halte zurück deinen Diener!« (Ps 19,13f) – solche und ähnliche Formulierungen zeigen eine *sensible Suche sogar nach versteckten oder unbewussten Fehlhaltungen*. Die so Betenden rechnen mit der Möglichkeit, wie Jona oder andere (s. z.B. bei Jer, in Teil C, 2a) blind zu sein für eine angemessene Wahrnehmung der wirklichen eigenen Lage.
Eine *Kombination* von Sündhaftigkeit und Unschuld enthält Ps 41. Die Bitte in V. 5 um Gottes Gnade und Heilung wird begründet mit »denn ich habe gegen dich gesündigt«. Doch im Ausgang des Psalms, in V. 13, vor der das erste Psalmenbuch abschließenden Doxologie V. 14, spricht der Beter: »Ich aber, in meiner Lauterkeit hast du mich gestützt.« Offenbar sind die »Unschuldsbeteuerungen« nicht als völlige Sündlosigkeit zu interpretieren.
Besonders eindrücklich, und in mehreren Psalmen belegt, ist jedoch, wie die *Erfahrung der Sünde zu einem Weg in eine größere Nähe Gottes wird*. Beispiele dafür sind u.a. die Bußpsalmen. In Ps 51 werden die anfänglichen Bitten von V. 3f motiviert durch »denn meine Vergehen, ich, ich kenne sie ...« (V. 5f); im Weiteren bezeugt er den Wunsch nach Neuschöpfung und einer engen Verbindung mit Gott durch seinen Geist (V. 12–14) sowie die Bereitschaft, das Erlebte weiterzugeben (V. 15) und Gott zu preisen (V. 16f). Schlüssel für die Verwandlung sind wohl »der zerbrochene Geist und das zerbrochene und zerschlagene Herz« in V. 19, Zeichen einer demütigen Erkenntnis eigener Fehler. Ähnlich eindrücklich beschreiben Ps 32 die Erleichterung durch das Bekennen der Verfehlungen und Ps 130, wie in den Abgründen der Schuld die einzige Hoffnung beim vergebenden Gott liegt (V. 3f).
Somit ergibt sich insgesamt ein ausgewogeneres Bild: Wer zu Gott betet, sollte in seiner Grundeinstellung aufrichtig und wahr sein oder dies zumindest wünschen. Doch selbst bei schweren Vergehen bleibt der *Zugang zu Gott nicht verschlossen*; Einsicht, Umkehr und Vertrauen auf ihn und seine Güte ermöglichen, neuerlich in seine Nähe zu gelangen.

5. »Er« und »Du« – Ps 23 und 62

Von Ijob und von Weish 11–19 her ist bereits vertraut, dass 2. und 3. Person wechselnd für Gott verwendet werden. Dieses Phänomen begegnet im Psalter sehr häufig und hängt auch damit zusammen, dass seine Gebete innerhalb einer Gruppe geschehen oder mit einer Gemeinschaft rechnen. Dadurch entstehen zwei Ebenen, eine des/der Betenden mit Gott und eine weitere in der Beziehung mit anderen Menschen,[13] was zum *Wechsel der Sprechrichtungen* führt.

Eine harte Lösung in dem Sinn, Texte, die nur in 3. Person über Gott reden, von der Betrachtung als Gebete auszusondern, würde eine ganze Reihe von Lobliedern (z.B. den Schlusspsalm 150) und auch andere schöne Psalmen (wie Ps 1 und 2) betreffen. Gegen eine solche Ausgrenzung spricht aber zudem der biblische Sprachgebrauch selbst. In 2 Chr 30,18f wird Hiskijas Fürbitte für jene im Volk erwähnt, die sich nicht für das Pesach gereinigt hatten. Sie wird explizit als »beten« bezeichnet und dann zitiert, redet jedoch nur über und nicht zu Gott. Somit scheint eher angemessen, bei der Bestimmung biblischer Gebete *großzügig zu sein* und auch Bekenntnisse und Hymnen (s. dazu im NT auch S. 103) einzubeziehen sowie bei ›gemischten‹ Sprechrichtungen nicht nur die Teile mit »Du«-Anrede, sondern die gesamten Texte dazuzurechnen.
Zusätzlich lässt sich beobachten, dass Wechsel in der Weise des Redens *offenbar gezielt* eingesetzt werden. Der berühmte und beliebte *Ps 23*, »Jhwh ist mein Hirt«, beginnt mit Sprechen über Gott in 3.P. Wo die Gefahr am bedrohlichsten wird, in V. 4 mit dem »Tal des Schattens des Todes«, geht er zur »Du«-Anrede über und behält sie bis V. 5 bei, auch dort angesichts von »Feinden«. Je kritischer die Situation, umso näher zu Gott – so könnte man diese Bewegung beschreiben.
Eine andere Nuance zeigt *Ps 62*. Bis V. 12 einschließlich redet der Betende über Gott in 3.P.; erst im letzten Vers geht er zur Anrede über: »... und bei dir, Herr, ist Verbundenheit, denn du wirst vergelten jedem nach seinem Tun« (V. 13). Die vertrauensvolle, lobend-bekennende Hinwendung zu Gott beschließt passend diesen Psalm, der Zuversicht exklusiv auf Gott gründen lässt (V. 2f.6f). Das Bekennen der Beziehung zu Gott vor anderen mündet ein in den Dialog mit ihm selbst. *Beide Kommunikationsebenen*, die unter Menschen und die zu Jhwh, ergänzen einander. Damit wird auch deutlich, dass Beten »soziales« Handeln[14] und in das Leben einer Gesellschaft eingebettet ist.
Ps 62 ist aus einem weiteren Grund ein gutes Beispiel dafür. Er wendet sich nämlich auf der menschlichen Ebene zweifach an andere. Der erste Teil, V. 2–8, ist zwar überwiegend vom »Ich« und von seiner Beziehung zu Gott geprägt. Doch in V. 4 begegnet ein »ihr«, mit dem eine Gruppe von Feinden angeredet und das mit »sie« (3.Pl.) in V. 5 fortgeführt wird. Im zweiten Teil kommt in V. 9 und 11 die *Gemeinschaft* der Gläubigen in den Blick, als »Volk« und in 2.Pl. (»ihr, euer, euch«) angesprochen. Zudem bringt V. 9 mit der 1.Pl. bei »Gott ist *uns* Zuflucht« die Zusammengehörigkeit von betendem »Ich« und den »Ihr«-Adressaten ab V. 9 ein.
Gerade die häufigere Verwendung der ersten Person Plural (»wir, uns, unser«) ist ein charakteristisches Merkmal, das die Psalmen von den Gebeten des Alten Orients abhebt.[15] Nach J. Scharbert ist in 66 Psalmen ein ›Wir‹ zu finden. Dies bezeugt die *starke Einbindung in die Gemeinschaft*, welche die Autoren dieser Gebete empfunden und als wesentlich formuliert haben.
Ein weiterer Aspekt der Psalmen hängt damit zusammen. Wenn dort ein ›Ich‹ begegnet, steht es nicht immer für eine Einzelperson, sondern bezieht

öfter die kollektive *Erfahrung Israels* mit ein. So spricht Ps 118,18 von »Hart gezüchtigt hat mich Jhwh«, was aber nicht zum Tod geführt hat – meist wird das auf das Exil hin gedeutet.[16] Der vorausgehende V. 17 beginnt mit »ich werde nicht sterben«; sollte dies nicht nur als für kurze Zeit geltende Aussage verstanden werden, kann es kaum anders als für die Gemeinschaft gültig gedeutet werden. Von daher legt sich nahe, im ›Ich‹ der Psalmen über den Bezug auf ein Individuum hinaus mehrfach auch mit dem Volk, Israel als Ganzem, zu rechnen.

6. Sprache und Bildwelt – Ps 55 und 148

Die Ausstrahlungskraft der Psalmen hat viel mit der Weise zu tun, in der sie geschrieben sind. Während früher, im Gefolge von H. Gunkel, C. Westermann u.a., sehr stark auf ihre Formen geachtet wurde (Klagelieder, Hymnen usw.), hat sich in den letzten Jahren die Aufmerksamkeit stärker auf ihre *poetische Eigenart* gerichtet. Wir wollen daraus mit a) sprachlicher Gestaltung und b) Verwendung von Bildern zwei Aspekte herausgreifen.

a) Die Psalmen sind Musterbeispiele hebräischer Poesie, für die hohe sprachliche Verdichtung, Lebendigkeit und das *Stilmittel des Parallelismus* kennzeichnend sind. Letzteres beschreibt jene spezielle Weise der Komposition, die einen Inhalt in zwei (oder mehr) gedanklich ähnlichen Formulierungen darbietet, z.B.:

> »Lausche, Gott, meinem Gebet,
> und verbirg dich nicht vor meinem Flehen!« (Ps 55,2)

Diese Art der doppelten Präsentation hat *mehrere Effekte*;[17] sie verleiht den Texten einen ruhigeren Rhythmus, weil ein Gedanke sozusagen zweimal wiederkehrt und so ein besseres Aufnehmen ermöglicht. Zudem bietet sie eine »Stereo«-Wahrnehmung, da beide Ausdrucksweisen sich in einem großen Kernbereich überschneiden und gemeinsam einen Hauptinhalt vermitteln wollen. Schließlich entstehen durch die leichten Verschiebungen von der ersten zur zweiten Formulierung öfter steigernde (oder präzisierende) Momente, im obigen Fall die Bewegungen von »lauschen« zu »nicht verbergen« und von »Gebet« zu »Flehen«. Dies verleiht den Psalmen – und vielen anderen oben besprochenen Gebeten des AT, die meist ebenso wie sie poetisch verfasst sind – eine unerschöpfliche Dynamik und Lebendigkeit.

Eine so feierliche, künstlerisch hochstehende Sprechweise wird in den Psalmen kombiniert mit teils sehr drastischen Ausdrücken. Das erzeugt eine *dramatische Spannung*, die zugleich tiefe emotionale Betroffenheit und sie bereits – in Schönheit und Ästhetik der Sprache – übersteigendes Getragensein vermittelt. Ihr entspricht eine offene Wahrnehmung der Realität, die ungeschminkt benannt wird, etwa mit »Glatt sind die Butter(worte) seines Mundes, ... weicher sind seine Worte als Öl, doch sie sind gezogene (Schwerter)« oder dem Wunsch »spalte ihre Zunge« (Ps 55,22.10),[18] dabei aber vom Vertrauen auf Gott erfüllt ist (vgl. Ps 55,23f u.ö.).

b) Einen wesentlichen Beitrag zur Faszination der Psalmen steuern auch ihre *Bilder* bei. Die Vergleiche eben zuvor für schmeichelndes, trügerisches Reden sind ein Beispiel; im selben Psalm 55 möchte der Beter »Flügel wie eine Taube« haben und in die Wüste entfliehen (V. 7f), um der Anfeindung durch vertraute Menschen zu entgehen (V. 13–15).
Es gelingt Bildern, starke Erfahrungen in lebendige Vorstellungen bei den Adressaten umzusetzen. Das können schmerzliche, zur Klage führende Geschehnisse sein, aber auch mit Lob und Freude verbundene Ereignisse. So preist *Ps 148* Gott gleichfalls mit dem »Sturmwind, der sein Wort vollbringt«, und dafür, dass »er erhöhte ein Horn seinem Volk« (V. 8.14; gedacht ist an ein Verleihen von Kraft, Ehre usw.).[19] Wirklichkeit wird hier in einer tieferen Weise erfasst, die auf den Glaubenssinn hin durchlässig und sensibel ist. Ähnliches Feingespür fließt auch in Details der sprachlichen Gestaltung ein, etwa bei der einmaligen Fügung »Sterne des Lichts« in V. 3.

7. Gott als »Sonne und Schild« – Ps 84 und 85

Dichterische Formung in packenden Bildern und einer Sprache, welche die gesamte Palette von Zartheit bis zuweilen sogar abstoßender Schärfe umfängt, stellt die äußere Seite dar, um die ungebrochene Ausstrahlung der Psalmen zu erklären. Der innere, eigentliche Grund dafür liegt jedoch in *Gott selbst* und seinem Wesen. Mit zwei Psalmen wollen wir abschließend uns ihm zuwenden.
Ps 84 ist der einzige, der dreimal »Selig ...!« aufweist (V. 5f.13). Die Bewegung geht dabei von »in deinem Haus wohnen« über »dessen Stärke in dir« zu »auf dich vertraut« immer mehr auf eine unmittelbare Bindung an »Jhwh der Scharen« (4x in diesem Psalm) zu. Er ist einer, bei dem in seinem Tempel sowohl Mensch als auch Tier Geborgenheit erfahren (V. 2–5). Allein schon das Unterwegssein zu ihm lässt an Kraft zunehmen (V. 6–8). Gründe dafür werden im Schlussteil genannt. Zunächst bringt V. 11 zwei bevorzugende Vergleiche; sie zeigen, dass die Nähe zu Gott (s. schon o. bei 1) unverhältnismäßig mehr zählt als alles andere.[20] Dann bezeichnet V. 12 ihn als »Sonne und Schild«, einzigartiger bildhafter Ausdruck dafür, dass er Leben, Wärme, Licht spendet und auch Schutz ist. Die zwei im selben Vers folgenden Aussagen unterstreichen Gottes großzügiges Schenken.
Der folgende *Ps 85* führt diese Ausrichtung fort, u.a. mit der Aufnahme von »Jhwh wird Gutes geben« in V. 13 (vgl., ähnlich, 84,12), allerdings in einem deutlich anderen Kontext. Schon in der Vergangenheit (V. 2–4) gab es göttliche Erregung angesichts der Vergehen seines Volkes, doch hat er sie in Wohlgefallen und Schicksalswende zurückgenommen. Auch neulich ist es zu einer Situation gekommen, die Gottes Ärger und Zorn ausgelöst hat, und wiederum bleibt er die einzige Hoffnung (s. die Bitten in V. 5 und 7f). Gleich darauf, in V. 9, zitiert das betende Ich eine positive Antwort von ihm: »Er redet *Schalom*«. Diese Ansage von Frieden/Heil leitet über zum folgenden

personifizierenden Sprechen, in dem Verbundenheit, Treue/Wahrheit, Gerechtigkeit und Frieden als göttliche Gaben einander herzlich küssend begegnen und so die Bereiche von Menschen und Gott, Erde und Himmel, verbinden (V. 11f). Ps 86 bestätigt im Anschluss diese Entwicklung mit der Betonung des verzeihenden Erbarmens Gottes (u.a. V. 5 und 15).
An solchen Gebeten erweist sich ein einmaliger Titel für Gott als berechtigt. Ps 65,3 redet ihn an mit »*Hörer des Flehens*« und benennt damit seine Wesensart. Auch wenn, sehr selten, er sich eine Zeit weiterhin abweisend zeigt (z.B. Ps 80,5), die überwiegende Zahl der Psalmen bezeugt die Erfahrung der Erhörung, des aufmerksamen Achtens auf die Nöte der Betenden und das antwortende Eingehen auf sie (vgl. Ps 6,9f; 34,16; 102,20f, usw.).

*

Jede Besprechung oder Vorstellung der Psalmen wird immer *unangemessen* bleiben. Hier konnte es, auch angesichts des beschränkten Platzes, nur um knappe Hinweise gehen. Sie sollen helfen und einladen, aus diesem unerschöpflichen Gebetsschatz Anregungen für das eigene Beten zu gewinnen und damit, wie es sein Ziel ist, in eine immer engere Beziehung zu Gott einzutreten.

»Herr, meine Lippen öffne,
dass mein Mund dein Lob verkünde!«
Ps 51,17

Am Übergang

Die Teile A bis E geben beeindruckend Zeugnis eines *über Jahrhunderte anhaltenden Dialogs* von Gläubigen in Israel mit Jhwh. Nahezu ohne Unterlass, von Anfang (Buch Genesis) bis Ende (Chronikbücher bzw. Buch der Weisheit), haben Menschen sich auf verschiedene Weisen betend an ihn gewandt. Dabei sind Motive, Formen und Traditionen des Gebets gewachsen, welche die Gemeinschaft bewahrt und aufgeschrieben hat – vor allem in jenen Texten, die wir oben angesprochen oder vorgestellt haben. Solcherart Bewährtes hat die Glaubensfamilie über die Generationen hinweg aufgebaut, ihr dabei Orientierung und Identität gegeben.
»Suchet mein Angesicht!« wird Gott in Ps 27,8 zitiert. Das AT ist zutiefst erfüllt und geprägt vom *Beziehungswunsch Gottes.*[1] Er ist es, der schon in dessen erstem Buch Bünde anbietet und der am Sinai (Ex 19–24) bzw. in Moab (Dtn 26–29) ein enges Naheverhältnis mit dem ganzen Volk eingeht. Beten bedeutet, diese Einladung anzunehmen, und es beinhaltet auch, darin noch vermehrt Gottes Wirken und Führung zu erfahren, wie Ps 40,4 mit »Und er hat in meinen Mund ein neues Lied gegeben« ausdrückt.
Beten ist kein harmloses Tun. Es *stellt vor Jhwh, der selbst Liebe, Wahrheit, Gerechtigkeit lebt* und dies ebenfalls von seinen Gläubigen fordert. Wer betet, muss wenigstens grundsätzlich die Bereitschaft mitbringen, sich in diese Richtung zu bewegen – und d.h. meist, sich ändern zu lassen. Dazu können Innewerden eigener Vergehen (s. z.B. die großen Bußgebete, o. bei D 1), aber auch die Konfrontation mit Unangenehmem, sonst Ausgeblendetem gehören (vgl. die Vorwürfe in Jeremias Konfessionen, in C 2c). Beten ist immer eine Herausforderung zu radikaler Ehrlichkeit. Und es ist gleichzeitig ein »Spiegel der Seele«, der in ungebrochener Direktheit Zugang zum Innenleben, zu Empfinden und Denken eröffnet. Vor Gott muss man sich nicht verstellen, und man kann es auch nicht. Von daher ist Beten oft zudem heilsam.
»Gut ist es, Jhwh zu preisen« – diese Einschätzung von Ps 92,2 gilt nicht nur für das Lob, sondern für jedes Beten (s. auch Tob 12,8). Was sich darin ereignet, ist schon *wertvoll an sich*, als Vollzug einer lebendigen, intensiven Beziehung zu Gott. Dies zeigt sich u.a. auch an Passagen wie Ps 50,13–15; 51,17–19, die Gebete im Rang über Opfer stellen. Zudem gewinnen jene, die sich so an Gott wenden, bei ihm hohe Wertschätzung (vgl. Dan 9,23). Und überdies haben Gebete eine Fülle positiver Wirkungen: Menschen finden Trost, wie Hanna in 1 Sam 1; sie wachsen in Vertrauen, wie David in 2 Sam 7; sie können sich in ihrem Schmerz öffnen, wie in den Klageliedern

oder Ester; sie erfahren eine Wende zu Frieden[2] und Heil, wie Ps 30; 42f u.a. belegen.

*

»Ich liebe! Denn gehört hat Jhwh meine Stimme, mein Flehen.« Mit dieser *Liebeserklärung* setzt Ps 116 ein. Die obigen rückblickenden Bemerkungen zu Gebeten im AT haben bereits gezeigt, dass sie nur aus dem Wunsch nach einer engen, herzlichen Verbindung zwischen Gott und Mensch richtig zu begreifen sind. Solches liebevolle Zugehen von beiden Seiten aufeinander ist überhaupt ein Schlüssel für religiöses Leben, auch heute. Die dabei innerlich erfahrene tiefe Einheit mit Jhwh bedeutet höchste Erfüllung und Glück (s. Ps 16,2, das Motto zu Teil E).

Mit »*gewagter Tanz*« beschreibt W. Brueggemann, was im Gebet geschieht.[3] Dieses Bild trifft Wesentliches daran sehr genau. Gott und Mensch bewegen sich miteinander, zärtlich berührend. Beide bleiben dabei frei, finden aber im gemeinsamen Gestalten zu berauschender Schönheit und Nähe.

Wer je versucht hat, ›gut‹ tanzen zu lernen, weiß, dass dies *keine leichte Sache* ist. Das gilt, mit einer Einschränkung, auch für das Beten. Die Ausnahme liegt darin, dass jede/jeder, ob Kind oder Gelehrter, jederzeit und in jeder Lage vor Gott einfach »das Herz ausschütten« kann (s. das Motto am Beginn des AT-Teils), ohne Bedenken oder Ängste. Doch bei häufigerem Beten stellen sich auch andere Erfahrungen ein: Trockenheit in der Beziehung, Zerstreuungen, keine erkennbaren ›Fortschritte‹, kaum spürbare Gefühle, sich im Kreis oder um sich selber drehende Gedanken, Fliehen-Wollen usw. Wenn schon eine hohe Kunst wie Tanzen regelmäßiges Üben, Beständigkeit und Disziplin verlangt, dann Beten als Vollendung unserer Existenz noch mehr.

Einige Gebete des AT haben außerdem aufleuchten lassen, wie *komplex* sie sind: Das Loblied am Schilfmeer und Hannas Preisgebet nehmen bereits die Zukunft vorweg. Das Beten Jonas im Fisch ist verstrickt in Illusionen. Viele Gebete, vor allem die späteren (schon bei Jeremia sowie im Teil D und bei den Psalmen), greifen intensiv frühere Motive und Formulierungen auf. Oft stehen »Formen« im Hintergrund, die eine übliche Abfolge von Elementen wie Anrede, Klage, Bitte ... vorgeben. Manchmal wollen die atl. Gebete nicht nur Gott, sondern auch Menschen zu etwas bewegen (Esra 9; Neh 9). Von daher ist auch bei unserem Beten heute damit zu rechnen, dass in ihm viele Dimensionen, Einflüsse und Absichten mitspielen.

*

Die Ausführungen bisher sind mehrfach unvollständig. Wenn Gebete vorgestellt wurden, dann immer nur viel zu kurz sowie mit wenigen Aussagen; und ein Großteil von ihnen konnte nur erwähnt werden. Hier öffnet sich ein Weg für unsere Leser: Es gibt *noch jede Menge selbst zu entdecken* da-

bei. Die obigen Darlegungen mögen eine Hilfe sein, worauf es sich bei der eigenen Lektüre der biblischen Gebete zu achten lohnt, und die im Anhang genannte Literatur enthält dazu weiterführende Anregungen.
Auch nicht behandelt wurden die *Hodajot* (Loblieder) aus Qumran sowie die *frühen jüdischen Gebete* (Achtzehn-Gebet; Kaddisch usw.). Diese zeigen, wie Beten um die Zeitenwende verbreitet war, und leiten, u.a. durch ähnliche Themen, über zum NT und zum Beten Jesu, das gleich anschließend Besprechung findet.
Das Reden hier über Gebete ist ebenfalls unter einer anderen Rücksicht ungenügend. Wie wir gesehen haben, drängt die Bibel dazu, dass ihre Leser sich auch *selbst ergreifen lassen*, ihn loben, sich persönlich an Gott wenden und auf diese Weise das Beschriebene umsetzen.[4] So ist am Ende mein Wunsch, dass diese Absicht der biblischen Texte möglichst reichhaltig Verwirklichung finde in betenden Menschen.

Neues Testament

Knut Backhaus

A. Biblisches Beten – Ein Blick auf das Bleibende

1. Sprachlos vor Gott: Streifzug durch eine verlorene Welt

Man geht in sich. Aber man trifft dort nicht immer jemanden an. Meditation für Manager steigert den Leistungswillen; Besinnung auf das, was in mir steckt, motiviert mich; die Beschäftigung mit fernöstlichen Denkstilen hilft mir, meine westliche Einseitigkeit auszubalancieren; die Lektüre von Lebensratgebern lässt mich meine Grenzen annehmen. Wo man sich surfend in virtuelle Gegenwelten versenkt, meldet sich mitunter der Eindruck, man sei denn doch zu Tieferem als zum Internet geboren. 39.000.000 Eintragungen finde ich unter dem Suchwort »Meditation«. Nicht zu Hause in der Welt, so wie sie ist, suchen wir die vier Wände unserer Seelenkammer auf. So weit die tieferen Zeitgenossen. Dem Rest genügt der Flachbildschirm.

Es ist gewiss nicht falsch, sich in das eigene Ich zu versenken, aber zu bescheiden. Vielleicht waren die Vorfahren, so bescheiden ihre Versuche wirken, rebellischer. Gingen sie in sich, so brachen sie auf – zur Kirche, zur Wallfahrt, zum Kreuzweg, zum Friedhof, vor allem aber: zu einem unendlich Anderen. Wenn sie betrachteten, dann nicht nur, um die eigenen Grenzen hinzunehmen (das auch), sondern mehr noch, um sie zu sprengen. Versenkten sie sich in Gegenwelten, so stießen sie auf eine Welt, die größer war als ihr Ich. Sie trafen auf ein Du. Dies nannte sich Gebet.

Wir tun so, als sprächen wir noch immer im Vertrauen auf ein absolutes Du. Wir sagen noch immer »Gott sei Dank« oder »Grüß Gott«, aber meinen niemanden mehr damit. Wenn ich (in Oberbayern oder im Paderborner Land) wandere, treffe ich allerorten auf Kreuze und Heiligenfiguren. Doch sie wirken wie Landschaftsschmuck. Beim Zapfenstreich gilt noch immer das »Helm ab zum Gebet«. Noch immer läutet vom Kirchturm der Angelus, aber es bewirkt nichts außer Klagen von Nachbarn über Ruhestörung. Der Muezzin auf dem Minarett wird als Bedrohung der eigenen Kultur empfunden, aber dass die eigene Kultur sehr viel mit einem Gespräch zu tun hat, das weit über das Ich hinausführt, ist nicht bewusst. Was das Pluszeichen auf dem Kirchturm bedeute, wird nicht selten gefragt. Ein mit dem Gebetsvertrauen vereinbares Gottesbild (»Es gibt einen Gott, der sich mit jedem Menschen persönlich befasst«) findet eine Zustimmung unter etwa 30% der in Deutschland Befragten. Mehr als doppelt so viele Katholiken glauben an das »Göttliche in der Natur« als an Gott als ein persönliches Gegenüber; 47% der Katholiken bezeichnen Gott direkt als »nicht-persönliche, universale Kraft«. An einen persönlichen Schutzengel glauben deutlich mehr Katholiken (66%) als an einen personalen Gott.[1]

Biblisch beten meint anderes. Es meint wirklich ein Gegenüber, ein Du, einen ganz und gar Anderen. Es hat etwas von der Kühnheit Rilkes, der hart an die Wände des eigenen Ich pocht, um den Nachbarn Gott aufzustören, weil er ihn so selten atmen hört, der trotzig darauf besteht, dass seine Sehnsucht nicht mehr ziellos durch das Leere irrt, sondern, wenn auch bleich und unerlöst, diesem Gott bis ans Kinn ragt – einem Gott, der unermesslich bleibt und sich dennoch anschauen lässt:

> So bin ich nur als Kind erwacht,
> so sicher im Vertraun
> nach jeder Angst und jeder Nacht
> dich wieder anzuschaun.
>
> Ich weiß, sooft mein Denken mißt,
> wie tief, wie lang, wie weit –:
> du aber bist und bist und bist,
> umzittert von der Zeit.[2]

Während ich dies schreibe, gedenkt Deutschland der 15 Kinder, Lehrer, Passanten, die ein 17-jähriger Amokläufer in einer Schule in Winnenden erschossen hat. Es ist wie stets bei solchen Anlässen: ein Meer von Kerzen, Teelichtern, Blumensträußen, Kuscheltieren; Schilder: »Warum?« oder »Gott, wo warst du?«. Wenigstens hier spricht man ihn noch an. Aber früher hätte man das nicht mit Filz auf Pappe, sondern mit dem Herzen in den Himmel gezeichnet. Die Trauergottesdienste, so wissen die Medien, sollen den Schülern helfen, das Erlebte zu verarbeiten. Gibt es dafür keine Psychologen? Die Fürbitten klingen eher wie Verhaltenstipps: Gott solle geben, demnächst rechtzeitig auffällige Zeichen bei gefährdeten Jugendlichen zu erkennen. Natürlich erwartet keiner, dass Gott dies auch wirklich tun wird. Warum, frage ich mich, betet niemand, Gott möge die toten Kinder in seine Arme schließen? Ich vermute, so wird auch gebetet. Aber diese Art von Trauer interessiert die Medien nicht. In diesen Bereich haben sie keinen Zugang. Aber gibt es diesen Bereich wirklich noch?

Solange Christen die Bibel lesen, gibt es ihn noch. Solange sie es tun, bleibt ihnen auch der Gesprächspartner zugänglich. Die biblische Tradition zu beten ist nicht mit den Vorfahren gestorben. Wir heutigen Christen haben vielleicht in vielem eine andere Mentalität, aber ganz gewiss keine anderen Quellen als sie. Das Neue Testament bewahrt die ersten, tastenden Versuche von Christen zu beten. Eine bessere Anleitung zum Selber-Beten haben Christen nicht.

2. Der Ernstfall: Grundzüge des Betens im Neuen Testament (Ps 22; Mk 15)

Ein Gott stirbt. Im Jahr 138 n. Chr. fühlt der römische Kaiser Hadrian auf dem Krankenbett seinen Tod nahen. Er ist nicht nur Herrscher der zivilisierten Welt, sondern wird von deren Bewohnern als Staatsgott verehrt; keinem Prinzeps vor ihm sind mehr Tempel geweiht worden. Bald, so ist ihm bewusst, wird man seine Aufnahme in den Götterhimmel offiziell proklamieren. Die Überlieferung hält eine kleine Pretiose bereit, das Gespräch eines sterbenden Gottes mit seiner Seele:

> Seelchen, unstetes Etwas, anschmiegsame Kleine,
> Gast du des Leibes und ihm zur Seite:
> Du ziehst jetzt davon an Orte,
> die bleich sind, in Kälte erstarrt, so nackt:
> Und du wirst nicht, wie du es liebst, noch weiter scherzen.[3]

Leichtfüßig kommt der Tod daher. Der Ton verrät anfangs noch etwas von den Scherzen, die die verspielte Seele so sehr geliebt hat. Mit jeder Zeile wird die Aussicht dunkler: Die Seele fällt ins Nichts. In den bleichen, kalten und bloßen Räumen, die vor ihr liegen, hat sie keine Gesprächspartner mehr. Ein Gebet ist dieses Gedicht nicht; es wirkt nur so. Ein Mensch, scheinbar dem Olymp so nahe wie kein anderer, führt seinen letzten Monolog. Die Ewigkeit findet ohne ihn statt. Das Sterben ist der Ernstfall der Hoffnung. Hier herrscht keine mehr.

Ein Mensch stirbt. Hundert Jahre zuvor fühlt ein von der römischen Reichsmacht verurteilter und gefolterter Galiläer am Kreuz seinen Tod nahen. Er stirbt einsam. Die Überlieferung hat auch seine letzten Worte bewahrt, das Gespräch eines sterbenden Menschen mit seinem Gott:

> Mein Gott! Mein Gott! Warum hast DU mich verlassen,
> bleibst fern, wenn ich zu DIR flehe, und rettest nicht?
> Mein Gott! Ich rufe bei Tag – doch DU antwortest nicht; bei Nacht –
> doch ich finde keine Ruhe!
> Und doch: DU bist der Heilige! DU thronst in den Lobliedern Israels.

Nichts kommt hier leichtfüßig daher. Diese Worte (Ps 22,2–4), in denen wir das Sterbegebet Jesu sehen dürfen,[4] atmen die Verzweiflung des Beters, dessen Gott schweigt. Doch ins Nichts fällt diese Seele nicht. Denn sie hält sich an den Gott, der sich in den Gebeten Israels finden lässt. Ihm – so setzt der Psalm fort – haben die Väter vertraut, und ihr Schreien wurde erhört. Er hat den Beter, der sich als »Wurm« verachtet sieht, aus dem Mutterleib gezogen und ihm an der Mutterbrust Urvertrauen ins Leben mitgegeben. Ein Mensch, scheinbar dem Todesstaub so nahe wie kein anderer, führt seinen letzten Dialog mit dem lebendigen Gott. Am Ende weiß er sich erhört: »Denn er hat nicht missachtet, nicht verabscheut das Elend des Armen. Er hat sein Angesicht nicht vor ihm verborgen. Als er zu ihm aufschrie, da hör-

te er hin. Von dir her kommt mein Loblied in großer Gemeinde!« (Ps 22,25–26a).
Der vergleichende Blick auf diese so radikal verschiedenen Sterbeworte erlaubt uns vier erste Einblicke in das, was es bedeutet, christlich zu beten. Es geht nicht darum, das Selbstgespräch des Kaisers kleinzureden, aus dem in berührend moderner Weise eine melancholische Liebe zum Leben spürbar wird. Aber gerade so zeigt es, was biblisches Beten *nicht* ist. Dieses hat vielmehr (a) den *Charakter des echten Dialogs;* es ist daher (b) *fragmentarisch und dramatisch*, es besitzt (c) *Hoffnungsstruktur*, und ist (d) vom *Leben* im umfassenden Sinn nicht zu trennen: Es steht im Leben (nicht zuletzt an dessen Grenzen), versenkt sich ins Leben und setzt Leben frei.

a) Dialogcharakter: Das Beten als erhörliches Gespräch mit Gott, als ein »innerer förmlicher Gottesdienst« und »Gnadenmittel«, so betont Kant, ist »ein abergläubischer Wahn (ein Fetischmachen)«. Akzeptabel sei es allein als Mittel zur Belebung einer guten Gesinnung, die sich im rechten Lebenswandel auszuweisen habe. Der sittlich Fortgeschrittene, der um Gott als Prinzip weiß, stellt das Beten ein oder schämt sich dessen zumindest: »In den öffentlichen Vorträgen an das Volk kann und muss das Gebet beibehalten werden, weil es wirklich rhetorisch von grosser Wirkung sein und einen grossen Eindruck machen kann, und man überdies in den Vorträgen an das Volk zu ihrer Sinnlichkeit sprechen und sich zu ihnen soviel wie möglich herablassen muss.«[5] Gebet ist Mittel zu guter Gesinnung und deren Ausdruck; auf das Prinzip kommt es an, und das eigentliche Gebet ist die gute Tat. Ich vermute, dass dieses moralisierende Konzept unsere Gegenwart bis in die liturgische Kultur hinein sublim beeinflusst. Wer das Gegenteil dieses Konzepts erleben will, betrete am Sabbatmorgen eine Synagoge oder beobachte Juden vor der Westmauer des Jerusalemer Tempels (die »Klagemauer« zu nennen angesichts der Vielfalt des dortigen Gebetslebens Unkenntnis verrät).
An der Ostseite vieler Synagogen stehen für alle Beter deutlich sichtbar die Worte geschrieben: *Da lifne mi ata omed* – »Wisse, vor wem du stehst!« Mit diesem knappen Imperativ ist ein wesentlicher Grundzug des jüdischen und somit auch des urchristlichen Betens erfasst: seine entschiedene Theozentrik. Nicht mit »etwas« hat das Gebet zu tun, sondern mit »jemandem«, mit dem Einen, den es »aus ganzem Herzen, mit ganzer Seele und aller Wucht« zu lieben gilt (Dtn 6,4f.). Das Gebet ist kein Monolog, keine Rede mit der eigenen Seele, sondern Zwiegespräch mit dem lebendigen Gott Israels. Jesu Sterbegebet enthält, in allen Tonlagen und Lautstärken, nahezu alle Merkmale eines wirklichen Gesprächs: Frage, Klage, Anklage, Verstummen, Hinhören, Hinwendung zu sich selbst, neue Zuwendung zum anderen, Bitte, Vertrauen, tastende Antworten, Erhörungsgewissheit, Dank, Lobpreis, Treueversprechen, das Selbstgefühl eines »Wurms« und die trotzige Gewissheit, vom Ewigen gewollt und bejaht zu sein, Rückblick auf den Mutterschoß und Ausblick auf den Todesstaub, Öffnen für weitere Gesprächs-

teilnehmer. Wer dieses Gebet »in großer Gemeinde« mitbetet, wird lernen, was Beten bedeutet.

Mitten in diesem Gebet (VV. 22f.) die Zäsur: der jähe Wechsel von der Verzweiflung zur Erhörung. Der Gott des Ps 22 »entzieht sich der Anklage« dadurch, dass er antwortet. Die Wand, die anfangs trennend zwischen dem Beter und seinem Gott steht, erhält unter den wuchtigen Schreien erste Risse; im Laufe des Gebets bricht sie ein, und der Beter steht vor JHWH. Nicht einmal diese verzweifelte Klage wirft den Beter auf sich selbst zurück. Es ist buchstäblich so, wie der Psalm sagt: »Du bist der Heilige! Du thronst in den Lobliedern Israels.« Im Gebet lässt sich Gott finden. Er »thront« in Texten: Sie sind Ort seiner realen Gegenwart. Das Gebet ist gewissermaßen ein Haus, in dem der Heilige wohnt, in dem der Beter Heimat gewinnen kann, in dem der Beter und der Heilige zusammenfinden.

Damit ist eine wesentliche Einsicht gewonnen: Gebet ist biblisch kein Selbstgespräch, auch nicht eines der Gemeinde. Es ist keine pädagogische Handlung, keine katechetische Lektion, keine therapeutische Übung, kein liturgischer Abwehrschild gegen Widerrede, keine Verlängerung der Predigt. In all diesen Fällen, von denen der kirchliche Alltag beredtes Zeugnis gibt, meint man es gut, aber man meint nicht Gott. Adressat des Betens ist keineswegs die Gemeinschaft anderer Menschen. Will man anderen Adressaten als dem absoluten DU unmittelbar Wichtiges sagen, erfordert es die übliche Umgangsform, sie auch direkt anzusprechen und nicht Gott für ungenannte Zwecke zu vereinnahmen: »Gebet ist *kein* Gebet, wenn man dabei einem Anderen als Gott etwas sagen will.«[6] Beten besitzt eine wesentlich dialogische Struktur: Es ist Ausdruck und Vollzug einer Beziehung, und zwar der Beziehung zum lebendigen Gott. Das ist das Erste, was über das biblische Beten zu sagen ist. Es wird auch das Letzte sein. »Wisse, vor wem du stehst.«

b) Fragmentarisch und dramatisch: Wir wüssten gern mehr, wie es um den inneren Umschwung mitten in Ps 22 steht. Im ursprünglichen Kontext hat der Beter offenkundig das rettende Eingreifen Gottes in seiner Not erfahren. Deutlich wird: Biblisches Beten hat etwas Fragmentarisches und Dramatisches.

Wenn wir biblische Gebete lesen, so nehmen wir stets nur die eine (literarisierte) Hälfte des Dialogs wahr. Die andere (ursprüngliche) Hälfte bleibt uns verschlossen. So ungestillt unser Wissensdurst daher bleibt, so bietet doch dieser fragmentarische Grundzug auch eine weitreichende Wirkungschance. Denn die Gebete lassen sich nicht auf *eine* Situation festlegen. Sie leben (im Medium des biblischen Kanons) weiter. Sie werden weitergebetet, erobern neue Lebenskontexte, öffnen sich für eine (längst nach Milliarden zählende) »große Gemeinde« und deren Erfahrungen mit Gott, Selbst und Welt. Wie oft, an welchen verschiedenen Orten, in welchen unterschiedlichen Lagen mögen Menschen das Vaterunser gebetet, das Magnifikat gesungen haben? Sind Gebete ein Haus, in dem der Beter Gott begegnet, so sind sie zugleich eine Welt, die sich für andere öffnet.

Gerade so ist Beten alles andere als eintönig. Ps 22 ist denkbar weit entfernt von einem theologischen Traktat; er belehrt nicht über den Nutzen des Bittgebets, verknüpft keine logischen Vorhersehbarkeiten. Er »weiß nicht Bescheid«; er »schwingt um«. Gebet wird zum Drama, weil das Leben der Beter selbst ein solches ist. Deren eigenes Lebensdrama wird freilich ein anderes sein als das der ersten Beter. Aber so wird deutlich, dass die Textgattung des Gebets nach vorne hin offen bleibt, unabschließbar auch im Leben des Einzelnen. Die große Gemeinde der Beter wird im Neuen Testament auf jene gedeutet, die als Geschwister – mit ihrer eigenen fragmentarischen, dramatischen Lebensgeschichte – an Christi Seite in die Gebetskultur Israels eintreten, um unmittelbar vor Gott zu stehen (vgl. Hebr 2,11–13). Oft mag der Beter allein bleiben (wie Jesus, als er Ps 22 anstimmt). Einsam ist er nicht.

c) Hoffnungsstruktur: Der Anfangsteil von Ps 22 und das Kreuz als sein neutestamentlicher Lebensort erinnern uns nachdrücklich an das, was man heute »Schwierigkeit mit dem Gebet« nennt. Oft ist es sehr viel ernster: der Eindruck, beim Beten nicht auf Gott zu treffen, sondern vor einer toten Wand zu stehen, hinter der nichts liegt, niemand hört, keiner antwortet. Jesus am Kreuz wird von seinen Feinden mit einer Frage konfrontiert, die die älteste »Schwierigkeit mit dem Gebet« markiert: »Wo ist nun dein Gott?« (Mt 27,39–44; vgl. Ps 10,1–4; 42,4 u.v.ö.). Näher betrachtet, liegt darin die einzige »Schwierigkeit mit dem Gebet«, heute nicht anders als in alttestamentlicher Zeit oder auf Golgatha. Diese Schwierigkeit aber kann vernichtend sein. Gebet wird zur Mühe, die schließlich erdrückt. Kaum einer hat eindrucksvoller über das Leid geschrieben als der englische Gelehrte C. S. Lewis. Dann stirbt seine Frau an einer Krebserkrankung: »Und wo jetzt ist Gott?«, notiert er sich. Wenn wir glücklich sind, scheint Gott uns niemals fern zu sein: »Aber gehe zu ihm, wenn du ihn verzweifelt brauchst, wenn alle andere Hilfe versagt – und was findest du? Eine Tür, vor dir zugeschlagen, und von innen hört es sich an, wie wenn zugeriegelt wird, doppelt zugeriegelt. Danach Stille. Du kannst dich auch gleich fortwenden. Je länger du wartest, desto nachdrücklicher wird diese Stille. In den Fenstern sieht man kein Licht. Mag sein, das Haus ist leer. War es eigentlich je bewohnt?«[7]
Die Erfahrung des schweigenden Gottes kann sich (auch Lewis hätte es so gesehen) mit der Zeit weiten. Sie gewinnt dann eine neue Dimension. Zwar wird noch immer keine Antwort in Form eindeutiger Auskunft gegeben, wohl aber gewinnt jetzt die Bitte, die Klage, die Frage einen anderen Horizont. Oft wird erzählt von jenem alten Rabbi, der ständig seine Not vor Gott trägt, ohne dass dieser sie ihm jemals abnimmt. Seine Schüler fragen ihn, warum er mit einem Gott spreche, der niemals zu ihm rede. Der Rabbi erwidert: »Er redet ja; nur antwortet er nicht.«
Seit der Steinzeit beten Menschen: Die Menschheitsgeschichte ist gleichwohl alles andere als eine Folge erfüllter Sehnsucht. Gebet überwindet nicht die Tragik unserer Lebensgeschichten, wohl aber deren Trivialität. Es macht unsere Erde nicht von einem Jammertal zu einer Jubelfeier. Aber es weitet

die erstickenden Wände der eigenen Seelenkammer, es öffnet die Fenster für die Weitsicht und damit für die Hoffnung. Und auch dies seit der Steinzeit.

Ps 22 im Munde Jesu lässt uns das Wesen biblischen Betens tiefer noch erfassen: Hier betet nicht nur ein in Not geratener Mensch. Im neutestamentlichen Licht betrachtet, steht Gott in der Person dieses Beters auch selbst Rede und Antwort. Jesus Christus ist Gottes letztes und entscheidendes Wort (Joh 1,1–5; Hebr 1,1–4). Es ist das Wort einer unbegrenzten Zuwendung, Gottes Ja in Fleisch und Blut, in letzter Verbindlichkeit zu unserem Dasein gesagt (2 Kor 1,19f.). Er ist in Person die Antwort Gottes auf die Fragen, die wir nicht nur haben, sondern die wir selber sind. Unsere eigene Fraglichkeit löst sich, urchristlich betrachtet, im Licht dieses Menschenlebens auf. Unsere Lebensgeschichten gewinnen als Fragment eines sinnstiftenden Zusammenhangs neue Bedeutung. Sie werden durchschaubar, durchstehbar. An diesem einen Lebensdrama wird erlösend konkret, dass jede Biographie zu einer Geschichte gehört, die größer ist als der Beter selbst.

d) Lebensdimension: An ein Letztes erinnert uns Ps 22 als Gebet Jesu: Beten, biblisch gesehen, hat nichts von Schöngeistigkeit, literarischem Feinsinn, emotionalem Angerührtsein. Natürlich wird ein Gottesbild reflektiert, und vielleicht kann es nur im Modus des Gebets wirklich ausgelotet werden. Natürlich lässt sich ein poetischer Formwille erkennen, und er hat die Ästhetik des Glaubens oft nachhaltig beeinflusst. Natürlich spielen Gefühle hinein, mitunter überwältigend: »Wie Wasser bin ich ausgeschüttet. Alle meine Gebeine haben sich zertrennt. Wie Wachs ist mein Herz geworden, zerschmolzen in meinem Inneren. Meine Kehle ist vertrocknet wie eine Scherbe; die Zunge klebt mir am Gaumen: DU legst mich in Todesstaub« (Ps 22,15f.). Aber mit der zeitgeistigen Unverbindlichkeit spiritueller Wellness, des »Betens für Manager« oder der »Bibel für Gestresste« hat das schier gar nichts zu tun. Ganz buchstäblich wird hier das Beten zur Passion. Und umgekehrt: Die Passion kann gar nicht anders beschrieben werden als in der Poesie des Gebets. Markus *zitiert* nicht Ps 22. Er zeichnet Jesu letzten Weg in das Grundraster dieses Psalms hinein (vgl. Mk 15,24 – Ps 22,19; Mk 15,29 – Ps 22,8f.). Die Grenzen zwischen Leben und Beten lösen sich auf; oder genauer: Das Gebet ist potenziertes Leben, das Leben als Ganzes wird zum Gebet.

Wir werden verfolgen, wie im Neuen Testament die Kultschranke fällt und das alltägliche Ethos, der soziale und individuelle Glaubensvollzug Gottesdienst im strengen Sinn werden. Das Sakrale (*sacré*) nimmt die Form des Heiligen (*saint*) an und führt die ganze Existenz in die Gottunmittelbarkeit, die zuvor dem kultischen Handeln vorbehalten war. Der Philosophie des 20. Jahrhunderts ist die Einsicht Ludwig Wittgensteins wichtig geworden, dass Sprachspiele erst im Bestimmungsrahmen von Lebensformen ihre Geltung gewinnen: »Eine *religiöse Frage* ist nur entweder Lebensfrage oder sie

ist (*leeres*) Geschwätz. Dieses Sprachspiel – könnte man sagen – wird nur mit Lebensfragen gespielt. Ganz ähnlich, wie das Wort ›Au-weh‹ keine Bedeutung hat – ausser als Schmerzensschrei.«[8] Ein Gebet, das nicht das wirkliche Leben des Beters widerspiegelt, wird Wortfuchtelei. Ein Leben, das nicht im Gebet seine Mitte findet, bleibt Hohlraum.
Dies bedeutet nicht, dass Gebete nicht kultisch geformt sein dürfen, dass sie stets Alltagssprache sprechen müssen, dass sie allein um des Beters eigenes Dasein kreisen sollten. Doch es bedeutet dies: Gebet wird mit Lebensfragen gefüllt, alltäglichen Lebensfragen, entscheidenden Lebensfragen oder (wie in Jesu Sterbeworten) letzten Lebensfragen. Gebete sind – im Sinn der kürzesten Definition von »Religion« – *Unterbrechung* des Alltags (Johann Baptist Metz). Aber sie unterbrechen nicht das Leben. Sie führen es zu sich selbst.
Fassen wir unsere ersten Einsichten zusammen: Wesentlich am biblischen Beten ist, dass es lebendiges Gespräch mit dem lebendigen Gott ist. Es ist Begegnungsraum, nicht bloß ein gestalteter Text. Mühsam daran ist letztlich nur eines (dies aber entscheidend): dass der Gesprächspartner still, fern, unfassbar scheint. Christlich daran ist, dass Gott in Christus redet, leibhaftig fassbar wird, einen Herzschlag weit entfernt. Der Tod, so zeigt Ps 22 im Rahmen von Mk 15, ist der Ernstfall des Gebets. Aber gerade so tritt vor Augen: Gebet ist der Ernstfall des Lebens.

3. Urchristliches Seelenleben: Zum Gang durch das Neue Testament

Ps 22 in seinem neuen Kontext, Mk 15 (oder eigentlich: der erzählten Vita Christi), hat uns bereits einen ersten Blick auf das tun lassen, was vor uns liegt: Das Gebet im Neuen Testament ist eigentlich nichts Neues. Wenn irgendwo das Kontinuum zwischen Frühjudentum und Urchristentum greifbar wird, dann in der Gebetspraxis, in der Kohärenz der Gattungen und dem Zusammenklang der Inhalte. Das heißt zugleich: Der Gott, den die urchristlichen Beter als den Sprechenden und Hörenden erfahren haben, ist kein anderer als der Gott Israels. Er spricht für die Urchristen keine andere Sprache als zuvor, und sie müssen keine neue Sprache lernen, um mit ihm im Gespräch zu bleiben. Wir werden sehen, dass die Gebete des Neuen Testaments weithin, ohne aufzufallen, auch im Alten Testament stehen könnten. Im griechischen Alten Testament, der Septuaginta, geschieht das auch: Das Magnifikat und das Benediktus sind dort ins Buch der Oden gerückt. Der Unterschied liegt allein in Jesus Christus als endzeitlicher Offenbarung des »alttestamentlichen« Gottes. Was die neutestamentlichen Gebete dem Gott Israels sonst sagen und wie sie es tun, könnte an sich auch ein Jude in seine Gebete aufnehmen. Keinen neuen Gott sieht der urchristliche Beter, aber er sieht den Gott Israels mit neuen Augen.
Tatsächlich haben die Getauften ihre Christwerdung als »Erleuchtung«, also als Sehakt, beschrieben. Das neue Licht, in das sie getreten waren, war

das Licht des Auferstandenen; in diesem Licht beteten sie zu Gott. Gebete zu Jesus Christus selbst sind im Neuen Testament selten und allenfalls rudimentär ausgeprägt. Dennoch ist das gesamte urchristliche Gebet wesentlich durch die Christus-Erfahrung geprägt. Was im Alten Testament die Großtaten JHWHs sind, für die Israel dankt und preist, das ist im Neuen Testament Jesus Christus, und er allein. So gerät die gesamte Gebetspraxis in sein Magnetfeld. Alles Gebet geht von ihm aus, bezieht sich auf ihn, wird mit ihm, durch ihn und in ihm gebetet. Er trägt es als Hohepriester vor Gott; er verkörpert erlösend, bergend, schenkend und fordernd die Nähe des heiligen Gottes. Er wird das Heiligtum schlechthin, in dem der Himmel schon jetzt zugänglich ist. Erst mit der personalen Bindung an Christus wird Gott für die Urchristen berührbar, und aus diesem Berühren erwächst alles, was das Christsein ausmacht.

Von daher ist der Stellenwert des Betens im Neuen Testament zu verstehen. Er wird nicht selten unterschätzt, weil die Zahl ausdrücklicher Gebete recht überschaubar bleibt. Das Alte Testament (vor allem mit dem Psalter), das Frühjudentum (z.B. mit den »Psalmen Salomons« oder den »Lobgesängen« aus Qumran) und das Frühchristentum (z.B. mit den »Oden Salomons«) weisen nach Qualität und Quantität eindrucksvolle Gebetssammlungen auf. Das Urchristentum hat derlei nicht zu bieten; es steht sehr viel deutlicher unter den gruppenkulturellen Vorzeichen der Mündlichkeit. Ein Gebet war Kommunikationsakt; es ließ sich als solcher kaum schriftlich fixieren. Wo sich jedoch – wie vor allem in den Paulus-Briefen – ein Fenster zum urchristlichen Alltag auftut, da sehen wir, wie sehr das Gebet diesen Alltag trägt und prägt. Wie keine andere Textsorte erlauben die Gebete eine Binnensicht auf die uns unbekannte (bzw. nur klischeehaft als bekannt vorkommende) Welt der Urchristen. Wir werden beobachten, dass die wesentlichen Prozesse, die vom Neuen Testament ausgehen, allesamt eng in dessen Gebetskultur eingebunden sind: das Werden der Christologie, die Herausbildung eines heilsgeschichtlichen Ordnungswissens, die Entstehung der Sakramente, die Profilierung eines christlichen Ethos, die Selbstdefinition der Kirche und die Deutung von Schöpfung, Welt und Zukunft. Umgekehrt gewinnt man den Eindruck, dass gerade dort, wo das Urchristentum hässliche Züge zeigt (auch die gibt es durchaus: denken wir an die Aggression gegen das konkurrierende Judentum und Andersdenkende überhaupt), der Modus des Gebets entfernt bleibt (erst Ephräm der Syrer sollte auf den erstaunlichen Gedanken kommen, »Hymnen gegen die Häretiker« zu singen). Kurzum: Das Gebet ist der Ursprung, die Mitte und die Seele der urchristlichen Theologie.

Es scheint fraglich, ob die Exegese dem Gebet einen sachgemäßen Ort einräumt. Wissenschaftler interessieren sich naturgemäß für die diskursive Theologie, in der sie selbst beheimatet sind, und für die soziale Organisation des Gemeindelebens, das ihnen in lebenspraktischer Hinsicht bedeutsam scheint. Was darüber hinausgeht, ist oft allenfalls »metakommunikativer Überschuss«. Stattdessen ist das Gebet aber eher kommunikativer Untergrund. Das Untergründige macht es nun in der Tat schwierig, das Gebet mit den üblichen exegetischen Mitteln zu erschließen. Beten lebt wesentlich auf der Ebene der Erfahrung, aber es stellen sich bereits der Definition der Erfahrung, erst recht deren historisch-psychologischer Beschreibung ernstzunehmende Schwierigkeiten entgegen. Was wir Seele nennen, lässt sich wissenschaftlich nicht erfassen. Die Folge ist: Das Urchristentum wirkt, wissenschaftlich wahrgenommen, nicht selten seelenlos.

Nun ist die Gebetskultur einer Gemeinschaft für die Sozialisierung der Gruppe, die Persönlichkeitsentwicklung des Individuums und die Entwicklung eines symbolischen Sinnkosmos (der allererst Theologie möglich macht) von entscheidender Bedeutung. Glauben, Denken, Fühlen, Selbstverständnis und schöpferische Poesie bilden eine Einheit, die nicht ohne Verstehensschaden aufgelöst werden kann. Solange die betende Seite des Urchristentums unzureichend in den Blick tritt, bleibt uns ein wesentlicher Teil des Neuen Testaments verschlossen, und zwar gerade jene Schichten, die für Gottes-, Welt- und Selbstkonstruktion maßgeblich sind. Nicht um eine spirituelle Sonderübung geht es beim Thema Gebet, sondern um die existentiellen Grundlagen des Neuen Testaments überhaupt.

Unser Weg durch das Neue Testament setzt bei Jesus an (*Kap. B*), der sich nachhaltig als Betender in das Gedächtnis des Urchristentums eingeprägt hat. Dabei verfolgen wir die verschiedenen Facetten jeweils schwerpunktmäßig bei einer der synoptischen Schriften (zwischen denen es selbstverständlich zahlreiche Schnittfelder gibt). Markus erzählt von Jesu Lebensrhythmus zwischen betendem Rückzug und aktiver Proklamation der Gottesherrschaft. Mit der Redenquelle (Q) wenden wir uns dem wohl schwierigsten Aspekt unseres Themas zu: Jesu verblüffender Gewissheit, dass Bittgebete unfehlbar erhört werden. Matthäus beleuchtet vor allem die Gebetslehre Jesu, und beim dritten Evangelisten wird der *Dominus orans in ecclesia orante* (»der betende Herr in der betenden Kirche«) zum Leitthema. Die Summe ziehen wir mit dem ersten Gebetstext, dem wir uns eingehender widmen: dem Vaterunser. Die wichtigsten und noch heute liturgisch verwendeten Gebetstexte des Neuen Testaments (Corpus Paulinum, lukanische Eingangserzählung, Johannes-Offenbarung) stehen im Mittelpunkt des folgenden Teils (*Kap. C*). An seinen Anfang stellen wir eine Skizze über die allmähliche Entstehung einer spezifisch christlichen Gebetskultur. Im vierten Teil (*Kap. D*) betrachten wir – im Bewusstsein der hier herrschenden Schwierigkeiten – die seelischen Rahmenbedingungen solchen Betens: Die spirituellen Eindrücke und Vollzüge urchristlicher Beter unterscheiden sich, nicht zuletzt in ihrem Realismus, sehr von der heute vertrauten Form. Wir untersuchen dies an jenem urchristlichen Beter, den wir am besten kennen: dem Apostel Paulus. Dabei tritt bereits die Einheit von Theologie und Gebet vor Augen, die abschließend (*Kap. E*) in die Mitte rückt, wenn wir mit dem vierten Evangelisten eine Summe betender Gottesnähe ziehen und eine »Theologie von innen« skizzieren, die das Oben wie das Unten versöhnt und umschließt.

B. Jesus: Beten als Beziehung

Tun *hält Beten in der Wirklichkeit,*
Beten *hält Tun in der Wahrheit.*
Eberhard Bethge[9]

1. Beten und Handeln: Markus

Der älteste Evangelist schweigt über vieles, was uns an Jesus interessieren würde. Ihm liegt eher christologisch als historisch an der Überlieferung. Die Erinnerung an das Beten Jesu bewahrt er jedoch. Auch sie ist von seinem Christusbild durchformt – der Gottessohn steht in einem einzigartigen Verhältnis zu Gott –, aber sie fügt sich so nahtlos in das Gesamtbild, dass wir darin sicher auch eine persönliche Eigenart Jesu sehen dürfen.

Zunächst: Jesus empfängt die Taufe des Johannes; er schließt sich damit einer Frömmigkeitsbewegung an, die radikal die zeitliche Nähe Gottes, des Feuerrichters, verkündet (1,2–11). In seiner eigenen Botschaft rückt die personale Nähe des Abba in den Mittelpunkt (1,14f.). So oder so: Die individuelle Nähe zum heiligen Gott, für Mk in der Wüste verdichtet (1,12f.), ist die entscheidende Voraussetzung, um Jesu gesamtes Wirken zu verstehen. Der Unterschied zwischen dem Täufer Johannes und Jesus lässt sich (auch historisch) als Schritt von einer *Naherwartung* zu einer *Naherfahrung* beschreiben. Zugleich kehrt Jesus die Perspektive um: Nicht weil ein Rest Israels heilig ist, neigt sich Gott ihm zu, sondern weil Er heilig ist, erbarmt er sich seines Volkes. In Jesu Wort und Tat wird Gott unmittelbar Gegenwart, weil Er und der Bote Seiner Königsherrschaft (*basileía toû theoû*) im Ursprung verbunden sind. Damit ergibt sich wie von selbst die Bedeutung des Gebets als Annäherung an den heiligen und zugleich nahen Gott.

Dass Jesus, pointiert gesagt, regelmäßiger Synagogengänger war, wird als selbstverständlich vorausgesetzt (vgl. z.B. 1,39; 6,2). Nach Jerusalem drängt es ihn vor allem um des Tempels willen; hier setzt er mit der Tempelaktion ein prophetisch-dramatisches Zeichen: Die Basileia gehört in die heilige Mitte Israels, und diese Mitte soll sich als eine Stätte des Gebets für alle öffnen (11,15–17). Was sich hier abzeichnet, ist ein grundlegend neues Verständnis von Heiligkeit: Sie ist nicht abzuschirmen, indem man den Menschen rein bewahrt. Sie ist durchzusetzen, indem sie, von JHWH aus, die Menschen antreibt und ansteckt. Man hat dies das Prinzip der *offensiven Heiligkeit* genannt.

Vermutlich im Kern sehr alt ist die vormarkinische Überlieferungseinheit der galiläischen Streitgespräche. Kennzeichnend für Jesu Auftreten ist hier: Er lehrt und betet, er betet und heilt. Umdrängt von Menschenscharen, die ihn bis zum Sonnenuntergang umlagern, geht er doch nicht in seiner Tätigkeit unter (1,35–38):

> Und in der Morgenfrühe, als es noch ganz dunkel war, stand er auf, ging hinaus, zog sich zurück an einen einsamen Ort, und dort betete er. Und es eilte ihm Simon nach und die mit ihm waren, und sie fanden ihn und sagen zu ihm: »Alle suchen dich!« Da sagt er zu ihnen: »Ziehen wir anderswohin, in die anliegenden Ortschaften, damit ich auch dort verkünde. Denn dazu bin ich ausgezogen«.

Am Ende des Evangeliums sehen wir Jesus, wie er im Garten Getsemani, auf die Erde geworfen, angsterfüllt um Verschonung bittet und sich doch zugleich dem Willen des Abba anvertraut (14,32–42). Das Gebet dient hier unmittelbar der Bereitung zur Passion, die, wie wir eingangs sahen, in den Verlassenheitsruf mündet (15,34). Die Urchristen haben in der Mahnung an die schlafenden Jünger, zu wachen und zu beten (14,38), eine Anleitung zur endzeitlichen Aufmerksamkeit gesehen.
Jesu Wirken ist bei Mk von einer geradewegs nach vorne stürzenden Aktivität gekennzeichnet und scheint in gedrängter Zeit vollendet werden zu müssen. Gleichwohl ist es getragen vom Rückzug in die Stille und vom betenden Alleinsein mit Gott. So ergibt sich ein Kontrast zwischen verborgener Sammlung und öffentlicher Wirksamkeit, Passivität und Aktivität, Heilsein und Heilen. Wie der biologische Prozess lebt Jesu Basileia-Handeln aus dem Einatmen und Ausatmen, der Betrachtung und der Tat, der *contemplatio* und der *actio*. Tatsächlich ist diese existentielle Spannung für die spirituelle Tradition des Christentums prägend geworden: das »Ora et labora!« der Benediktiner, das »Contemplata aliis tradere!« (»Das Betrachtete anderen weitergeben!«) der Dominikaner, das »In actione contemplativus« der Jesuiten, das Miteinander etwa von karmelitischer Frömmigkeit und normalem Berufsleben in jüngeren geistlichen Gemeinschaften. Die Anleitung zur endzeitlichen Aufmerksamkeit ist nicht folgenlos geblieben.

2. Erhörungsgewissheit: Redenquelle

Daneben tritt, ebenfalls in der ältesten Überlieferung, die Anleitung zur endzeitlichen Sorglosigkeit. Sie gehört in die Traditionsschicht der Redenquelle und bietet zumal in ihrer – wie es scheint: erfahrungsresistenten – Sperrigkeit sehr wahrscheinlich ursprüngliches Jesus-Gut. Jedes Bittgebet wird erhört (Q 11,9–13):

> Ich sage euch: Bittet, und euch wird gegeben werden! Sucht, und ihr werdet finden! Klopft an, und es wird euch aufgetan! Denn jeder, der bittet, empfängt; und wer sucht, der findet; und wer anklopft, dem wird aufgetan! Wer von euch ist ein Mensch, den sein Sohn um Brot bittet, und er würde ihm einen Stein reichen? Oder auch um einen Fisch, und er würde ihm eine Schlange reichen? Wenn nun ihr, die ihr böse seid, euren Kin-

> dern gute Gaben zu geben wisst, um wie viel mehr wird der Vater vom Himmel denen Gutes geben, die ihn bitten?

Bereits das doppelte *passivum divinum*, das Gott nicht nennt, aber sein Handeln umschreibt, zeigt, dass es hier um das eschatologische Gottesbild, nicht um eine objektivierte Gebetslehre geht. Auf das Gottesbild zielt auch das Gleichnis, das der alltäglichen Erfahrungswelt entnommen ist: Es gehört zu Gottes innerstem Wesen, Gutes zu geben. Jesus stellt den Gebetsglauben also in die personale Dynamik: Jedes Gebet wird gehört wie von einem Vater, der besser weiß als wir selbst, was wir brauchen, was also das Gute für uns ist. Aus dem Bild vom hörenden und schenkenden Abba folgt daher ein rückhaltloser Gebetsglaube: bitten, suchen, anklopfen.
Zugespitzter noch fordert solchen Vertrauensglauben ein anderes Logion ein, das in auffällig zahlreichen Varianten kursiert (vgl. Mt 17,20f.; 21,21f.; Mk 11,22–24; Lk 17,6; EvTh 48):

> Wenn ihr Glauben hättet wie ein Senfkorn, so würdet ihr diesem Maulbeerbaum sagen: Sei entwurzelt und verpflanze dich ins Meer! Und er würde euch gehorchen. (Q 17,6)

Hier liegt der Akzent unmittelbar auf der menschlichen Grundhaltung. Glauben und Gebet sind dazu bestimmt, allein der Gnade Raum zu geben. Es ist diese theozentrische Gelassenheit, zu der vor allem die Bergpredigt einlädt, wenn sie betont, dass die ängstliche Sorge um den Leib im Blick auf den himmlischen Vater grundlos ist (vgl. Mt 6,25–34).
Da der Erhörungsgewissheit die Erhörungserfahrung oft nicht entspricht, ist viel über Jesu irritierende Zuversicht nachgedacht worden. Im Interesse einer widerspruchsfreien Lehre hat man sie abgeschwächt oder an Bedingungen geknüpft. Damit verliert sie ihre Stoßkraft, die gerade im unbedingten Vertrauen liegt. Der Jakobusbrief führt es auf den zwiespältigen Glauben zurück, wenn der weitherzige Gott dem Bittenden nicht gewährt (Jak 1,5–8; vgl. 5,15f.). Um das Gottesbild und die Gebetshaltung geht es, wie wir sahen, in der Tat. Die Getsemani-Szene hat uns freilich vor Augen geführt, dass Urchristen darin alles andere als eine mechanische »Zufriedenstellung« des Betenden sahen. Im Gegenteil, es geht um die Personalisierung des Betens. Wirkungsgeschichtlich dürfte eine verbreitete spirituelle Grundregel (bei Protestanten gern auf Luther, bei Katholiken eher auf Ignatius von Loyola zurückgeführt) unsere Logien sachgemäß einordnen: Beim Beten so tun, als ob es nur Gott allein gäbe. – Beim Handeln so tun, als ob es nur mich allein gäbe. Der Ort der Gnade ist das Gebet, der Ort des Handelns die Ethik. Beides soll radikal sein, und deshalb hat beides seinen eigenen Raum. Letztlich bedingen, erklären und bereichern sich beide Haltungen wechselseitig. Für die Haltung beim Bittgebet aber gilt die einfache Richtschnur, die Teresa von Avila in drei Worte fasst: *Solo Dios basta* – Gott allein genügt.

3. Der Lehrer des Gebets: Matthäus

Für die Gebetslehre des Mt gilt in besonderem Maß, was für seine Ethik im Allgemeinen gilt: Sie ist Christus-Halacha. Das heißt: Zum einen steht sie ganz im Verstehensrahmen der lebenspraktischen Tora-Auslegung, wie sie für die jüdische Theologie kennzeichnend ist. Zum anderen tritt der auferstandene Kyrios, der als Lehrer bei seinen Jüngern bleibt, in das Zentrum dieser Auslegung und verwandelt sie von innen.

Die Gebetsweisung – dies verrät viel über ihren Stellenwert – steht im kompositorischen Zentrum der Bergpredigt. Sie ist ergänzt um das Herrengebet, das damit die Sinnmitte der Bergpredigt bildet – eine theozentrische Vorgabe, an der sich das Verstehen aller übrigen Einheiten dieser großen und schwierigen Rede entscheidet. Die Weisung zum Gebet bildet das mittlere Glied einer symmetrisch aufgebauten Dreierreihe, die sich mit den für die frühjüdische (dann auch für die christliche und islamische) Frömmigkeit kennzeichnenden Übungen befasst: Almosen, Gebet, Fasten (6,1–18):

> Wenn ihr betet, seid nicht wie die Heuchler: Sie lieben es, in den Synagogen und an den Ecken der Plätze zu stehen, wenn sie beten, damit es den Menschen sichtbar wird. Wahrhaftig, ich sage euch: Sie haben ihren Lohn dahin! Du aber, wenn du betest, ziehe dich zurück in deine Kammer und schließe die Tür hinter dir. Dann bete zu deinem Vater, der im Verborgenen ist. Und dein Vater, der im Verborgenen sieht, wird es dir lohnen. (6,5f.)

Die Weisung zielt auf eine Abgrenzung der judenchristlichen Gebetspraxis von der der jüdischen Elite. Vielsagend ist die zeit- und milieunahe Didache, die das christliche Beten und Fasten ebenfalls von dem der »Heuchler« (gemeint ist die jüdische Umwelt) abzugrenzen sucht: »Eure Fastenübungen sollten nicht zusammenfallen mit denen der Heuchler. Denn sie fasten am Montag und Donnerstag. Ihr aber sollt am Mittwoch und Freitag fasten! Und betet auch nicht wie die Heuchler, sondern wie es der Herr im Evangelium befohlen hat« (Did. 8,1f.). Hier wird deutlich, dass die auch nach außen hin erkennbare Frömmigkeitspraxis zu den sozialen Identitätsausweisen (*identity markers*) einer religiösen Gemeinschaft gehört.

Die matthäische Gemeinde konnte sich dagegen noch keine Öffentlichkeit leisten. Aus dieser Not wird insofern eine Tugend, als die Bergpredigt das Gebet – wie der Numerus-Wechsel deutlich macht – individualisiert: *solus cum solo* (allein mit dem Einzigen) betet der Christ. Der »Vater«, wie es in kennzeichnend familialer Gebetssprache heißt, sieht in das Innere des Menschen. Die Gottesbeziehung wird hier weder privatisiert noch spiritualisiert oder moralisiert, sondern der Signifikanzmaßstab wird verändert: Gebet ist zuerst Dialog mit dem allwissenden Gott, vor dem der Betende in vertrauter Verwandtschaft steht. Was wir hier verfolgen, ist abermals eine Personalisierung der Gottesbeziehung.

Die anschließende Weisung schreibt diesen Gedanken fort, grenzt nunmehr das christliche Beten aber von dem der Heiden ab, denen (auch hier ist Mt nicht um eine korrekte religionsgeschichtliche Beschreibung bemüht) nachgesagt wird, zu versuchen, die Gottheit durch mühevoll-wortreiche Gebetshäufung zu unterrichten und umzustimmen (6,7f.):

> Wenn ihr nun betet, dann plappert nicht wie die Heiden. Die meinen nämlich, dass sie um ihrer Vielrederei willen erhört werden. Macht euch ihnen nicht gleich! Denn es weiß euer Vater, woran ihr Bedarf habt, noch ehe ihr ihn bittet.

Die soziale, genauer: ekklesiale, Dimension tritt in einer halachischen Weisung in den Blick, die sich im Gemeindekapitel des Mt, inmitten von Bestimmungen zur Versöhnung mit Gott und Mensch, findet. Hier geht es um die im Judentum vieldiskutierte Frage, wie viele Teilnehmer eine gottesdienstfähige Gemeinde konstituieren. Ein solches Quorum, *minjan* genannt, umfasst im orthodoxen Judentum zehn Männer. Dem Evangelisten geht es statt um solche Quantität erneut um die Qualität des personalen, genauer: familialen Verhältnisses zwischen den Betern und ihrem Gott, aber auch der Beter untereinander (18,19f.):

> Wiederum sage ich euch: Wenn zwei von euch zusammenklingen auf Erden in welcher Sache auch immer, die sie erbitten, dann wird sie sich ihnen von meinem Vater im Himmel her erfüllen. Denn wo zwei oder drei versammelt sind in meinem Namen, dort bin ich in ihrer Mitte.

Sosehr das Gebet des Christen zuerst in den Bereich der unverwechselbaren Individualität gehört, so bedarf es doch auch des Zusammenklangs (des »Symphonischen«, wie es das griechische Verb hier nahelegt). Nicht die Zahl, sondern die Gemeinschaft als solche begründet das erhörungsfähige Gebet. Dabei zählt nicht die Gemeinschaft um ihrer selbst willen, sondern der Immanuel, der vornehmlich dann bei seiner auf Erden wandernden Jüngergemeinde ist, wenn diese betet. Die Anwesenheit des Auferstandenen in seiner Gemeinde erfüllt jedes Quorum.

Notieren wir noch eine Leerstelle: Es fällt auf, dass Jesus in den Evangelien seine Jünger fast nirgends zur Fürbitte ermuntert. Dabei genießt diese Art zu beten als (freilich recht müheloser) Ausweis von Nächsten- und Fernstenliebe heute einen liturgisch guten Ruf.[10] Ganz anderes etwa zeigt sich im Mustergebet des Vaterunser, das das Wir und Uns, für heutige Gebetspraxis nahezu schamlos, herausstellt (achtmal in sieben Bitten) und an keiner Stelle für Dritte bittet. Das Urchristentum, gerade weil es sich im hier skizzierten Sinn vor allem als Gebetsgemeinschaft verstand, hat zweifellos die Fürbitte geübt: Anders als das Ich umfasst das Wir einen weiteren, an sich unbegrenzbaren Kreis (vgl. 5,44). Besonders Paulus betont immer wieder, dass er für seine Gemeinden betet, und bittet um deren Gebet für ihn selbst. Dennoch sollte uns die Zurückhaltung der Evangelien zu denken geben. Wo die Fürbitte nicht einem beliebigen, sondern dem *eigenen* Anliegen gilt, wo also die Not des anderen zur eigenen Not geworden ist, da wird sie wahrhaftig. Für Christen können die Anliegen aller, gerade der notleidenden Geschwister, zu eigenen Anliegen werden. Ob sie es tatsächlich werden, kann man daran ersehen, ob man wenige Sekunden, nachdem sie vorgetragen wurden, noch an sie denkt, ob man überhaupt jemals an diese Anliegen in ernsthaftem Wir-Bewusstsein gedacht hat, ob man, falls möglich, bereit wäre, etwas für die Umsetzung dieser Fürbitte zu tun. Deshalb wäre meist weniger (aber wahrhaftiger) mehr. Vieles, was derzeit in Gottesdiensten an Fürbitten vorgelesen wird, besteht die genannte Probe jedenfalls nicht: In routinierter Kälte und inflationärer Breite werden Bitten aneinandergereiht, die für die Mehrzahl derer, die »Wir bitten dich, erhöre uns« sagen, allenfalls von mechanischem Belang sind. Hier bedarf die liturgische Praxis dringend einer biblischen Gewissenserforschung.

4. Bilder und Vorbild: Das lukanische Doppelwerk

Es ist kein Zufall, dass das Kirchenjahr von Weihnachten bis Pfingsten wesentlich im Zeichen des Lukas steht. Das gilt auch für die anschaulichen Frömmigkeitsformen wie den Kreuzweg. Lk handelt über das Gebet, indem er Beter *zeichnet*. So wird dieses Thema bei ihm zum Leitmotiv, verschwistert mit dem anderen Leitmotiv: der Freude in und an Gott. Dies gilt in doppelter Hinsicht: (a) Jesus wird durchweg, über die synoptischen Vorlagen hinaus, mit redaktionellem Gestaltungswillen vor allem als *Dominus orans in ecclesia orante* (der vorbildlich betende Herr in einer betenden Kirche) vor Augen gemalt. (b) Der lukanische Jesus widmet der rechten Weise zu beten einige auffällig kühne Gleichnisse.

a) Die lukanische Vorgeschichte (Lk 1f.) zeichnet eine Szenerie, die stilisiert-altjüdische Frömmigkeit ausstrahlt: Alles beginnt und endet im Tempel; die erzählte Welt handelt von einem Priester beim Opfer, Begegnungen mit Engeln, Wallfahrt und Lehrgespräch, vom vertrauenden Ja zu JHWHs Plänen. An den heilsgeschichtlichen Wendepunkten wird die Führung Gottes und die dankbare und gehorsame Antwort des Menschen im Modus »alttestamentlicher« Psalmen durch mustergültige Fromme verdichtet. Als eine solche tritt vor allem Maria auf, die die Heilswende als Augen- und mehr noch als Herzenszeugin begleitet. In der abschließenden Notiz heißt es: »Und seine Mutter bewahrte alle diese Geschehnisse in ihrem Herzen« (Lk 2,51). Das Verb »bewahren« (*diatēréō*) lässt sich umschreiben mit: »im Herzen bewegen, bis das Geschehen auf seinen (genauer: Gottes) Sinn hin durchschaubar wird«. Dies ist die Grundhaltung, aus der das Beten wächst. Jesus tritt durchgehend als Beter auf: Während der Taufe betet er und wird gerade so zum Geistempfänger (Lk 3,21f.). Entsprechend stellt er sich in seiner Heimatsynagoge programmatisch als geistbegabter Ausleger und Vollzieher der Schrift vor (Lk 4,16–21). Das personale Verhältnis des Individuums zu Gott und Christus wird mit einer Warm- und Weitherzigkeit gezeichnet, für die sich, wäre es nicht allzu abgegriffen, das Nomen »Zärtlichkeit« anbieten würde (vgl. nur Lk 7,36–50; 15,20–24). Zu Füßen des

Herrn zu sitzen und ihm sorglos zuzuhören ist das Bessere, das unverlierbar dem Glaubenden gehört (vgl. Lk 10,38–42). Wer glaubt in Wort und Tat, wird zu einem Gastfreund des Herrn (vgl. Lk 19,1–10). Der Höhepunkt der betenden Gottesnähe ist in der Passion erreicht: Der Verlassensruf aus Ps 22 wäre als Sterbegebet für die vorrangig im paganen Milieu beheimateten Leser missverständlich; sensibel und entschlossen zugleich interpretiert Lk diesen Ruf mit einem anderen Psalmwort (Ps 31,6): »Vater, deinen Händen vertraue ich meinen Geist an!« (Lk 23,46). Dem versöhnten Tod entspricht das versöhnende Handeln und Beten, das in der lukanischen Leidensgeschichte in dem Maß herausgestellt wird, in dem der Sühneaspekt in den Hintergrund tritt: »Vater, vergib ihnen, denn sie wissen nicht, was sie tun!« (Lk 23,34 [nach der m.E. ursprünglichen Lesart]). Stephanus wird seinen Herrn auch im Sterben nachahmen (vgl. Apg 7,55–60). Genau darauf kommt es dem Erzähler an: Jesu Tod ist weniger ein Sühnesterben als ein zutiefst menschlicher und vorbildlicher Akt des Gebets und darin der Hingabe bis zuletzt. Die *ars moriendi* zeigt sich vornehmlich darin, dass der Glaubende betend stirbt und sterbend betet. Im Blick auf Jesu Sterben wird der Kommandant des römischen Hinrichtungskommandos selbst zum Beter und »pries Gott« (Lk 23,47 diff. Mk 15,39). Segnend fährt der Kyrios vor seinen niederfallenden Jüngern in den Himmel: Und heimgekehrt »waren sie immer im Tempel, um Gott zu preisen« (Lk 24,53). Was mit dem Opfer eines Priesters begann, endet mit dem Gotteslob der Jünger im gleichen Heiligtum.

Fast nahtlos setzt die Apg, der zweite Teil des lukanischen Erzählwerks, hier an. Die Ekklesia selbst wird durchgehend als Gebetsgemeinschaft gezeichnet. Die Kontinuität mit jüdischen Frömmigkeitsidealen ist unübersehbar. Neben den Tempel tritt jetzt das Obergemach, in dem die Apostel und Jesu Familie – besonders genannt wird abermals Maria – »einmütig im Gebet ausharren« (wörtlich bedeutet das Verb *proskarteréō*: »sich treu und emsig mit einer Tätigkeit befassen«). Im Pfingstgeschehen wird ein Signum Christi, die Begabung mit dem Heiligen Geist, auf alle Jünger übertragen. Er wird zur Seele einer Kirche, deren für alle Zeit urbildliche Lebensgestalt der Chronist (in Anlehnung an Idealgemeinschaften antiker Utopie) durch die Gemeinschaft der Güter und des Gebets, durch das Teilen des Brotes wie der Freude an Gott zeichnet (vgl. bes. Apg 2,42–47). Das kraftvolle Gebet der Urgemeinde, das sich ausdrücklich in die Kontinuität des Psalmisten David stellt, lässt gar die Erde beben (Apg 4,23–31). Die apostolische Gemeinschaft tritt in eine solch enge Gesprächs- und Handlungseinheit mit dem Himmel, dass das sog. Aposteldekret gar formulieren kann: »Denn es schien dem Heiligen Geist und uns gut …« (Apg 15,28). Immer wieder treten Individuen in das vertraute Gespräch mit Gott und offenbart dieser den Handlungsträgern Fürsorge und Heilsführung, besonders an den Wendepunkten wie der Taufe des ersten römischen Heiden, des Zenturio Cornelius, eines vorbildlichen Beters (vgl. Apg 10,2). Überdies dient wiederum das Koordinatennetz der Psalmen als Verstehensrahmen für das Geschick

des Evangeliums und seiner Mission: Eine Kirche, die auf dem Grund des biblischen Gebets gebaut ist – so gibt Lk zu verstehen –, kann gar nichts anderes als eine Kirche des Gebets sein. So entsteht weniger durch theologischen Diskurs als durch die unaufdringliche Weise des narrativen »Vormalens« ein Kirchenbild, in dem der Dialog mit dem Himmel zur vornehmsten *nota ecclesiae* wird, ein Dialog wohlgemerkt, der die Gemeinschaft auf Erden trägt und steuert. Er lenkt nicht ab von der Verantwortung für die Erde, er beflügelt sie.
Eine besonders eindrückliche Szene bietet abschließend die Überfahrt des gefangenen Paulus nach Rom: Das Schiff gerät in arge Seenot und die Reisegefährten in ärgste Angst. Nur Paulus, dem ein Engel im Traum das Überleben mitgeteilt hat, ermutigt alle, nimmt Brot, dankt Gott, bricht es und isst (vgl. Apg 27, bes. VV. 21–26.35–38). Eine entfernt vergleichbare und jedenfalls aussagekräftige Szene bietet der Schelmenroman *Satyrica* des Petronius, eines Schriftstellers am Hofe Neros (sat. 115,1–5): Während des Schiffbruchs, als ihm buchstäblich das Wasser bis zum Halse steht (*in vicinia mortis*: in Nachbarschaft des Todes), dichtet der Dichter Eumolpus weiter. Er bleibt seinem Wesen treu. Auch das Wesen der Kirche wird *in vicinia mortis* transparent: Blicken wir auf den lukanischen Paulus, so besteht es im Vertrauen auf die Offenbarung und im Gebet beim Brechen des Brotes.

b) Die Kunst der bildhaften Rede gehört zweifellos zu den meisterlichen Vorzügen des dritten Evangeliums. So findet sich im lukanischen Sondergut eine Reihe von einprägsamen Gleichnissen zum Thema der rechten Haltung vor Gott, wie sie im Gebet konkret wird. Ihre pointierte Linienführung ist für eine moralisierende Leseweise mitunter schwer erträglich. Das Gleichnis vom unverschämten Bittgebet, das bei Lk das Herrengebet kommentiert, zieht eine Parallele zum etwas groben Umgang zwischen Freunden (Lk 11,5–8):

> Wer von euch mag einen Freund haben, zu dem er um Mitternacht geht und sagt: »Freund, leihe mir drei Brote! Mein Freund ist nämlich von der Reise bei mir angekommen und ich habe nichts, was ich ihm vorsetzen könnte.« Und jener antwortet dann von innen und sagt: »Bereite mir ja keine Mühe! Die Tür ist schon zugeschlossen und meine Kinder liegen bei mir im Bett. Ich kann nicht aufstehen, um dir das zu geben!« Ich sage euch: Wenn er schon nicht aufstehen und ihm geben mag, weil er sein Freund ist, so wird er sich wenigstens wegen seiner Unverschämtheit erheben und ihm geben, was er braucht.

Die im Herrengebet so souverän herrschende Vorstellung vom göttlichen Vater wird in überraschender Weise vermenschlicht: Ein Vater liegt bereits mit seinen Kindern zu Bett und möchte sich nicht der Mühe unterziehen, des Freundes wegen aufzustehen. Und doch tut er es, weil dieser um Mitternacht zudringlich zu klopfen wagt. Eine Variante dieses Gedankens bietet die Gebetsparänese in Kap. 18: Eine Witwe belästigt einen ebenso gott-

losen wie menschenverachtenden Dorfrichter so zudringlich mit ihrer Forderung nach Recht, dass dieser ihr schließlich aus Ungeduld und Sorge, sie könne ihm am Ende noch ins Gesicht schlagen, nachgibt. Natürlich geht es diesem erfrischend respektlosen Gleichnis nicht um Korrekturen am Gottesbild, sondern um das intensive Gebet – das Schreien der Auserwählten bei Tag und Nacht –, das ein großzügiger (darf man hier auch sagen: humorvoller?) Gott bereitwillig erhören wird (vgl. Lk 18,1–8). Gebetsglaube bedarf nicht des korrekten Gottesbilds. Er bedarf des unverschämten Vertrauens und des Mutes, wie er unter Freunden üblich ist.
Zum Mut tritt, wo sie nötig wird, die Demut. Unmittelbar nach diesem Gleichnis folgt die – vielleicht nicht ohne Grund oft gehörte – Beispielerzählung vom Pharisäer und Zöllner. Der Pharisäer stellt sich im Tempel mit einem gespreizten Dankgebet für sein gehobenes Anderssein vor Gott auf. Der Zöllner jedoch – Lk führt die Szene erneut geradezu malerisch vor Augen – bleibt hinten stehen, wagt nicht die Augen zu Gott zu erheben, schlägt sich an die Brust und bittet Gott einfach um Gnade (Lk 18,9–14). Was Mut und Demut, Witwe und Zöllner, verbindet, ist das warmherzige Vertrauen von Randfiguren auf den himmlischen Vater. Nicht ohne Grund mündet die Gebetsanweisung des 18. Kapitels in Jesu Hinweis auf die »Riesenkraft« der Kinder: Ihre ganze Stärke liegt im unverstellten Urvertrauen. Lk 18,15–17 ist eine treffende Summa der lukanischen Gebetsbotschaft. Das 18. Kapitel stellt keine objektive Lehre zum Bittgebet vor, sondern umkreist das Gottesverhältnis perspektivisch. Die ganze Kunst, solche Gleichnisse richtig zu verstehen, liegt darin, zu wissen, welches jetzt am Platz ist und wo der eigene Platz darin ist.

5. Das Herrengebet

Bei Mt bildet das Herrengebet die Herzmitte der Bergpredigt und damit das Zentrum der Botschaft Jesu; bei Lk dient es als ein von den Jüngern erbetenes Mustergebet der Glaubenden. Eine sehr alte christliche Tradition sieht in ihm die Summe des gesamten Christseins, ein *breviarium totius Evangelii* (Tertullian, *De oratione* 1). Weil ihm ein solcher Stellenwert zukommt, wird es sehr häufig gebetet. Freilich wird es so auch nicht selten erwartungslos dahergesagt. Umso wichtiger ist es, es so zu lesen, als läse man es zum ersten Mal (und es so zu beten, als bete man es zum letzten Mal). Wir gehen das Herrengebet in vier Umläufen an: (a) Wir fragen nach seiner Herkunft und seiner ursprünglichen Gestalt, (b) skizzieren seinen religionsgeschichtlichen Verstehenshorizont, (c) geben seine Grundstruktur und Gesamtaussage wieder, (d) legen es im Einzelnen aus.[11]

a) Das Urchristentum hat drei Versionen des Vaterunser überliefert: Mt 6,9–13, Lk 11,2–4 und Did. 8,2f. Die letztere Fassung entspricht im Wesentlichen der des Mt und spiegelt in dessen Einflussbereich die liturgische Pra-

xis der syrischen Kirche in der ersten Hälfte des zweiten Jahrhunderts wider. Hier sollte es dreimal täglich gebetet werden, eine Übung, die in der gegenwärtigen liturgischen Praxis wieder aufgenommen worden ist (in den Laudes, der Heiligen Messe und der Vesper). Da das Vaterunser für das Stilgefühl der Beter wohl zu karg ausklingt, ist es mit einer abschließenden Doxologie versehen, wie sie von den Handschriften in verschiedenen Reihungen tradiert worden ist. Martin Luther fand in seinem Bibelexemplar eine solche Doxologie vor; so ist sie im evangelischen Bereich dem Vaterunser zugewachsen. Im katholischen Raum schließt sie heute in der Eucharistiefeier das Herrengebet und den nachfolgenden Embolismus ab: »Denn dein ist das Reich und die Kraft und die Herrlichkeit in Ewigkeit. Amen.«
Mt gibt eine durch die Gebetspraxis behutsam ausgeformte, verfeierlichte, auf die symbolische Siebenzahl angewachsene Fassung wieder. Hinsichtlich des Wortlauts dürfte er indes der Tradition näher sein, denn die lukanischen Varianten sind als verstehensfördernde Anpassungen erkennbar. So wird die folgende Fassung in Q rekonstruiert, die der Grundgestalt nach Lk und dem Wortlaut nach Mt nahesteht:

> Vater! Dein Name werde geheiligt! Deine Königsherrschaft komme! Unser Brot, als Tagesbedarf, gib uns heute. Und erlasse uns unsere Schulden, wie auch wir denen erlassen haben, die uns schulden. Und führe uns nicht hinein in Versuchung.

Dieses Gebet fügt sich kohärent in den Gesamtrahmen der Botschaft Jesu. Nichts spricht gegen die Annahme, dass es in seiner aramäischen Grundform auf Jesus zurückgeht.

b) Wenn das Vaterunser mit seinen apokalyptischen wie weisheitlichen Elementen die Eigenart Jesu widerspiegelt, so ist es doch auch – vielmehr: gerade deshalb – ein durch und durch jüdisches Gebet. Seine engste Parallele ist das aramäische Qaddish-Gebet, das in verschiedenen Versionen eine zentrale Bedeutung in der gottesdienstlichen Praxis der Synagoge, aber auch im privaten Bereich, vornehmlich bei der Trauer, besitzt. Auch dieses betet um die Heiligung des Gottesnamens und um die Aufrichtung der Königsherrschaft im Leben der Frommen. Eine andere »Blutsverwandte« des Herrengebets ist das Shemone Esre (Achtzehnbittengebet), dessen Preisungen besonders dem ersten, theozentrischen Teil des Vaterunser entsprechen. Beide Gebete sind erst nach dem Vaterunser literarisch belegt, haben aber möglicherweise eine lange Traditionsgeschichte. Das Spezifikum Jesu liegt jedenfalls nicht darin, dass er der Erste war, der so betete, sondern dass er diese Bitten, zur Einheit verknüpft, mit dem Aufbruch der Basileia in seinem Magnetfeld verband.

c) Die Auslegung geht vom Herrengebet in seiner liturgisch entfalteten Vollform bei Mt aus, die das ursprüngliche Gebet nicht verdrängt, sondern entfaltet:

> Unser Vater in den Himmeln!
> I. *Dein Name* werde geheiligt! II. *Deine Königsherrschaft* komme!
> III. *Dein Wille* geschehe wie im Himmel, so auf der Erde!
> IV. *Unser Brot*, als Tagesbedarf, gib uns heute. V. Und erlasse uns *unsere Schulden*, wie auch wir denen erlassen haben, die uns schulden. VI. Und führe uns nicht hinein in *Versuchung*, VII. vielmehr *rette* uns vor dem *Bösen!*

Auf die Vater-Anrede folgen drei knappe Du-Bitten, die nichts anderes erbitten, als dass Gott sein Gottsein (sein Wesen, seine Herrschaft, seine Macht) offenbare. Es folgen – kunstvoll übergeleitet durch die Brücke Himmel/Erde – vier Wir- oder eigentlich Uns-Bitten, in denen es um das Menschsein des Menschen geht, wie es aus dieser Offenbarung folgt. Diese Bitten betreffen die Grundlagen gelingenden Lebens: den täglichen Lebensbedarf, das versöhnte Dasein, die ethische Geradheit und die umfassende Erlösung. Es fällt auf, dass drei dieser Bitten negativ auf ein Herausreißen des Menschen aus dem Herrschaftsbereich der Sünde zielen. Handlungsträger ist einzig der himmlische Vater; nur in der Vergebungsbitte klingt das menschliche Handeln als Echoraum auf Gottes Initiative an. Das Herrengebet ist also ein ganz und gar theozentrisches Gebet und atmet (im Sinn der matthäischen Bergpredigt) die angstfreie Gelassenheit der Kinder Gottes. Aus Gottes Zuneigung (im Wortsinn) folgt die Anbetung und die Hinwendung zur Welt, insofern sie sich Gott verdankt. Das Vaterunser ist ein endzeitlich-weisheitliches Bittgebet, das Gott Gott sein lässt, alle (sehr berechtigte) Sorge für das Heute ganz an Gott abtritt und des Jüngers Sinn und Sendung darin sieht, aus diesem und für dieses Gottsein Gottes zu leben. So wird die gesamte Existenz des Menschen auf Gottes Heiligkeit hin justiert. Christsein bedeutet Ausrichtung auf Gott durch Zuneigung zur Welt.

d) Die *Anrede* öffnet den Raum des Gebets zur Begegnung mit dem Abba, dem Gott Israels in der ureigenen Weise, wie Jesus ihn angesprochen und verkündigt hat. Sie verbindet Ehrfurcht und Vertrautheit. Sie hat nichts von jener Infantilisierung, die ihr ein flacher Predigtstil bisweilen zuschreibt, wenn er sie auf ein (im Mund von Kindern gewiss niedliches) Lallwort reduziert. Die matthäische Ausfaltung der ursprünglich sehr schlichten Ansprache stellt die hoheitlichen Züge heraus. Der Gott Jesu Christi steht als Himmlischer, Heiliger, Herrscher weit über dem menschlichen Ermessen. Und doch berührt er die konkrete Lebenswelt des Beters: das Brot, die Schuld, die Versuchung, das Böse. Es ist der Alltag, den dieses Gebet durchschaut als den Ort, an dem die Zuneigung des Abba leibhaftig erfahrbar wird. Durch die Hinzufügung des pluralischen Possessivpronomens »unser« wird deutlich: Das Herrengebet lässt den Beter teilhaben an der unmittelbaren Gottesbeziehung Jesu. In der Liturgie hat sich ein Gespür dafür erhalten, dass es ein Privileg ist, wie Jesus Gott in familiärer Vertrautheit anzureden: »Dem Wort unseres Herrn und Erlösers gehorsam und getreu seiner göttlichen Weisung *wagen* wir zu sprechen ...«

Die ersten drei Bitten sind mit Ausnahme des Schlusses strikt parallel aufgebaut und wollen zusammengeschaut sein: Sie sind Bitte an Gott um Gott und stellen so zugleich indirekt einen Lobpreis seiner Größe dar. Der Name bezeichnet das innerste, heilige Wesen Gottes, wie es sich – dies ist die erste Sehnsucht des Beters – endzeitlich offenbaren soll. Das Passiv der *ersten Bitte* meint nicht zuerst, dass Menschen Gottes Namen heiligen mögen, sondern (als *passivum divinum*) dass Gott sein Gottsein um seiner selbst willen und dann auch in der Erfahrungswelt des Beters durchsetze. Daraus folgt gewissermaßen responsorisch, dass das ganze Sein des Beters von dieser Heiligkeit erfasst und verwandelt wird und er ihr in Haltung, Wort und Tat entspricht. Die *zweite Bitte* bewegt sich vom Wesen Gottes zu seiner königlichen Herrschaft, vom *esse* zum *agere*, vom Sein zum Handeln, von der Majestät zur machtvollen Durchsetzung: Ein Segensgebet, in dem der Name Gottes oder seine Königsherrschaft nicht vorkomme, sei gar kein Segensgebet, heißt es in jüdischer Überlieferung (bBer 12a). Jesus hat die Ankunft der Basileia vermeldet und sah sie in seinem eigenen Wirken aufbrechen (Mk 1,15). Sie ist keimhaft gegenwärtig und als reale Gegenwart stets im Kommen (vgl. z.B. Mk 4,26–32). In diese höchst lebendige Dynamik stellt das Herrengebet den Beter hinein. Die Basileia-Botschaft Jesu greift die prophetische Hoffnung, namentlich des (Deutero-)Jesaja auf (vgl. bes. Jes 52,7–10). Die Königsherrschaft JHWHs ist kein theologisches Abstraktum, sondern (als *nomen actionis*, d.h. Handlungssubstantiv) ein Tätigkeitswort. Gott selbst verwirklicht, was menschliche Machtstrukturen nicht verwirklichen können: Frieden und Gerechtigkeit im umfassenden Heilssinn.

Insofern schreibt die *dritte Bitte* die zweite fort. Auch sie zielt – gegen landläufige Auslegungen – nicht zuerst auf das Handeln des Beters. Es geht ihr weder darum, dass der Wille Gottes das Selbstsein des Beters zerdrückt, noch dass dieser Wille dadurch aufgerichtet wird, dass der Beter ihn in Moral übersetzt. Denn der herrschaftliche Wille des väterlichen Königs will ja nichts anderes als »Frieden und Gerechtigkeit« für die Beter, die diese sich nicht selbst geben können. Die Bitte zielt damit auf das Selbst-, Ganz- und Heilsein des Betenden inmitten der von Gott gewollten Schöpfung. Erst daraus folgt dann das Ja des Menschen, der Gott sein eigenes Wollen und Handeln in Form der Bitte zu Füßen legt.[12] Die theologische Tradition spricht hier von der *conformitas voluntatis*, der Gleichförmigkeit des Willens. »Durch das Gesetz der Werke sagt Gott: Tue, was ich gebiete! – Durch das Gesetz des Glaubens sagen wir zu Gott: Gib, was du gebietest!« (Augustinus, *De spiritu et littera* 13,22). Gottes Willen *sein* zu lassen (im positiven Sinn) – darin liegt das ganze Geheimnis erlösten Menschseins. Der Ausklang der dritten Bitte zeigt: Um nichts Geringeres bitten die Du-Bitten, als dass die Erde im Kern zum Lebensraum des Himmels werde.

Die Uns-Bitten stellen den Menschen ganz in das Licht dieses Himmels. Sie sind nach Stil und Inhalt von spartanischer Einfachheit und lassen umso deutlicher das hervortreten, was für den Menschen wesentlich ist. Die *vier-*

te Bitte ist die einzige, die eine materielle Gabe erbittet: jenes Brot, das dem Tagesbedarf entspricht (so ist das vieldiskutierte Adjektiv *epioúsios* am ehesten zu übersetzen) und uns im Heute leben lässt. Der Betende erhofft sich nicht mehr als jenes Quantum für den einen Tag, das er wirklich braucht (in einer gesättigten Gesellschaft dürfen wir Brot auch als Lebensmittel in einem existentiellen Sinn verstehen). Der Glaubende ist buchstäblich Tagelöhner Gottes. Er verrechnet sein Leben nicht in großen Fristen, sondern lebt im gottgeschenkten Heute. Denn nur die Gegenwart gehört uns ganz, und wenn sie Gott gehört, gehört uns alles. Die Bergpredigt, die weisheitlich des himmlischen Vaters Obhut für Vögel und Lilien vor Augen führt, ist wohl der tiefste Kommentar zu dem hier Gemeinten, das man das »Sakrament des Augenblicks« genannt hat: »Darum macht euch keine Sorgen um den morgigen Tag, denn der morgige Tag wird für sich selbst sorgen. Jeder Tag hat genug an seiner eigenen Plage« (Mt 6,34).

Die erste Bedingung menschlichen Lebens liegt darin, dass man die Mittel besitzt, um überhaupt leben zu können, die zweite, dass man auf entgiftetem Erdreich lebt. So schreitet die *fünfte Bitte* von der elementaren Ermöglichung des Lebens zu dessen Heilung, wenn es verletzt ist. Dem antiken Menschen, zumal dem jüdischen, war bewusster als dem heutigen Zeitgenossen, dass Schuld nicht nur eine individuelle Verfehlung darstellt (für die man sich gar selbst ent-schuldigen kann), sondern das Erdreich vergiftet, auf dem menschliches Dasein gelingt. Der Beter bittet daher Gott um Versöhnung seiner Lebensgeschichte samt all ihren (sozialen) Vernetzungen und Verstrickungen. Wie er von Gott Großzügigkeit erbittet, so zeigt er selbst seine eigene, zwischenmenschliche Weitherzigkeit an: Auch wir sind bereit zu vergeben und haben es schon getan. Wie Schuld sich unweigerlich fortpflanzt (diese Erfahrung steckt hinter dem theologischen Motiv der Erbsünde), so steckt auch Großmut an. Auch hier bietet Mt selbst mit dem Gleichnis vom kleinherzigen Schalksknecht den deutlichsten Kommentar (Mt 18,23–35). Der matthäische Text bietet, für Jesus kennzeichnend, finanzmetaphorische Sprache (Schuldenerlass); Lk hat dies verdeutlichend ins Ethische gewendet (Sünden). Dieses Buch entsteht auf dem Höhepunkt der Finanzkrise des Jahres 2009, die schmerzhaft neues Bewusstsein dafür geweckt hat, wie sehr Geldfluss, Scheinvermögen und faule Kredite geeignet sind, Schuldstrukturierungen zu veranschaulichen. Die Versöhnung mit Gott und untereinander gehört seit dessen Anfängen in der Bußbewegung des Täufers Johannes zu den großen Lebensthemen Jesu. So gehört sie auch in sein Gebet. Diese Bitte ist die einzige, die entfaltet ist und ein menschliches Handeln (als logische Fortsetzung der göttlichen Gnadeninitiative) beschreibt. Man mag hier das Herz Jesu schlagen hören. Die Knappheit der Bitte sollte freilich nicht darüber hinwegtäuschen, dass Versöhnung harte Konfliktarbeit bedeuten kann. Das Vaterunser wirbt nicht für Vernebelung, Verdrängung, Rückgratlosigkeit oder Selbstqual. Mit Federstrichen ist es in den seltensten Fällen getan. Nicht um die Abstreitung tatsächlicher Schuld geht es, sondern um deren Abarbeitung mit dem Ziel *wirklicher* Vergebung.

Die Versöhnungsbitte ist nicht naiv; sie legt das ganze Leben der Betenden in das Evangelium hinein.
Die *sechste Bitte* zielt auf die Zukunft, ohne die menschliches Leben aussichtslos wird. Es wird oft gefragt, ob Gott hier nicht unterstellt werde, er betreibe das Handwerk des Teufels und führe den Menschen in Versuchung. So wurde (ohne Anhalt am Text) vorgeschlagen, mit »Und führe uns nicht in Verzweiflung« zu übersetzen, als sei der Gott Jesu Christi nicht zuerst dem Verzweifelten nahe. Dass JHWH den Menschen erprobt, ist ein klassischer biblischer Topos (vgl. z.B. Gen 22,1–19; Ps 11,5). Es liegt nahe, dass er theologisch diskutiert wurde: »Niemand, der versucht wird, soll sagen: Von Gott her werde ich versucht! Denn Gott selbst wird vom Schlechten nicht versucht, und er versucht auch keinen. Vielmehr wird jeder von seinen eigenen Begierden versucht, fortgezerrt und geködert« (Jak 1,13f.). In der alten Kirche wurde die Bitte so verstanden: »Lasse nicht zu, dass wir in Versuchung geführt werden!« (vgl. z.B. Tertullian, *De oratione* 8). Dies mag durchaus den aramäischen Ursprungssinn widerspiegeln. Gemeint ist jedenfalls: »Führe uns so, damit wir nicht in Versuchung fallen.« Unter der Versuchung (im Singular) sind nicht Verführungen zur Alltagssünde zu verstehen, sondern die endzeitliche Versuchung schlechthin: der Abfall vom lebendigen Gott. Der Beter bittet Gott also, ihn durch die eigene Lebensgeschichte zu geleiten und dabei nicht zuzulassen, dass er, der Beter, sich jemals von ihm trenne.
Mit der *siebten Bitte* kommentiert Mt die sechste: Gott soll nicht etwa ein versucherisches Handeln unterlassen, sondern, ganz anders, aus dem Bösen herausreißen, von ihm befreien und erlösen. Die letzte Bitte dehnt die Perspektive damit aus auf die unbegrenzte Gemeinschaft mit dem himmlischen Vater. Die griechische Grammatik lässt offen, ob mit »dem Bösen« *der* Böse (Satan) oder *das* Böse (das Übel) gemeint ist. Die orthodoxe und die reformierte Tradition neigen zur ersten, die katholische und die lutherische Tradition zur zweiten Annahme. Beide Deutungen sind möglich und schließen einander nicht aus, doch lassen die jüdischen Vergleichstexte eher an *das* Böse (im Neutrum) denken. So oder so: Der Beter bittet darum, dass Gott ihn aus aller Gottferne heraus ganz an Seine Seite reiße. Der Mensch, der so betet, wie Jesus gebetet hat, betet erlöst und weiß doch auch, dass sich die Erlösung immer wieder neu bewahrheiten muss.

C. Urchristliche Gebetskultur

You are here to kneel
Where prayer has been valid. And prayer is more
Than an order of words, the conscious occupation
Of the praying mind, or the sound of the voice praying.
And what the dead had no speech for, when living,
They can tell you, being dead: the communication
Of the dead is tongued with fire beyond the language of the living.

T. S. Eliot[13]

1. Vom Werden des christlichen Betens

Das Urchristentum hat keine neue Gebetspraxis begonnen, sondern die frühjüdische ungebrochen fortgesetzt. Nirgends werden die jüdischen Ursprünge des Christentums greifbarer als in der Kontinuität des Gesprächs mit dem Gott Israels.[14] In der paganen Frömmigkeit verwurzelte Praktiken wuchsen erst später hinzu, beeinflussten eher die poetische Aussagekraft und vor allem das realsymbolische Verständnis kultischen Handelns. Daraus folgt: Die monotheistische Ausrichtung samt ihrer personalen Theozentrik, wie sie das Frühjudentum kennzeichnet, bildet das *Verstehensgefüge*, innerhalb dessen sich das urchristliche Beten entwickelt. Der wesentliche *Entwicklungsfaktor* ist allerdings das Christus-Ereignis. Gott als Adressat urchristlichen Betens hat sich durch Jesus Christus endgültig mitgeteilt und »abgebildet« (vgl. z.B. Joh 1,1–18; Hebr 1,1–4; Kol 1,15). Jesus Christus ist für das Neue Testament, pointiert gesagt, die menschliche Selbstdefinition Gottes. Daher ist das urchristliche Gebet nicht erst nachträglich, sondern seinem ganzen Wesen nach christologisch bestimmt. Es handelt vorwiegend im Modus des Preisens und Dankens über Jesus Christus als Gottes endzeitliche *Großtat*.

Demgegenüber ist Jesus Christus kaum *Adressat* neutestamentlicher Gebete. Der Grund für diesen aus heutiger Sicht vielleicht überraschenden Mangel liegt darin, dass die Bedeutung des Gottessohns im monotheistischen Verstehensgefüge erst allmählich betend »austariert« und theologisch abgewogen werden musste (noch heute richtet sich ja das Gebet in der Heiligen Messe nahezu ausschließlich an den Vater). Gleichwohl ist Jesus Christus in allem Beten sublim gegenwärtig. Das Urchristentum kennt den erhöhten Kyrios als Begleiter und Mittler des Gebets, als »Throngenosse« Gottes, als Hohepriester, der für die Seinen eintritt, als die Himmelsleiter aus Jakobs Traum oder als personales Heiligtum, in dem die Beziehung zu Gott verortet wird, als Dreh- und Angelpunkt in einem theozentrischen Himmel, als »Gott von Gott«. In mancher Hinsicht übernimmt Christus bzw. persona-

lisiert er jene Funktion, die im Alten Testament dem Kult als Kommunikation mit Gott zugeschrieben wird. Das urchristliche Gebet vollzieht sich *cum Christo, in Christo et per Christum in Deum* (»mit Christus, in Christus und durch Christus auf Gott hin«). Damit trägt die urchristliche Gebetspraxis im Besonderen alle Züge, die dem christologischen Monotheismus im Allgemeinen zu eigen sind: Die Christologie öffnet, erdet, belebt und verbürgt die Beziehungsfähigkeit des transzendent-monotheistischen Gottesbilds. Daher kann die Verehrung JHWHs von der Jesu Christi nicht geschieden werden. Eindrucksvoll kommt dies mit den Mitteln einer eidetischen Christologie (einer eher bildlich als diskursiv entfalteten Christus-Botschaft) in der Johannes-Offenbarung zum Ausdruck, in der das Lamm neben dem transzendenten Gott auf einem Doppelthron Platz nimmt (vgl. Offb 22,1.3).
Vor diesem Hintergrund entwickelt sich dann, rudimentär bereits in der neutestamentlichen Literatur, auch ein Beten *ad Christum*. Dabei sind drei Formen zu unterscheiden:

a) Da der Erhöhte in der gottesdienstlichen Versammlung als gegenwärtig geglaubt wird, richten sich an ihn kultische Akklamationen, z.B. Maranatha (1 Kor 16,22; Did. 10,6; vgl. Offb 22,20) oder »Jesus ist der Herr!« (1 Kor 12,3). Offenkundig wurde der Kyrios angerufen (vgl. Röm 10,8–14). Wenn in poetischen und visionären Texten eine kosmische Verehrung Jesu Christi vorausgesetzt wird (vgl. z.B. Phil 2,9–11; Offb 5,6–14), so ist anzunehmen, dass diese sich auch im kultischen Handeln der irdischen Gemeinde niederschlug.

b) Eine besondere Gemeinschaft mit dem gestorbenen und auferstandenen Kyrios wird realsymbolisch in Taufe und Herrenmahl erlebt (vgl. Röm 6,3–11; 1 Kor 11,23–32) und in Vollmacht und Leiden des apostolischen Dienstes zur Geltung gebracht (vgl. z.B. 2 Kor 4,7–18; 5,18–20; 6,1–10). Es ist anzunehmen, dass sich die »neue Schöpfung in Christus« (2 Kor 5,17) auch Bahnen der Kommunikation zu schaffen wusste (in gleich drei Varianten dramatisch inszeniert in Apg 9,3–6; 22,6–10; 26,13–18): »Denn Gott, der sprach: ›Aus Finsternis soll Licht erstrahlen‹ – Er ist erstrahlt in unseren Herzen, damit wir erleuchtet werden, um die Herrlichkeit Gottes zu erkennen im Antlitz Jesu Christi« (2 Kor 4,6).

c) Wir können nicht oft einen unmittelbaren Einblick in das individuelle Seelenleben von Urchristen tun. Wenige Stellen gibt es, an denen der Apostel Paulus seine Adressaten einen Blick in sein Inneres werfen lässt und sein »Ethos«, seinen rednerischen Charakter, offenbart. Zwar liegt auch hier rhetorische Formung und Absicht vor, doch kann dazu naturgemäß nur auf tatsächliche Gepflogenheiten verwiesen werden. An der vielleicht persönlichsten Stelle seiner gesamten Korrespondenz teilt er aus seinem Gespräch mit Christus mit: Dreimal hat er seinen Herrn gebeten, ihn von seiner

Krankheit zu befreien, »und er hat mir gesagt: Es genügt dir meine Gnade, denn meine Kraft vollendet sich in deiner Schwäche« (2 Kor 12,8f.). In der Johannes-Offenbarung finden wir den visionären Christus gar in eifriger Korrespondenz mit den sieben Gemeinden der Provinz Asia sowie im Gespräch mit dem Seher Johannes. So ist anzunehmen, dass es neben dem »apostolischen Gebetsstil« das intimere dialogisch ausgerichtete Gebetsleben gegeben hat. Daraus hat sich dann allmählich auch das liturgische Gebet zu Christus entwickelt.

Insgesamt kann man vielleicht sagen, dass das Urchristentum Jesus Christus einen Platz eingeräumt hat, der dem vergleichbar ist, den im heutigen Beten der Heilige Geist einnimmt: Er ist selten Adressat liturgischen Gebets, gilt aber als Grundbedingung und Begleiter allen Betens. Wenn er, gerade auch kultisch, um sein Kommen angerufen wird, gilt er umso tiefer als je schon gegenwärtig. Das eigentliche Gespräch mit ihm findet eher im Stillen und Persönlichen als im amtlichen Gebet statt. Mit Larry Hurtado kann man die urchristliche Gebetskultur als *binitarisch* bezeichnen: Das Gebet zu JHWH ist integraler Bestandteil der Christus-Beziehung.[15] Es versteht sich, dass diese »Taufe« des frühjüdischen Gebets mit der Zeit eine tiefgreifende christologische Transformation des Gottesbilds inspiriert hat, die auf dem Weg der spirituellen Zuwendung die gesamte biblische Lektüre, dogmatische Reflexion und ethische Praxis erfassen musste.

Eine Auffälligkeit sei noch bedacht: Die im Folgenden zu musternden Gebete sind fast ausnahmslos nicht im Du-Stil verfasst. Von den Eulogien (einleitenden Danksagungen) der Briefe über Magnifikat und Benediktus bis zu den Himmelshymnen der Johannes-Offenbarung wird von Gott wie von Christus im Er-Stil gesprochen. Gleichwohl dürfen wir hier von Gebeten im engeren Sinn sprechen. Auch Psalmen lieben diesen prädikativen Stil (vgl. z.B. Ps 146–150). Der Dialog konzentriert sich hier auf das staunende Verharren vor der Größe des »Ansprechpartners« und auf die preisende Freude an seinem Dasein und Sosein. Die direkte Ansprache fehlt, weil Gott so sehr in den Mittelpunkt tritt, dass es den Beter nicht mehr zur Zwiesprache »auf gleicher Augenhöhe« drängt. Das *Du Gottes* wird deshalb nicht unmittelbar angerufen, weil die Größe und Großtat Gottes das *Ich des Beters* still werden lässt. Auch das ist Gebet in aller Dramatik des Dialogs, freilich des Dialogs mit dem *Deus semper maior*.

2. Die Christus-Hymnen des Corpus Paulinum

a) Das vermutlich älteste überlieferte Gebet der Christenheit ist fast zufällig in einen Paulus-Brief geraten (*Phil 2,6–11*).[16] Der Fund ist deshalb so wertvoll, weil er uns einen Eindruck von der theologischen Entwicklung im vor- und nebenpaulinischen hellenistischen Christentum gibt. Ohne ihn sähe unser Bild von der frühesten Christologie ganz anders aus. Daraus ergibt sich eine wichtige Einsicht: »Hoheitschristologie« (ein Christusbild, das die hoheitlich-göttlichen Züge herausstellt) ist kein Kennzeichen einer *späten* christologischen Reflexionsstufe, sondern Grundzug einer (auch *frühen*) poetischen Gebetssprache. Die reflektierte *lex credendi* (die »Regel des Glaubens«) hat auf einer späteren Entwicklungsebene jene Glaubenswahrnehmung denkerisch eingeholt, die sich in der *lex orandi* (der »Regel des Betens«) bereits artikuliert hatte. Das Gebet ist der Pionier des Glaubenssinns. Für den poetisch geprägten Text, der als Einschub deutlich erkennbar ist, hat sich der etwas ungenaue Begriff »Philipper-Hymnus« eingebürgert.[17] Das Urchristentum hat eher Lieder gesungen als deren Sorten eingeteilt. Christliche Lobgesänge wurden Psalmen, Hymnen oder Oden genannt, ohne dass wir Gattungsunterschiede feststellen können (vgl. 1 Kor 14,26; Kol 3,16; Eph 5,19). Es ließe sich also auch von einem Christus-Psalm sprechen. Was gemeint ist, geht jedenfalls aus dem frühesten nicht-christlichen Zeugnis über den christlichen Gottesdienst hervor. Der Sondergesandte Plinius der Jüngere berichtet seinem kaiserlichen Herrn Trajan gegen Anfang des zweiten Jahrhunderts aus der Provinz Pontus-Bithynien von Maßnahmen, die er gegen die dortigen Gemeinden getroffen hat. Durch Verhör und Folter hat er in Erfahrung zu bringen versucht, was sich hinter den übel beleumundeten christlichen Versammlungen verbarg (ep. 10,96,7):

> Sie versicherten jedoch, ihre ganz Schuld oder ihr ganzer Irrtum habe darin bestanden, dass sie sich regelmäßig an einem festgesetzten Tag vor Sonnenaufgang versammelt und Christus als Gott ein Lied (*carmen Christo quasi deo*) gesungen hätten …

Hier zeichnet sich ab, wie wir uns den ursprünglichen gottesdienstlichen Zusammenhang auch des Philipper-Hymnus vorstellen dürfen. Die Wendung *Christo quasi deo* ist im Mund eines römischen Beamten an sich nicht so auffällig, wie es uns heute scheint, zumal im Osten des Reiches Heroen und Wohltäter rasch zu göttlichen Ehren gelangten. Doch belegen die Hymnen des Corpus Paulinum, dass die göttliche Würde Christi vom frühjüdischen Gottesbild her eine viel prägnantere biblisch-theologische Bedeutung gewann:

> ER war in der Daseinsweise Gottes, hielt es aber nicht für Beutegut, Gott gleich zu sein, sondern er entäußerte sich selbst und nahm die Daseinsweise eines Sklaven an: Den Menschen wurde er gleich und der Gestalt nach wurde er als Mensch offenbar. Er erniedrigte sich selbst und blieb gehorsam bis zum Tod – *bis zum Tod am Kreuz*.
>
> Darum hat ihn Gott dann über alles erhöht und ihm den Namen geschenkt, der über jedem Namen steht: damit im Namen Jesu sich jedes Knie beuge, *der Himmlischen und Irdischen und Unterirdischen*, und jede Zunge bekenne: Herr ist Jesus Christus *zur Ehre Gottes, des Vaters.*

Wie es bei einem Gebet zu erwarten ist, dessen Herkunft im Dunkeln liegt, wird über sein Wachstum und manche einzelne Wendung kontrovers diskutiert. Die dramatische Grunddynamik, von Paulus eher vertieft als verändert, geht aus dem zweistrophigen Text aber wünschenswert deutlich

hervor. Die kursivierten Passagen sind dem Gebet wahrscheinlich zugewachsen. Vor allem die Ergänzung »bis zum Tod am Kreuz« gibt dem Topos des Abstiegs zur Erde den für Paulus kennzeichnenden kreuzestheologischen Akzent. Der Hymnus geht von der personalen Präexistenz Christi bei Gott aus. Im Gehorsam gegenüber seiner Sendung durch den Vater klammert sich Christus nicht an seine göttliche Würde, sondern gibt sie preis, um die Sklavenexistenz der Menschen bis zu deren äußerster Konsequenz, dem Tod, zu teilen. Ausgerechnet hier, am Tiefpunkt der Menschwerdung, fügt Paulus das Wendezeichen des Kreuzes ein, sodass aus unserem Hymnus ein Lied der Erlösten wird.
Auf den Abstieg folgt die (österliche) Erhöhung über alle kosmischen Mächte, und zwar wie in einer Thronbesteigung mit der Proklamation des Herrschernamens. Der Schlussteil des Hymnus transponiert eine Selbstaussage JHWHs ins Christologische: »Mir beuge sich jedes Knie und jede Zunge bekenne bei Gott: Ihm seien Gerechtigkeit und Ehre« (Jes 45,23^{LXX}). Der Kontext des Zitats beim Propheten Jesaja betont die Alleinigkeit JHWHs: »ICH bin Gott, und keiner ist es sonst außer mir! Gerechter und Heiland! Außer mir niemand sonst!« (Jes 45,21^{LXX}). Die Offenbarung des Sohnes schränkt Gottes Gottsein nicht ein, sondern erweist Gott auf menschliche Weise als den Heiland, zuerst »ganz unten«, wo die Welt am meisten der Heilung bedarf.
Das Schema von Abstieg und Aufstieg hat in vielerlei religionsgeschichtlichen Formen Ausdruck im Frühchristentum gefunden. Im Kern geht es stets um das Gleiche: Die radikal andere Wirklichkeit Gottes berührt im Offenbarer und Erlöser die Lebenswelt des Menschen und verwandelt sie auf ewig, sodass sich schon jetzt, auf dem irdischen Wanderweg, die Perspektive befreiend weitet: Der Weg der Menschen hat eine Richtung, eine Mitte und ein Ziel.
Charakteristisch für den Seelsorgestil des Paulus ist es, dass er weit in die christologische Tiefe steigt, um ein scheinbar vordergründiges Alltagsproblem zu lösen: Eine Gemeinde kann nicht gelingen, wenn ihre Glieder um sich selbst kreisen, selbstbezüglich denken, reden und handeln und dabei einer den anderen ignoriert (vgl. 2,1–5). Der poetische Kontrast des Hymnus dient weniger dazu, Jesus Christus als moralisches Vorbild der Demut zu profilieren, als vielmehr dazu, das Mysterium der göttlichen Liebe vor Augen zu führen, an dem die Philipper teilhaben und das auch die Logik ihres geheilten Lebens unter einem solchen Herrn bestimmen soll.

b) Dieser Seelsorgestil fand Nachahmung in der Paulus-Schule. Etwa zwischen 65 und 80 n.Chr., also nicht lange nach dem Tod des Apostels, gewann in kleinasiatischen Gemeinden eine Frömmigkeitsform Anziehungskraft, die in manchen Zügen an das New Age und andere esoterische Strömungen der Gegenwart erinnert. Man sah die Harmonie des Kosmos gebrochen und sich selbst anonymen Schicksalsmächten ausgeliefert. Man spekulierte in Anlehnung an bunt gemischte Lehren über die Möglichkeit, sich wieder in das All einzufügen, verehrte Geistmächte, band sich an sichernde Vorschriften und Praktiken. Dem *Auctor ad Colossenses* erscheint dies als selbstverschuldete Unmündigkeit. Aber er begeht nicht den seelsorgerlichen Kunstfehler, die anrüchige religiöse Mischung einfach nur zu verdammen oder sich auf moralische Appelle zu beschränken, welche nur die Überzeugten zu überzeugen pflegen. Er greift vielmehr die Ängste und Sehnsüchte auf, die sich in solcher Frömmigkeit niederschlagen, und vertieft die überlieferte Christologie derart, dass sie darauf eine Antwort zu geben vermag und jene Geborgenheit im Ring der Schöpfung und der Zeit vermittelt, nach der sich seine Adressaten sehnen. Christsein ist ein personaler Beziehungsbegriff; die Adressaten fallen zurück in eine vorpersonale Konzeption von Religiosität (eine Gefahr, die das Christentum immer wieder bedroht). Also tauft Kol den Kosmos auf Christus. Dieses christologische Seelsorgekonzept hat seine Bewährung in jeder Generation mit deren je eigenen Fragen neu vor sich: Das Geheimnis des Menschen klärt sich im Licht Christi je neu.[18]

So erobert die paulinische Freiheitsbotschaft, herausgefordert durch eine neue Angst, neues Terrain. Der Theologe, dem wir den Kolosser-Brief verdanken, hat seinen Lehrer gut verstanden. Er begegnet der Krise nicht mit praktischen Programmen, sondern mit der Wucht eines christologischen Entwurfs, der die Adressaten erneut ganz in den Herrschaftsbereich Christi einordnet und den poetisch dargestellten personalen Vertrauensglauben als Alternative zu Entfremdung, Angst und Aberglauben setzt. Damit ist die Funktion des Kolosser-Hymnus (*Kol 1,15–20*) erfasst, der, einem Paradiesportal vergleichbar, im Eingang des Schreibens dessen gesamte Lektüre anleitet:

> ER ist das Ebenbild des unsichtbaren Gottes, Erstgeborener aller Schöpfung. Denn in ihm wurde alles erschaffen im Himmel und auf der Erde, das Sichtbare und das Unsichtbare, seien es Throne oder Herrschaften, Mächte oder Gewalten. Alles ist durch ihn und auf ihn hin erschaffen. Und er hat in allem den Vorrang, und alles hat in ihm seinen Bestand.
>
> Und ER ist das Haupt des Leibes – der Kirche: Er, der der Anfang ist, der Erstgeborene von den Toten, damit er in allem der Erstrangige sei. Denn es hat Gott gefallen, dass in ihm alle Fülle wohne und durch ihn alles zu versöhnen mit sich, indem er Frieden schuf durch das Blut seines Kreuzes – durch ihn – sei es auf der Erde, sei es im Himmel.

Auch dieser Hymnus ist wahrscheinlich im Lauf seiner Überlieferung gewachsen, indem er auf die aktuellen Themen hin fortgeschrieben worden ist: Engelmächte, Kreuz, Kirche. Gerade die beiden letzten Themen verbinden den Hymnus mit der höchst irdischen Kreuzesbotschaft und der kirchlichen Wirklichkeit. Sie schützen ihn so, in gut paulinischer Tradition, vor einem enthusiastischen Realitätsverlust. Das große Thema des Hymnus ist Christus als Seele der Schöpfung; die zweite Strophe greift auf die Ordnung der Erlösung aus, in die auch die Ekklesia gehört.

Wer der Sohn ist, wird in der ersten Zeile gesagt: Ebenbild (*eikṓn*), »Ikone«, die sichtbare Seite des unsichtbaren Gottes. Was von Gott jemals sichtbar geworden ist, ist also der Mensch Jesus Christus. Dies ist eine stärkende Wahrheit: Es ist ein im tiefsten Sinn menschlicher Gott, der den Kosmos mit allen seinen Kräften trägt und prägt. Das Motiv der Präexistenz wird erweitert auf das – ebenfalls in der frühjüdischen Weisheitstheologie vorbereitete (vgl. z.B. Spr 8,22–31) – Motiv der Schöpfungsmittlerschaft: Christus steht der geschaffenen Welt nicht feindlich, fremd oder äußerlich gegenüber. Er ist ihr Ursprung, er durchwaltet sie mit Sinn, beherrscht sie auf befreiende Weise. Als Auferstandener ist er für immer der letzte Bezugspunkt ihres Seins. Die theologische Tradition hat hier von der *creatio continua* gesprochen: Der schöpferische Prozess ist nicht abgeschlossen, sondern setzt sich im Drama eines jeden Schöpfungstags und einer jeden Biographie fort.
Für die Adressaten liegt darin eine sehr aktuelle Botschaft: Sie sind nicht sinnlos blinden und anonymen Kräften unterworfen. Die Logik, die ihr Dasein verstehbar macht, ist die von Schöpfung, Befreiung und Frieden. Jede Parzelle dieser Welt ist vom Gekreuzigten berührt und sein Eigentum; es gibt keinen Flecken, der nicht erlöst wäre. Der Boden, auf dem sie leben, ist daher tragfest.
Diese Aussagen werden – vielleicht in einem ergänzenden Einschub – auf die Kirche konzentriert (nicht reduziert). Sie ist als Christi ureigener irdischer Lebensraum, als sein Schöpfungsleib, der Ort, an dem seine befreiende und friedensstiftende Herrschaft schon jetzt unmittelbar erfahren wird. Im Kontext unseres Hymnus klingt so erstmals, weit über die paulinische Ortsgemeinde hinaus, die Idee der Welt-Kirche an: Die Schöpfung ist der Ort, an dem die Kirche sie selbst wird; die Kirche ist der Ort, an dem das Herz Christi spürbar schlägt, Ferment der Einheit der Welt und Realsymbol (leibliches Zeichen) der göttlichen Nähe. Das Dank- und Bittgebet, das dem Hymnus unmittelbar vorangeht, sagt es so: »Sagt mit Freude Dank dem Vater, der euch fähig gemacht hat zum Erbteil der Heiligen im Licht. Er hat uns der Macht der Finsternis entrissen und verankert in der Königsherrschaft des Sohnes seiner Liebe. In ihm haben wir die Erlösung, die Vergebung der Sünden« (Kol 1,11–14). Es ist solche königliche Liebe, die dieses Preislied der Getauften als Wirkprinzip der Schöpfung und Mitte der Kirche entdeckt, bestaunt und besingt.

c) Der sog. Epheser-Hymnus (*Eph 1,3–10*) ist als Canticum in die Vesper-Liturgie eingegangen. Auch der Epheserbrief ist der Paulus-Schule zuzuordnen. Er stammt aus der Zeit um 90 n. Chr. und ist in Kleinasien als »Traktat über die Kirche« verfasst worden. Ihm liegt die Erfahrung zugrunde, dass die Christenheit zu einer Großkirche gewachsen ist. Die Trennung von Juden und Heiden ist in ihrem Raum aufgehoben. Ein Heilsraum hat sich aufgetan, in dem sich die Verschiedenheiten der Völker und Menschen und letztlich Himmel und Erde versöhnen. Theologisch gesagt: Die

Kirche entdeckt sich in Eph als Grundsakrament, als sichtbares und leibhaftiges Zeichen der unsichtbaren Gnade. So preist das Schreiben das Geheimnis der Ekklesia in feierlicher Sprache: die Heilsinitiative Gottes in Jesus Christus, die Einheit aus Juden und Heiden, die Kirche als heiligen Leib Christi, den Heidenapostel Paulus als Träger des Heilsgeheimnisses, die neue lichtvolle Existenz der Getauften. Zugleich weiß Eph um die Aufgabe, die aus solcher Gabe erwächst: Die Glieder der Kirche sollen diese Einheit verkörpern und die Schöpfung von innen heraus für sie gewinnen.
Der »Hymnus« ist aus dem Schreiben nicht herauslösbar, sondern stellt den ersten Teil von dessen Eulogie, dem Dankgebet am Briefeingang, dar (vgl. 1,3–14). Er führt als Ouvertüre in die oben genannten Leitthemen ein und preist den »Vater unseres Herrn Jesus Christus« für die gnadenvolle Erwählung zur Gotteskindschaft, für die Erlösung und Offenbarung in Christus, für die Ausführung seines ewigen Ratschlusses, der am Ende alles Irdische und Himmlische in Christus zusammenführt. Die Gedankenfigur einer endzeitlichen Versöhnung und Einheit, die durch die Kirche abgebildet wird, ist das eigentliche Leitmotiv: Die Kirche nimmt sich dankbar und staunend selber wahr als eine endzeitliche Großtat Gottes, als Frucht seiner versöhnenden Liebe, wie sie einst Paulus im Zeichen des Kreuzes erschlossen hatte. Aus diesem dankbaren Staunen erklärt sich die überbordende Sprache des Gebets. Zugleich erfüllt sie die Aufgabe, die Eph allem Beten zuschreibt: die eigene Hoffnung und den eigenen Reichtum »mit erleuchteten Augen des Herzens« zu erkennen (1,17f.) und »mit allen Heiligen die Breite und Länge, die Höhe und Tiefe zu ermessen und die Liebe Christi zu verstehen, die alle Erkenntnis übersteigt« (3,18f.) – sodass sie nur in Gestalt der Anbetung zugänglich ist.

d) Die Pastoralbriefe (1 Tim, 2 Tim, Tit) gehören zu einem anderen, weniger spekulativ als lebenspraktisch ausgerichteten Teil der Paulus-Schule. Sie sind wahrscheinlich an der Schwelle des zweiten Jahrhunderts zu datieren. Sie schreiben eher die Personaltradition als die Theologie des Apostels fort und ordnen das Gemeindeleben nach den damals aktuellen Prinzipien arbeitsteiliger Haushaltsführung. Umso auffälliger wirkt die »Unterbrechung« höchst pragmatischer Weisungen (gemeindliche Verantwortungsträger sollen nicht trunksüchtig, geldgierig oder zänkisch sein) durch das – gewiss dem Verfasser überkommene – poetische Gebetsfragment in *1 Tim 3,16*. Hier zeigt sich eindrucksvoll, dass auf dem Grund einer hausbackenen Kirchlichkeit durchaus geistliches Feuer brennen kann. Es ist wohl kein Zufall, dass es – wie in Eph 1,9 (vgl. Kol 1,26f.; 2,2f.) – das Motiv des »Geheimnisses« (*mystērion*) ist, das die kleine Lobrede (Enkomion) inspiriert. Damit ist nicht zuerst eine verborgene Wirklichkeit gemeint, sondern der innerste Heilswille Gottes, der sich in der leibhaftigen Form des kirchlichen Selbstvollzugs offenbart. Was offenbart ist, zeigt dieses (wie Plinius es genannt hätte) *carmen Christo quasi Deo*:

> Groß ist im Bekenntnis das Geheimnis der Frömmigkeit: ER, der offenbart wurde im Fleisch, gerechtfertigt wurde im Geist – ER, der den Engeln erschienen ist, verkündet wurde unter den Völkern – ER, der geglaubt wurde in der Welt, aufgenommen wurde in den göttlichen Machtglanz!

Das Geheimnis der Kirche ist Christus in Person. Das bekennend-preisende Gebet verklammert auf kunstvolle Weise Himmel und Erde, indem es jeweils die irdische (Fleisch, Völker, Welt) mit der himmlischen Wirklichkeit (Geist, Engel, göttlicher Machtglanz) verzahnt. Ordnungshandeln im »Haus Gottes« (3,15), wie die Ämterspiegel für Episkopen und Diakone, gewinnt sein Recht und seine Grenze an diesem Christus-Bezug. Er lässt die Ekklesia in all ihrer grauen Alltäglichkeit schon jetzt zum Vorgeschmack des Himmels werden und beteiligt sie mit all ihren Schwächen und Fehlern an der grenzenlosen Aufgabe, den Auferstandenen allen Menschen zu verkünden. Nicht das selbstzentrierte Klage-, sondern zuerst das christologische Lobgebet entspricht ihrem Wesen. Denn nicht zur immerwährenden Nabelschau, sondern um ihres ewigen Kyrios willen ist die Kirche in der Welt.

3. Die Christus-Psalmen der lukanischen Eingangserzählung

Die sog. Kindheitsgeschichte des Lukas-Evangeliums empfängt den Leser mit einem gezielt »alttestamentlichen« Sprachstil und Motivensemble. Er betritt, so soll ihm von Anfang an klar sein, biblischen Grund. Die drei – heute als *Cantica evangelica* in Vesper, Laudes und Komplet verwendeten – Gesänge machen deshalb einen archaischen Eindruck. Sie signalisieren: Die uralten Verheißungen werden in dieser Anfangserzählung wahr und bestimmen fortan den Lauf der Heilsgeschichte.[19]
Als theologische Verdichtungen sind diese Lobgebete an lektüreleitenden Schaltstellen verortet: Das Magnifikat steht im Erzählzentrum, in welchem die beiden narrativen Stränge über die Geburt Johannes' des Täufers und Jesu zum einzigen Mal zusammenlaufen: Maria sucht nach der Begegnung mit dem Engel ihre Verwandte Elisabet auf. Als diese den Gruß Marias hört, spürt sie das Hüpfen ihres Kindes im Mutterschoß und zieht geisterfüllt die Folgerung: »Du bist gebenedeit unter den Frauen, und gebenedeit ist die Frucht deines Leibes!« Sie preist Maria ihres Glaubens wegen selig, und diese stimmt, darauf antwortend, ihr Gotteslob an (vgl. 1,39–46a). Das Benediktus schließt den Erzählstrang über Johannes ab: Sein Vater Zacharias gewinnt, nachdem er sein Vertrauen gegenüber der Engelsbotschaft bekundet und dem Kind den Namen Johannes (»Gott ist gnädig«) gegeben hat, die Sprache wieder und nutzt sie zu einem Preisgesang auf die Bundestreue Gottes, der hier seine Verheißungen in Erfüllung gehen lässt (vgl. 1,57–67). Das Nunc Dimittis leitet das Ende der Erzählung über Jesu Geburt ein: Die beiden altjüdischen Musterfrommen Simeon und Hanna sehen im Heilig-

tum ihres Volkes das Heil einziehen; Simeon proklamiert das endzeitlich erfüllte Heil (vgl. 2,22–40).

a) Das *Magnifikat* (Lk 1,46b–55) ist – wahrscheinlich in frühen judenchristlichen Kreisen – nach alttestamentlichen Vorbildern komponiert; vor allem das Lied der Hanna, der Mutter des Samuel, hat Pate gestanden (vgl. 1 Sam 2,1–10). Es dürfte von Anfang an als Lobpsalm der Messiasmutter inszeniert gewesen sein. Lk verbindet es durch den redaktionellen Nahtvers V. 48 mit dem unmittelbaren narrativen Kontext und lässt es als Vorspiel wichtiger Leitthemen seines Evangeliums erklingen. Maria, die prototypische Beterin, antwortet mit ihrem Lobpreis auf Gottes Großtaten, wie sie im Christus-Ereignis als Höhepunkt einer langen Geschichte göttlicher Zuneigung zur Vollendung gelangen. Ein auffälliges Formmerkmal ist die parallele Struktur der Verse, wie sie auch die Poesie des Psalters kennzeichnet (*parallelismus membrorum*).
Das Lied gliedert sich in zwei Strophen: Am Anfang steht der individuelle Dank der Messiasmutter mit einem synonymen Parallelismus als Auftakt und mit doppelter Begründung (die erste ist die redaktionelle Nahtstelle). Es folgt ein Ausblick auf Gottes Erbarmen gegenüber seinem Volk; dabei meißeln drei antithetische Parallelismen die radikale Heilswende heraus, während die Rahmung die Kontinuität göttlicher Hinwendung betont:

I
Es preist meine Seele die Größe des Herrn (1 Sam 2,1; Ps 34,3f.)
und zu jubeln beginnt mein Geist über Gott, *meinen Retter* (Ps 35,9; Jes 61,10; Hab 3,18)!

Denn er hat geschaut auf die Niedrigkeit seiner Magd (Gen 29,32; 1 Sam 1,11);
siehe nämlich, von jetzt an werden mich seligpreisen alle Geschlechter (Gen 30,13; Ps 72,17; vgl. Lk 1,38.45).

Denn Großtaten hat an mir vollbracht der Mächtige (Dtn 10,21),
und heilig sein Name (Ps 72,19; 111,9).

II
Und sein Erbarmen von Geschlecht zu Geschlecht denen, die ihn fürchten (Ps 89,2; 100,5; 103,11.13.17).

A Er hat vollbracht Gewaltiges mit seinem Arm (Ps 89,11; 118,15f.),
B er hat zerstreut Hochmütige im Sinnen ihres Herzens.

B Er hat gestürzt Mächtige von Thronen,
A und er hat erhöht Niedrige (Ps 147,6; Sir 10,14).

A Hungernde hat er erfüllt mit Gütern (Ps 107,9),
B und Reiche hat er leer davongeschickt.

Er hat sich Israels angenommen, seines Knechtes (Jes 41,8–10), zu gedenken des Erbarmens (Ps 98,3),
gleichwie er gesprochen hat zu unseren Vätern, Abraham und seinen Nachkommen auf Weltzeit (2 Sam 22,51; Mi 7,20).

Die Gebetssituation entspricht einem Grundmuster, das im Psalter oft begegnet: Der Beter sieht sich durch Feinde bedrängt, die er als »hochmütig« durchschaut. Sie meinen, ohne Gott auszukommen, und treiben den Hilflosen in die Enge. Demgegenüber tritt er als »arm« vor seinen Herrn, das heißt: Er setzt nicht auf die eigene Kraft, sondern erwartet alles von Gott. Er hält einem machtvollen und großzügigen Herrscher in Demut und Ehrfurcht seine leeren Hände hin, damit dieser sie fülle. Tatsächlich erlebt er, dass Gott »mit starkem Arm« eingreift, die Krise auflöst, die Seinen rettet, dauerhafte Gerechtigkeit und umfassenden Frieden schenkt. Als Grund für seine Intervention gilt, dass er seine Bundestreue wahrt, sich der Vorfahren erinnert, an seine Verheißung denkt.
Die Anwendung auf das Christus-Geschehen erfolgt auf dreifache Weise: durch biblische Konzentration, geschichtliche Verortung und theologische Narrativierung. Zuerst: Der Text erweist sich als eine christologisch durchdachte Kompilation aus Zitaten und (möglichen) anderen biblischen Bezugnahmen, vornehmlich auf Psalmen und Propheten. Durch die Psalmen wird die messianische Tradition des davidischen Königtums »herbei-zitiert«, durch die Propheten deren eschatologischer Horizont ausgemalt. Wie sich das Hanna-Lied an seinem Schluss auf die Davidslinie hin öffnet (vgl. 1 Sam 2,10), so knüpft das Magnifikat an diese messianische Linie an und weitet sie zugleich als endzeitliche Großtat Gottes schlechthin aus. Sodann: Die Verheißungen werden als mit der Messias-Geburt erfüllt proklamiert. Dazu wählt der Text das Tempus des Aorist, das ein einmaliges historisches Geschehen anzeigt.[20] Schließlich: Das Loblied wird Teil der biographischen Erzählung des Evangeliums. Es kommentiert unmittelbar die geistgewirkte Empfängnis des Messias und damit das Urvertrauen der Messiasmutter (im Kontrast zum Priester Zacharias, der eine zweite Bewährungsprobe braucht). Es markiert damit zugleich die »Mitte der Zeit«, in der die alten Verheißungen erfüllt sind und das Messiaswirken beginnt, das im Kommen des »Retters« Jesus Christus das Gebet des Magnifikat in die Wirklichkeit der Gottesherrschaft übersetzt.
Wir können noch einen Schritt weitergehen: Das formal überschüssige Glied des Eingangsparallelismus – »meinen Retter« – dürfte mit Bezug auf die breite Tradition der Namensgebung in alttestamentlichen Geburtserzählungen (z.B. Gen 29,31–30,24; 1 Sam 1,20; vgl. Lk 2,21) entstanden sein, und zwar als eine etymologische Deutung des Jesus-Namens (»Gott rettet«; Vulgata: *in Deo salutari meo*; vgl. Hab 3,18: *in Deo Iesu meo*). Das Prädikat des Retters (*sōtḗr*) bzw. der Rettung (Luther übersetzt mit Heiland/Heil) wird in der Tat zu einem lukanischen Leitmotiv (vgl. z.B. Lk 1,69.71.77; 2,11.30; Apg 5,31; 13,23 u.ö.). Das Magnifikat preist somit zum einen die Selbstauslegung Gottes, der sich in Jesus als »Heiland« offenbart, zum anderen das im Namen symbolisierte Wesen Jesu, in dem Gott nicht anders denn als »Heil« nahekommt. So erweist der Gott Israels im Jesus-Geschehen einerseits, der alten Verheißungen gedenkend, seine Bundestreue; andererseits zerbricht er alle Maßstäbe eines innerweltlichen Kalküls. Die Bete-

rin Maria verkörpert (buchstäblich), dass das Heil nur empfangen werden kann. Sie nimmt (wiederum buchstäblich) diese verborgene Gottesnähe wahr, sie nimmt sie an und »bewegt sie in ihrem Herzen«.

b) Das *Benediktus* (Lk 1,68–79) entstammt dem gleichen judenchristlichen Milieu wie das Magnifikat und ist ihm auch der theologischen Kompositionsweise nach verwandt. So lassen sich unsere Beobachtungen zum Magnifikat weithin auf diesen Christus-Psalm übertragen. Lk verzahnt auch ihn redaktionell mit dem erzählerischen Kontext (VV. 76f.) und fügt als feierliches Fazit VV. 78f. hinzu. Damit leitet er vom Abschluss der Johannes- zum Zielpunkt der Jesus-Erzählung über und wirft ein Licht auf die nun folgende Geburt Jesu. Wiederum ist das oben skizzierte Gebetsmuster erkennbar. Ein Akzent liegt – in der metaphorischen Tönung der alttestamentlichen Kriegsgesänge – auf der äußeren Bedrängnis durch Feinde und damit auf der Dramatisierung des messianischen Rettungsmotivs. Das Kompositionszentrum legt alles Gewicht auf die Bundestreue des Gottes Israels (VV. 72f.). Das Thema der erfüllten Messias-Verheißung beherrscht damit auch diesen Psalm. In der – insgesamt mit farbigen, biblisch inspirierten Bildern erweiterten – Heilsbeschreibung klingt der aaronitische Priestersegen an (vgl. Num 6,23–26). Es ist reizvoll, sich vorzustellen, dass der Priester Zacharias hier den Segen, den er nach dem Opfer nicht mehr aussprechen konnte, in Erfüllung gehen sieht.
Der Gesang ist in der ersten Person des Plurals gehalten, sodass er wie ein Responsorium auf das Magnifikat wirkt. Vielleicht gehörten beide Gesänge bereits bei ihrer Entstehung zusammen. Jedenfalls wird jetzt der die ganze Existenz verwandelnde Heilsbezug für die Betenden herausgestellt: *Nostra res agitur!* Ziel der Erlösung ist das Geschenk eines angstfreien, lauteren und geraden Lebens als Dienst für den heiligen Gott (VV. 74f.). Dieses Heil wird vom Täufer als verheißungsgeschichtlichem Wegweiser gezeigt (nicht gebracht). Der »Weg des Friedens« für die, die wie Zacharias den Vertrauensglauben gelernt haben, steht im Zeichen der aufgehenden Sonne und damit der Epiphanie. Er führt in jenes Licht (VV. 78f.), das Simeon, ein Repräsentant der Tempelfrömmigkeit des »Alten Testaments« im »Neuen«, als Ziel all seiner Sehnsucht preist.

c) Das *Nunc Dimittis* (Lk 2,29–32) ist vermutlich vom Evangelisten, der ein Meister im imitierenden Stilwechsel ist, selbst in prophetischer Traditionssprache entworfen worden. Es ist vor allem der Prophet (Deutero-)Jesaja, der hier Pate steht (vgl. Jes 40,5; 42,6; 46,13; 49,6.9; 52,10). Das einleitende »Jetzt« setzt den entscheidenden Impuls. So wird aus dem »Schwanengesang« des frommen Greisenpaars das Invitatorium des erfüllten Gottesbundes: Der Übergang von der Zeit der Verheißung zur Zeit Jesu und der Kirche ist bruchlos; die Repräsentanten des alten Bundes stellen dies selbst fest, und zwar dort, wo der alte Bund sich am deutlichsten Gestalt gibt: im Tempel zu Jerusalem. Dabei greift Lk vor allem die deuterojesajanische Hoffnungsfigur vom »Licht der Heiden« auf und setzt somit ein wichtiges Vorzeichen vor den Weg des Evangeliums bis ans »Ende der Welt«. Um den israeltheologischen Entwurf des lukanischen Doppelwerks zu verstehen, ist zu würdigen, dass in diesem Vorausblick das Heil der Heiden den Glanz des alten Bundesvolkes nicht verdunkelt, sondern, im Gegenteil, seine Erwählung zum Strahlen bringt. Allerdings betont die angefügte Prophetie (VV. 34f.), dass das gepriesene Heil das Gottesvolk, repräsentiert in der Messiasmutter, schmerzhaft spalten wird. Und doch hat mit der Tempelprophetin Hanna, die seit 84 (symbolischen) Jahren Witwe ist, die uralte Hoffnung das letzte Wort: Es handelt von der erfüllten »Erlösung Jerusalems« (VV. 36–38). So wird auch der dritte lukanische Christus-Psalm ein Preislied derer, die ihren Gott endgültig und leibhaftig gefunden haben und so als Erlöste von Erlösung singen können.

4. Die Himmelshymnen der Johannes-Offenbarung

»Wir alle fallen. Diese Hand da fällt./Und sieh dir andre an: es ist in allen./ Und doch ist Einer, welcher dieses Fallen/unendlich sanft in seinen Händen hält.« – Dieses Rilke-Gedicht, so bemerkt Graham Greene, erscheint zu schön, um wahr zu sein. Sein Held, Major Scobie, liest es, kurz vor seinem Selbstmord, und empfindet seine Sprache als eine, die er verlernt hat: Vertrauen ist ihm wie eine tote Sprache, deren Grammatik man nicht mehr beherrscht.[21] In gewisser Weise ist damit bereits (freilich in einem ganz anderen Denkstil) das Hauptanliegen der Himmelsliturgie im letzten Buch der Bibel genannt. Es will seine Adressaten die Grammatik des Vertrauens lehren, die eine für sie sinnleere Welt wieder lesbar macht.

Die Johannes-Offenbarung entwirft in grellen, vorwärtsstürzenden Bildsequenzen ein apokalyptisches Szenario, in dem eine Welt, die zu sein nicht verdient hat, im Fallen begriffen ist. Diesem irdischen Chaos setzt der Seher Johannes den Himmel entgegen, den er in Bildern architektonischer, kultischer und poetischer Harmonie zeichnet. In den Hymnen des himmlischen Gottesdienstes kommt all dies zusammen. Wie der Chor in der attischen Tragödie das Geschehen der Aktanten auf der Bühne deutet, voraussagt und vorantreibt, so besingen die Himmelsscharen, für die das Buch entsiegelt ist, das Geschehen auf Erden. Man mag an einen Teppich denken, dessen Verknüpfungen, von unten betrachtet, widersinnig und wirr aussehen, von oben gesehen aber sinnvolle und schöne Muster ergeben. Das Grundmuster, das dem Teppich sein Gepräge gibt, ist das des Himmelshymnus.
Es ist der gekreuzigte Erlöser im Zeichen des geschächteten Widderlamms, der die Welt lesbar macht, den Himmel neu definiert und die Richtung und den Inhalt des Betens bestimmt (5,8–10):

Und als es das Buch nahm, fielen die vier Lebewesen und die vierundzwanzig Ältesten vor dem Lamm nieder – und ein jeder hatte eine Harfe und goldene Schalen voll Rauchwerk: Das sind die Gebete der Heiligen. Und sie singen ein neues Lied: Würdig bist du, das Buch zu nehmen und seine Siegel zu öffnen, denn du wurdest geschlachtet und hast erkauft mit deinem Blut aus jedem Stamm und jeder Sprache und jedem Volk und jeder Völkerschaft, und du hast sie gemacht für unseren Gott zu einem Königreich und Priestern, und sie werden königlich herrschen über die Erde!

Hier wird deutlich, dass diese Gebete eine wichtige Funktion haben: In ihnen öffnet sich der Himmel für die Beter auf Erden. Anfangs tut sich die Tür in die Kontrastwelt nur einen Spalt weit auf, sodass allein der Seher – an seiner Seite freilich der Leser – eintreten kann (4,1). In der Buchmitte öffnet sich die Sicht ganz weit (11,19); sodann reitet Christus als Sieger unter dem Jubel der Engel und Erlösten aus den Toren heraus (19,11). Schließlich wird der Himmel – Gott selbst – unmittelbar zugänglich (21,1–22,5). Es ist bereits *hier und jetzt* das Gebet, das diese Kontrastwelt sichtbar, hörbar und fühlbar werden lässt und an dem die Leser – so unscheinbar ihr Gottesdienst in Kleinasien wirken mag – mit der Würde von »Königen und Priestern für Gott« teilnehmen (vgl. 1,5f.; 20,6; ferner Ex 19,6; Jes 61,6). Die »Gebete der Heiligen« – also derer, die ihr ganzes Sein auf den heiligen Gott justiert haben – sind im Bild des Rauchwerks unmittelbar Teil des Himmelskults: Sie verändern die Wirklichkeit. Die »neuen Lieder«, die die Chöre der Engel und Blutzeugen um Gottes Thron singen, entsprechen dem triumphierenden Siegesgesang nach der Schlacht. »Neu« sind die Lieder, weil die Singenden in die neue, erlöste, ethnisch nicht mehr begrenzte Existenz gefunden haben. Im Himmel also ist der Sieg schon errungen; das empfundene Chaos auf Erden ist nicht mehr als ein letztes Aufzucken der längst tödlich getroffenen Macht des Bösen. Die irdische Liturgie ist Abglanz, Vorspiel und Teilhabe am unbegrenzten Gottesdienst der universalen Thronversammlung. In Form des Gebets ordnet der Beter das Leben. Der stete Wechsel zwischen »unten« und »oben«, dem die Johannes-Offenbarung ihn aussetzt, verhindert die Absolutsetzung biographischer Leiderfahrung und öffnet eine Bewältigungsoption: Der Beter nimmt die Wirklichkeit *sub specie aeterni* (im Licht des Ewigen) wahr und wird so zum Realisten. Denn was Wirklichkeit ist, erschließt sich in der Anbetung. Von daher ist es zu verstehen, dass die »Knechte, klein und groß« von den Himmelsliturgen zum Einstimmen in die »neuen Lieder« aufgefordert werden (vgl. 19,5). Die Stundenliturgie siedelt diese Gesänge vor allem in der Sonntagsvesper an, wo sie, als befreites Ausatmen der Erlösten, in der Tat gut verortet sind.
Die einzelnen Hymnen (vgl. 4,8–11; 5,8–14; 7,9–12; 11,15–18; 12,10–12; 15,2–4; 16,5–7; 19,1–8; 21,2–4) durchziehen in biblisch inspirierter und hochsymbolischer Sprache das gesamte Geschehen der Johannes-Apokalypse und fördern so durch den steten Perspektivenwechsel das Durchschauen und Durchstehen der gegenwärtigen Drangsal. Der kosmische

Lobpreis zielt auf den thronenden Weltenherrn und, in einer theologisch bedeutsamen Parallelisierung, auf Christus. Während Gott in absoluter Transzendenz schweigend die Anbetung empfängt, vollzieht der Sohn als sein Mandatar das Weltgericht. Er empfängt aufgrund seiner Erlösungstat für die Vielen Anteil an den göttlichen Prädikaten und der kultischen Verehrung und wird schließlich mit Gott zum lebendigen Heiligtum (21,22) und zu Gottes Throngenossen (22,3). Deutlicher kann die binitarische Struktur urchristlichen Gebets (s.o. C/1) nicht abgebildet werden.

Die Johannes-Offenbarung endet mit dem Ja Christi zum Beter, mit dem Amen als Zustimmung zur Welt, wie Gott sie will, und mit der bleibenden Sehnsucht der Betenden nach dem Kyrios Jesus und damit nach Gottes kämpferischer, bergender, heilender und stärkender Nähe (22,20f.). Dieser knappe Schlussdialog birgt eine Theologie des Gebets, über die hinaus nichts mehr zu sagen ist. Mit ihr endet die christliche Bibel.

D. Paulus: Beten als Erfahrung

Drei Dinge machen die Gewalt des Denkens Pauli aus.
Es eignen ihm eine Tiefe und eine Sachlichkeit, die uns in ihren Bann zwingen.
Das Feuer des urchristlichen Glaubens schlägt aus ihm in den unsrigen hinein.
Ein Erleben mit Christo als dem Herrn des Reiches Gottes spricht aus ihm, das uns in die Bahn gleichen Erlebens reißt.
Paulus führt uns auf den sachlichen Weg der Erlösung. Er liefert uns Christo aus ...

Albert Schweitzer[22]

1. Geistlicher Realismus

Bislang hatten wir es vorwiegend mit Gebeten als Texten zu tun. Aber es wurde auch deutlich, dass diese Texte einen Mehrwert haben, der über den literarischen oder theologischen Geltungsanspruch hinausgeht. Der Blick in das Innenleben eines Menschen ist freilich schwierig genug. Trägt man zudem einem mentalitätsgeschichtlichen Abstand von zwei Jahrtausenden Rechnung, so scheint das Unterfangen, einen Zugang zur urchristlichen »Erfahrung« zu gewinnen, nahezu aussichtslos.[23] Gewiss wäre es ein verfehlter Ansatz, »Zeugnisse« aus ganz unterschiedlichen historischen, sozialen und religiösen Zusammenhängen zu vernetzen, um so eine »neutestamentliche Spiritualität« zu erheben. Glücklicherweise besitzen wir mit den sieben Briefen des Apostels Paulus eine historisch kohärente Dokumentation eines individuellen Frömmigkeitsstils.[24] Nun ist damit keineswegs gesagt, dass Paulus in seiner Gelegenheitskorrespondenz, zumal in apostolischer Öffentlichkeit, sein Seelenleben preisgab. Vielmehr hat er mehrfach betont (vgl. 1 Thess 2,4; 1 Kor 2,1–13; 2 Kor 12,5–10), dass er sein Innenleben keineswegs »mit Pauke und Trompete« (vgl. 1 Kor 13,1) publik zu machen pflege (womit wir bereits ein erstes Kennzeichen seines Seelenlebens ermittelt hätten: Es findet nicht für die Öffentlichkeit statt): »Was kein Auge gesehen und kein Ohr gehört hat und in keines Menschen Herz je aufstieg, das hat Gott denen bereitet, die ihn lieben« (1 Kor 2,9).
Gleichwohl sah sich der Apostel gelegentlich herausgefordert, seine Frömmigkeit »vorzuweisen«. Seine Missionsstrategie setzt wesentlich auf Evangelisierung durch *Teilgabe an der eigenen Christus-Beziehung:* Nicht darum geht es dem Apostel, sein Gesicht zu wahren, sondern sein Herz zu zeigen (vgl. 2 Kor 5,12). Hier etwa haben wir die uns heute nahezu bigott er-

scheinenden Appelle zur Paulus-Nachahmung als Christus-Nachfolge einzuordnen (vgl. z.B. 1 Kor 11,1; Phil 3,17; 4,9). In einem weithin leseunkundigen Gesellschaftssegment ohne familiale Traditionsstruktur ist es vor allem das persönliche Beispiel des Gemeindegründers (Paulus spricht im Rahmen der »Glaubensfamilie« von Vater, Mutter oder Amme), an dem die Gruppenmitglieder ihr Seelenleben erlernen. Außerdem erfordert die Auseinandersetzung mit charismatischen Gegenspielern mitunter eine Art Wettstreit im Aufweis von Gnadengaben (vgl. z.B. 2 Kor 10,12–18; 12,1.6f.). Nun sind solche Passagen, in denen wir einen Blick auf die »Seele« des Paulus werfen können, zweifellos hochrhetorisiert. Es wäre jedoch ein Fehlschluss, daraus zu folgern, sie seien deshalb nicht authentisch. Die antike Rhetorik wusste sehr genau, dass jenes Pathos am tiefsten überzeugt, das der Redner tatsächlich fühlt: »Nichts entfacht den Brand außer Feuer« (Quintilian, inst. 6,2,28; vgl. 6,2,25–36; ferner Cicero, *De oratore* 2,45f., §§ 189–191). Dabei fällt es nicht immer leicht zu unterscheiden, ob sich das vermittelte Außenbild dem tatsächlichen Binnenleben anpasst oder umgekehrt: Er habe Schauspieler noch weinen sehen, nachdem sie bereits ihre Maske abgelegt hatten, notiert der Rhetoriklehrer Quintilian zustimmend (6,2,35). Aber dies ist kein eigentümlicher Zug antiker Redekunst, sondern gehört zum menschlichen Seelenleben überhaupt, das niemals ganz vom Spiegel-Selbst isoliert werden kann. Wir dürfen es Paulus jedenfalls abnehmen, wenn er zum Abschluss einer seiner offensten Selbstmitteilungen schreibt: »Unser Mund hat sich auf euch hin aufgetan, ihr Korinther, unser Herz hat sich geweitet« (2 Kor 6,11). Das Herz ist die Personmitte, an der Paulus seinen Adressaten Anteil geben will, um sie in sein eigenes Christus-Verhältnis aufzunehmen: »ein Armer, der viele reich macht, ein Habenichts, der alles besitzt« (2 Kor 6,10).

Bei näherem Hinsehen zeigt die Personmitte des Paulus für uns allerdings befremdliche Züge: Paulus war Visionär. Diese Einsicht lässt sich nicht marginalisieren. Die Christus-Begegnung war nicht die (exzentrische) Krönung seiner Spiritualität, sondern die Grundlage seiner christlichen Existenz. Die Offenbarung des Auferstandenen, die er als letzte Ostervision interpretiert hat, hat ihn zum Christen und zum Apostel gemacht, jene Gnade und Vollmacht erfahren lassen, auf die er seinen Lebensauftrag zurückführte (vgl. 1 Kor 15,8–10; Gal 1,11–16). Sie ist zweifellos auch die eigentliche Quelle der paulinischen Theologie. Man wird sich die erlebte Transformation nicht umfassend genug vorstellen können: Alles, was Paulus religiös ausgezeichnet hat, wirft er von sich

> wegen der überquellenden Erkenntnis Jesu Christi, meines Herrn, dessentwegen mir alles Verlust wurde. Ja, ich halte es für Unrat, damit ich Christus gewinne und in ihm gefunden werde, nicht weil ich meine eigene Gerechtigkeit aus dem Gesetz besitze, sondern, durch den Glauben an Christus, die Gerechtigkeit aus Gott aufgrund des Glaubens: damit ich ihn erkenne und die Kraft seiner Auferstehung und die Teilhabe an seinen Leiden, sodass ich gleichgestaltet werde seinem Tod, ob ich irgendwie zur

> Auferstehung von den Toten hingelange. Nicht etwa, dass ich es schon empfangen hätte oder schon vollendet wäre! Aber ich jage danach, es zu ergreifen, weil Jesus Christus mich ergriffen hat.

Diese kleine Mitteilung (Phil 3,8–12) vereint nahezu sämtliche Züge, die das markante Profil paulinischer Spiritualität ausmachen: die – bei aller argumentativen Sachbezogenheit – leidenschaftliche Hingabe des *homo religiosus* (denkbar weit entfernt von einer abstrakt-widerspruchsfreien »Rechtfertigungslehre«); die radikale Christozentrik dieser Frömmigkeit; der personale Vertrauensglaube, der sich am Verhältnis zu Jesus Christus festmacht, und an ihm allein; die »mystische« Teilhabe an Tod und Leben des Gekreuzigten und Auferstandenen; die Werbung mit der eigenen Existenz (vgl. Phil 3,17); nicht zuletzt das Prozesshafte, das jedem Enthusiasmus abhold ist: Der Apostel weiß, dass er stets auf dem Weg ist und auf Erden niemals am Ziel – auch Frömmigkeit hat ihre Biographie. Das, was am meisten fasziniert, ist gerade dies: die Ablehnung des Enthusiasmus im Namen der realistischen Leidenschaft für Christus. Die spirituelle Tradition hat in solcher *sobria ebrietas* (»nüchterne Trunkenheit«) das Kennzeichen des geistlichen Menschen gesehen, der Gottesnähe und Selbstbeherrschung zu verbinden weiß.

Es scheint, dass es nicht bei der Berufungsvision geblieben ist (vgl. 2 Kor 12,1.7). Einmal wird Paulus etwas auskunftsbereiter: Vierzehn Jahre zuvor (also Anfang der vierziger Jahre) sei er, so berichtet er den Korinthern, in den dritten Himmel fortgerissen worden und habe dort »unaussprechliche Worte« gehört, die weiterzusprechen dem Menschen nicht zustehe (2 Kor 12,2–4). Über den Erlebnisgehalt und die psychischen Bedingungen solcher Visionen können wir nur spekulieren. Paulus selbst zeigt sich hier aus Prinzip reserviert: Wo sich diese Vision ereignet hat – entrückt oder als subjektiver Zustand –, vermag er nicht zu sagen (»weiß ich nicht – weiß ich nicht – Gott weiß es – weiß ich nicht – Gott weiß es«). Auch der »dritte Himmel«, den er mit dem Paradies gleichsetzt, verrät weniger über die Jenseitsarchitektur (anspruchsvollere Apokalyptiker hätten zahlreichere Himmel und präzisere Auskünfte zur Verfügung gehabt) als über die Nähe zur göttlichen Wirklichkeit. Für Paulus ist nicht die Ekstase des Visionärs entscheidend, sondern der Modus der Begegnung und damit auch das Zurücktreten des eigenen Selbst. Was am Ende von den Erscheinungen übrig bleibt, ist das Gespräch mit seinem Herrn, der in der Schwachheit des Apostels seine Kraft entfaltet (vgl. 2 Kor 12,5–10).[25]

Was wir tatsächlich festzustellen vermögen, ist eine (für antike Religiosität nicht ungewöhnliche) Weitung der Realitätswahrnehmung, die die ganze Persönlichkeit des Paulus betraf. Die Grenzen zwischen Empirie und Transzendenz, dem Außen und Innen, der Naturgesetzlichkeit und dem göttlichen Eingriff sind für die antike Auffassung fließender als in der Neuzeit. Der Himmel »hängt tiefer« über dem Mittelmeeranrainer des ersten Jahrhunderts. Ein mehrdimensionaler Zugang zur Wirklichkeit, wie er für viele antike oder naturnahe (»primitive«) Kulturen kennzeichnend ist, kann

weniger naiv sein als die Reduktion des Wirklichen auf das Messbare, wie sie die modern-westliche Plausibilitätsstruktur prägt. Zur kritischen Theologie des Paulus gehört jedenfalls, dass er die Christus-Schau nachdrücklich als *Christus-Offenbarung* interpretiert, sie gezielt in eine personal-dialogische *Christus-Begegnung* münden lässt und sie den Kriterien, die ihn auch sonst leiten, unterwirft: Welches sind die geistlichen Früchte des Phänomens? Anders gefragt: Wie dient es der Persönlichkeits- und Gemeinschaftsentwicklung? – Wie trägt es zum Aufbau der Ekklesia bei? Anders gefragt: Ist es sozial triftig und integrationsfähig? – Führt es in die Wirklichkeit des Gekreuzigten? Anders gefragt: Dient es einer geerdeten, starken und personalen Beziehung des Christen zu Christus?
Ich möchte diesen Hauptaspekt des paulinischen Betens den urchristlichen Realismus nennen: Der Betende geht davon aus, dass der göttliche Gesprächspartner ihm wirklich zuhört, sich ihm wirklich zuneigt, sich wirklich für ihn interessiert und erfahrbar in sein Leben eingreift, mehr noch: dieses Leben ergreift und nach seinen Maßstäben verwandelt. Wir mögen diesen Realismus nicht ungebrochen teilen, aber immerhin zeigt selbst die aktuelle Hirnforschung, dass Beten sich im Gehirn des Betenden (anders als das Selbstgespräch) als soziale Interaktion abbildet: Das Gehirn geht davon aus, dass jemand zuhört.[26] Beten ist für Paulus kein Appendix zum wirklichen Leben; es ist die Realität des Lebens selbst: »Daher, wenn einer in Christus: Neue Schöpfung! Das Alte ging vorüber – siehe: geworden ist Neues!« (2 Kor 5,17).

2. Christus-Teilhabe

Das letzte Zitat sowie die Beschreibung der Vision hat uns auf eine für Paulus kennzeichnende Präpositionalwendung aufmerksam gemacht: »in Christus«. Nicht weniger als 90-mal stoßen wir in den Paulus-Briefen auf diesen Lokativ (»in Christus/im Kyrios«). Hier betreten wir die Mitte der paulinischen Spiritualität, die sich wesentlich als Beziehung und daher in einer Reihe von Verhältniswörtern zur Sprache bringt: *in*, *mit*, *für* und *durch* Christus – und umgekehrt: Christus *in*, *mit*, *für* und (auch dies!) *durch* uns. Albert Schweitzer hat daher von der Mystik des Apostels Paulus gesprochen. Insofern dieser Begriff vornehmlich für die Frömmigkeitsströmung im späten Mittelalter und in der frühen Neuzeit verwendet wird, ist eher von einer *partizipatorischen Christologie* zu sprechen.[27]
Wesentlich ist die Teilhabe-Erfahrung und, aus ihr hervorgehend, die *conformitas Christi*, die Gleichförmigkeit mit Christus. Paulus lebt mit seiner ganzen Existenz von Christus her und auf ihn hin. Im Seinsbereich des »Fleisches« herrscht das gnadenlose Gesetz gottloser Selbstbehauptung; im Seinsbereich des »Geistes«, dem Lebensraum Christi, herrschen jene Existentialien, die das Dasein in und aus dem Gebet kennzeichnen: Liebe, Freude, Frieden, Weitherzigkeit, Liebenswürdigkeit, Güte, Treue, Milde, Selbst-

zucht (Gal 5,22f.). Gebetsleben ist, so gesehen, unmittelbarer Ausstrom der Erlösung: »Wenn wir im Pneuma leben, lasst uns auch dem Pneuma folgen!« (Gal 5,25).

Die Aufzählung der christlichen Existentialien stimmt uns heute allerdings misstrauisch: Zu nah liegt die Gefahr, dass sie in selbstverliebte, gefühlsfreudige und darin doch seelenkalte Wortgleisnerei abgleiten. »Religion und Heuchelei«, notiert Heinrich Heine, »sind Zwillingsschwestern, und beide sehen sich so ähnlich, dass sie zuweilen nicht von einander zu unterscheiden sind. Dieselbe Gestalt, Kleidung und Sprache. Nur dehnt die letztere von beiden Schwestern etwas weicher die Worte und wiederholt öfter das Wörtchen ›Liebe‹«.[28] Diese Gefahr, der Beter sich bewusst sein sollten, wird gebannt, wo man sich des für Paulus verbindlichen Urteilsmaßstabs bedient: Christus-Teilhabe befähigt nicht zuletzt auch zum Leiden, und sie wirkt sich im konkreten Nutzen für den anderen aus.

Im Zeichen des Teilhabe-Gedankens stehen auch Taufe und Herrenmahl, wobei wahrscheinlich Vorstellungsmodelle der zeitgenössischen Mysterienfrömmigkeit, christologisch adaptiert, ihren Einfluss ausgeübt haben. Die Taufe »auf Christus« stellt unmittelbar in die Leidensgemeinschaft mit dem Gekreuzigten und verleiht Anteil am neuen Leben des Auferstandenen (vgl. Röm 6,2–11). Das Herrenmahl ist Teilhabe an Leib und Blut Christi (vgl. 1 Kor 10,16–22; 11,23–26). Diese Gemeinschaft (*koinōnía*, lat. *communio*) hat neben der vertikalen – und von ihr nicht zu trennen – eine horizontale Erstreckung: Das gemeinsame Du-Ich-Verhältnis zum Kyrios begründet – durch Taufe und Herrenmahl – die familiale Wir-Beziehung der Getauften als Leib Christi und damit die Kirche.

Bezeichnenderweise arbeitet Paulus den Leib-Christi-Gedanken gerade im Kontext der Besinnung auf Wesen und Praxis der gottesdienstlichen Versammlung aus: Auch hier dürfte die Gebetserfahrung der Theologie vorangehen (vgl. bes. 1 Kor 12,4–30). In diesen Kontext vor allem gehören auch die Geistesgaben, die uns die Teilhabe als pneumatischen Prozess verstehen lassen: Der Gottesgeist ist keine spirituelle Befindlichkeit, sondern eine höchst handfeste Schöpfungsmacht. In der Taufe mitgeteilt, führt er zumal in Gebet und Gottesdienst den Glaubenden kraftvoll über sich hinaus (Röm 8,15f.26f.; Gal 4,6) und ist bereits Angeld der jenseitigen Gotteswirklichkeit (vgl. Röm 5,5; 8,23; 2 Kor 1,21f.). In gewisser Weise ist das Pneuma die hier und jetzt erfahrbare Seite des Auferstandenen. Frömmigkeit, so gesehen, ist etwas sehr Einfaches: Im Zeichen der Agape legt Paulus sein ganzes Denken und Leben in das Evangelium hinein und begegnet dort seinem Kyrios. Knapp gesagt: »Wer sich an den Herrn hängt, ist ein Geist mit ihm« (1 Kor 6,17).

3. Leiblichkeit

Zu einer solchen geistlichen Ganzheit der Gottesbeziehung gehört auch dies: Beten hat eine leibliche Dimension. Der Leib als Ganzes wird zu einem Heiligtum Gottes: »Verherrlicht Gott mit eurem Leib!« (vgl. 1 Kor 6,19f.). Beten hat zu tun mit Sehen und Hören, mit Schweigen und Singen, mit Essen und Trinken, mit Knien und Niederwerfen, mit Einsamkeit und Gemeinsamkeit, mit wechselseitigen Friedensküssen, mit enthüllten Männer- und verhüllten Frauenköpfen, mit leibhaftiger Ansteckung gar, sei es durch die Heiligkeit der Getauften (vgl. 1 Kor 7,14) oder das Strafgericht über jene, die das Herrenmahl missbrauchen (vgl. 1 Kor 11,27–30). In der Glossolalie (dem extremreligiösen Zungen- oder Sprachengebet) überwältigt das Gebet den Beter derart stark, dass dessen rationale Selbstkontrolle zeitweise regrediert, er jedenfalls seine Wahrnehmung nicht mehr artikuliert zur Sprache bringen kann.[29] Vielleicht ist auch die rätselhafte Krankheit des Paulus, sein »Stachel im Fleisch«, eine Folge (oder/und Voraussetzung) seiner Christus-Nähe.

Wir müssen uns nicht darum bemühen, die fest in der zeitgenössischen Kultur verankerten Formen paulinischer Frömmigkeit zu modernisieren oder wenigstens zu entschuldigen. Es wäre viel gewonnen, versuchten wir sie in jener differenzierten Weise zu verstehen, die Paulus selber ihnen – namentlich beim Zungengebet und auch beim Thema des öffentlichen Gebets der Frau – gegeben hat. Das Wesentliche bleibt auch in unserer Kultur gültig: Beten findet nicht nur in einem isolierten Teil des Gehirns statt. Wenn es ein Beten der ganzen Person, ein Gebet »aus Fleisch und Blut«, ist, dann kann der Leib nicht verleugnet werden. Wie sich dies kulturell umsetzt, ist eine Frage der Traditionsbildung und der jeweils zeitgenössischen Ausdrucksformen. Über die wechselnden Zeiten hinaus gilt die Forderung des Apostels: Wer in die Gebetsgemeinschaft der Christen tritt, soll dem Verborgenen seines Herzens dort so deutlich begegnen, dass er sich anbetend niederwirft und bekennt: Wahrhaftig, Gott ist bei euch (vgl. 1 Kor 14,24f.).

Werfen wir noch einen Blick auf die kreatürliche Dimension des Betens überhaupt: Der Eindruck, Christen sperrten Gott in ihren Gebetshäusern ein und beklagten dann seine mangelnde Ausstrahlungskraft, ist nicht ganz von der Hand zu weisen. Beten muss die gesamte Schöpfung einbeziehen und dringt auch in diese Schöpfung vor und ein. Die volksfromme und liturgische Tradition vor allem in der katholischen und orthodoxen Kirche hat dies über fast alle Jahrhunderte hinweg mit Selbstverständlichkeit gesehen und vollzogen: Die Schöpfung als Ganzes betet durch ihr Dasein, und der Mensch fügt sich ihrem Gebet ein und leiht ihm seine Sprache. Die großen Schöpfungspsalmen sind wohl der tiefste Ausdruck eines dankbaren und mitunter erschrockenen, in jedem Fall staunenden Betens des Menschen als Geschöpf inmitten anderer Geschöpfe vor einer Welt, die größer ist als er selbst und gerade so auf das Geheimnis wie die Nähe des Schöpfers weist. Im Neuen Testament findet sich nichts Vergleichbares, auch nicht beim geborenen Stadtmenschen Paulus. Immerhin weiß auch er um ein Beten und Hoffen der Kreatur als solcher: »dass auch die Schöpfung selbst befreit werden wird von der Sklaverei der Vernichtung zur herrlichen Freiheit der Kinder Gottes. Denn wir wissen, dass die ganze Schöpfung bis jetzt mit uns stöhnt und in Schmerzen liegt« (Röm 8,21f.). Christliches Gebet findet seinen Sinn nicht zuletzt auch darin, dieser Hoffnungsstruktur der ganzen Schöpfung vor ihrem Schöpfer Ausdruck zu geben.

4. Kirchlichkeit

Der Teilhabe-Gedanke hat uns bereits auf die nicht erst nachträgliche, sondern der Christus-Beziehung bereits einwohnende Dimension des Sozialen aufmerksam gemacht. Beten ist für Paulus ekklesialer Selbstvollzug. Dies tritt vor allem in den Eulogien vor Augen, jenen Dankgebeten, mit denen Paulus programmatisch alle apostolischen Briefe (den ergrimmten Galaterbrief ausgenommen) beginnen lässt. Die Ekklesia verdankt sich Gottes Heilsinitiative. Deshalb ist das Erste – vor allen Problemen (an denen es Paulus und seinen Gemeinden keineswegs mangelte) – der uneingeschränkte Dank. Die Kirche blickt auf die Gottesgegenwart in ihr, auf das Wachstum des Evangeliums nach außen und, wichtiger noch, nach innen. Ihre Glieder, verbunden in dem *einen* Christus-Leib, beten mit- und füreinander und lassen den Austausch der Worte in einen Austausch von Taten und Gaben münden (vgl. Röm 1,8–10; 1 Kor 1,4–9; 2 Kor 1,3–11; Phil 1,3–11; 1 Thess 1,2–10; Phlm 4–7).

Ein Herrenmahl, das sich darauf beschränkte, den Glaubenden mit dem Herrn seines Glaubens, aber nicht mit den anderen Glaubenden dieses Herrn zu verbinden, ist für Paulus ein performativer Selbstwiderspruch (vgl. 1 Kor 11,17–34). Die Ekklesia ist kein Zweckverband. Sie ist als Ganzes Gottes Tempel (1 Kor 3,16f.) und damit jener Raum, in dem die Heiligen, wie sich die Urchristen nannten, gemeinsam dem Quell aller Heiligkeit nahekommen. Die Antwort darauf ist das gemeinsame Gebet und das Gebet für die Gemeinschaft. Die spätere sakrale Kultur der Kirche konnte hier anknüpfen und die ekklesiale Dimension mit der des Leiblichen verbinden. Sie machte die Heiligkeit Gottes im Lebensraum der Ekklesia sinnlich erfahrbar, greifbar, begehbar. Mit einer Emmanuel Lévinas verdankten Unterscheidung lässt sich sagen: Das *saint* (das Heilige im umfassenden Sinn) verwandelt das *sacré* (dessen irdische Vergegenwärtigung) in sein Realsymbol. Das Heilige geht nicht im Sakralen auf, wohl aber bildet das Sakrale die Heiligkeit ab.

5. Ethos

Die aufklärerische Ethisierung und Pädagogisierung des Betens hat, wie wir eingangs sahen, bis in die Gegenwart tiefe Spuren hinterlassen. In simplem Grobschnitt stellt es sich in Bert Brechts »Mutter Courage« (elftes Bild) dar: Während sich die einfältige Bauernfamilie, statt zu helfen, ins Vaterunser flüchtet, klettert die stumme Kattrin auf das Dach, trommelt und warnt die nahegelegene Stadt vor dem feindlichen Angriff.[30] Die Botschaft ist nicht allzu subtil: An die Stelle hilflosen Murmelns tritt das hilfreiche Handeln. Es ist die gute Tat, die zählt; Gebet ist das Alibi der Nichtstuer. Wäre in den Jahrzehnten seit Brecht der Geist der guten Tat in dem Maße gewachsen, in dem die Gebetspraxis geschrumpft ist, sähe unsere Welt in der Tat anders aus. Gebet, richtig verstanden, ist jedoch nicht das Gegenteil des Handelns; es ist die *Innenseite der Ethik*.

Für Paulus ersetzt das christliche Gebet nicht das christliche Tun – so wenig wie das Gebet auf die Funktion reduziert werden kann, zum Tun zu stimulieren. Beides, Handeln wie Beten, gehört zur sprechenden Umgangsform des Glaubens. Wenn Paulus die Christen »Heilige« nennt, meint er damit nicht einen heroischen Tugendgrad, sondern einen die ganze Person durchdringenden Aufenthalt im Magnetfeld des heiligen Gottes unter den Bedingungen irdischer Schwerkraft. Heiligung ist das immer neue Justieren der ganzen Existenz auf Gott. Beten und Handeln fließen deshalb zusammen, und zwar als ein einziger Gottesdienst – mit dem Herzen, mit den Lippen, mit Hand und Fuß. Es gibt für Paulus (wie für das Urchristentum überhaupt) keinen Bereich mehr, der aus Gottes Gegenwart ausgeklammert werden kann, kein *pro-fanum* also. Daher umgreift die Ethik das ganze Leben, wird zum »Gottesdienst im Alltag der Welt« (Ernst Käsemann). Der Apostel beschreibt diesen Zusammenhang in kultmetaphorischer Sprache (vgl. z.B. Phil 2,17; 4,18), weil sich in ihr zur Geltung bringen lässt: Christliche Existenz ist (in Wort und Tat, Handeln und Erleiden, kultisch und lebensweltlich) Hingabe. Prägnanten Ausdruck findet dieses Ineins von Gebet und Ethik am Beginn des glaubenspraktischen Schlussteils des Römerbriefs (Röm 12,1f.).

> Ich ermutige euch, Brüder, durch die Erbarmungen Gottes eure Leiber darzubringen als ein lebendiges, heiliges, Gott wohlgefälliges Opfer, als euren angemessenen Gottesdienst. Und macht euch nicht gleichförmig der Diesseits-Welt, sondern lasst euch verwandeln durch die Erneuerung eures Sinnes, auf dass ihr prüft, was der Wille Gottes ist: das Gute und Wohlgefällige und Vollkommene!

Der Mensch, der durch das Gebet auf Gott hin, mehr noch: von Gott her, geformt wird, handelt weder selbstsüchtig noch »selbstlos« (im Sinne einer Ich-Schwäche). Er misst im Handeln wie im Beten die Tiefe des Evangeliums, die Wirklichkeit der Erlösung aus: »Wo wir angelangt sind, damit wollen wir im Einklang stehen!« (Phil 3,16).

Wir sahen: Paulus war ein Beter. Doch anders als Brechts Bauernfamilie hat er sich dadurch nicht lähmen lassen. Wer mehrfach die damals bekannte Welt zu Fuß durchquert hat und in wenigen Jahren mit wenigen Gefährten die Grundlagen einer Weltreligion gelegt hat, war wohl vielmehr ein tatenfroher Mensch. Beten hält nicht vom Handeln ab, es führt nicht am Leben vorbei. Es ist Leben und inspiriert Handeln. Den tiefsten Einblick in seine Seele gibt Paulus dort, wo er beschreibt, wie Gott, der Geist und Freiheit ist, »in unseren Herzen erstrahlt« und Christus sehen lässt (2 Kor 3,17–4,6). Diesen Schatz, so führt er weiter aus, haben wir in »irdenen Gefäßen«. Sodann beschreibt er die Macht des Innenlebens: »in allem in Bedrängnis, aber nicht in Enge; ohne Rat, aber nicht ohne Ausweg; verfolgt, aber nicht im Stich gelassen; niedergeworfen, aber nicht zerschmettert … Deshalb werden wir nicht aufgerieben. Vielmehr: Wenn auch unser äußerer Mensch vernichtet wird, so wird doch unser innerer Mensch erneuert – Tag für Tag« (2 Kor 4,7–9.16).

E. Die (johanneische) Summe: Gleichzeitigkeit

Keiner aber von den Jüngern wagte es ihn auszuforschen: »Du – wer bist du?« Denn sie wussten: Es ist der Herr.
Joh 21,12

Für eine abschließende Zusammenschau eignet sich die Jesus-Erzählung des Vierten Evangeliums: Sie vereint in der ihr eigenen Sehweise die Motive, die uns beim Gang durch das Neue Testament begegnet sind. Vor allem gibt sie ihnen eine Prägung, die sich der Einheit von Theologie und Gebet verdankt, wie sie für die johanneische Christus-Wahrnehmung kennzeichnend ist. Christologie vollzieht sich hier, auch wenn sie weder unmittelbar Gebet ist noch vom Gebet handelt, nach Art einer betrachtenden Gebetspoesie. Die Christus-Erzählung wird im Leseakt unmittelbar zur Christus-Begegnung. Der Prolog zum Ersten Johannesbrief, in mancher Hinsicht als frühester Kommentar zum Johannes-Evangelium lesbar, bringt diese Einheit so zur Geltung (1 Joh 1,1–3):

> Was vom Ursprung an war, was wir gehört haben, was wir gesehen haben mit unseren Augen, was wir schauten und unsere Hände berührten vom Wort des Lebens – und das Leben wurde offenbar, und wir haben gesehen und bezeugen und verkünden euch das unendliche Leben, das beim Vater war und uns offenbar wurde –, was wir gesehen und gehört haben, verkünden wir auch euch, damit auch ihr Gemeinschaft mit uns habt. Und unsere Gemeinschaft nun ist mit dem Vater und seinem Sohn Jesus Christus.

Die Verkünder des 1 Joh beanspruchen offenkundig, Augen- und Ohrenzeugen des Lebens zu sein und es im tieferen Sinn durchschaut und betastet zu haben. Dieses »unendliche Leben« (*zōḗ aiṓnios*) wird personal verstanden: Es ist Jesus Christus selbst (vgl. Joh 11,25; 14,6), im Wort und als Wort (*lógos*) gegenwärtig. In ihm sieht der Briefprolog den Ursprung (*archḗ*), den zeitlichen Anfang und mehr noch den sachlichen Grund der Gemeinschaft, die die Verkünder ihrerseits weitergeben und teilen wollen. Dies erinnert uns an die von Paulus her vertraute Denkfigur der Teilhabe (*koinōnía*, lat. *communio*) an und durch Christus. Sie wird verbunden mit der uns ebenfalls von der paulinischen Gebetskultur her bekannten Dimension des Leiblich-Sinnenhaften. Die Glaubenden sind Augen- und Ohrenzeugen Jesu Christi, haben ihn beschaut und berührt. Leibhaftig.
Der Anspruch überrascht. Was im Johannes-Evangelium dem Apostel Thomas nur bedingt gewährt wird und Maria von Magdala verwehrt bleibt, das

steht jetzt offen und vermag gar an den lesenden Jünger weitergegeben zu werden. Hier verschmelzen Christus, sein anfängliches Wort, die Botschaft von ihm, das grenzenlose Leben, die Kirche, Leib und Seele der Glaubenden zur Erfahrungseinheit. Im Abstand zum unendlichen Leben, so lässt sich in Anlehnung an Søren Kierkegaard sagen, spielt es keine Rolle, ob man 2000 Jahre oder wenige Meter entfernt steht: Der Glaubende ist Christus so nah wie einst Petrus oder Johannes. Im Verhältnis zum Ewigen gibt es nur das Tempus der Gleichzeitigkeit. Deshalb gibt es nicht die unmittelbaren Jünger erster Klasse und die mittelbaren Jünger zweiten Grades. Es gibt nur den Nachfolger – unmittelbar. Weil der schreibende und lesende Jünger seinem Herrn nahe ist, ist der Prolog des 1 Joh in gebetssprachlicher Poesie verfasst: Im Gebet, so sagten wir eingangs, ist Gott nur einen Herzschlag weit entfernt.

Das Johannes-Evangelium selbst beginnt in ähnlicher Weise. Im Logos-»Hymnus« (Joh 1,1–18) fließt die Christus-Poesie mit der Christus-Erfahrung zusammen, indem über nichts anderes gehandelt wird als über die Kommunikation Gottes mit den Seinen (Joh 1,14.16.18):

> Und das Wort ist Fleisch geworden und hat unter uns gezeltet – und wir haben seinen göttlichen Machtglanz geschaut, göttlichen Machtglanz als des Einziggezeugten vom Vater her: voll Gnade und Wahrheit … Aus seiner Fülle haben wir alle empfangen: Gnade über Gnade. … Gott hat niemand jemals gesehen. Der Einziggezeugte, Gott, der an der Brust des Vaters liegt, der hat ihn ausgelegt.

Der göttliche Machtglanz (*dóxa*) überwältigt den staunend und dankbar betenden Betrachter mit Gnade und führt ihn in Gottes Lichtwelt hinein, in der er die Macht hat, Kind Gottes zu sein (vgl. 1,12). Jedoch ist das Einzige, was von Gott berührbar wird, der Sohn als dessen Ausleger. Das gesamte Evangelium dient daher mystagogisch dazu, die Lesenden an das Persongeheimnis Jesu heranzuführen. Es konturiert Christsein als eine innere Beziehung zwischen dem Jünger und seinem Kyrios, die sich im Verlauf des Evangeliums, vornehmlich durch Unterredungen zwischen Jesus Christus und einem suchenden/glaubenden Individuum, zur Freundschaft vertieft.

Bereits die Berufung der ersten Jünger dient mit wenigen ganz einfachen Grundverben dazu, einen Prozess des Zueinanderfindens und Miteinandersprechens einzuleiten, der in der semantischen Achse des gesamten Evangeliums weiter entfaltet wird. Jeder Beter kann diesen Prozess nachvollziehen: schauen – folgen – suchen – bleiben – kommen – sehen – hören – finden (vgl. 1,35–51).[31] Am Ende dieser Hinführung zum Jüngersein steht die Metapher der Himmelsleiter, auf der Engel hinauf- und hinabsteigen: Christus selbst wird zum »Haus Gottes und Tor des Himmels« (vgl. Gen 28,10–22), zum personalen Heiligtum, in dem der Suchende dem heiligen Gott begegnet. Wenig später wird das Bild zum christologischen Programm. Im Vierten Evangelium steht Jesu Tempelaktion richtunggebend am Anfang: »Reißt diesen Tempel nieder, und in drei Tagen werde ich ihn aufrichten!« (2,19). Abermals stoßen wir, wie beim paulinischen Lokativ »im Herrn«, auf die

Merkwürdigkeit, dass das Urchristentum raumförmig über Jesus denkt. Dabei geht es selbstverständlich nicht um eine metaphysische Theorie. Es geht um eine christliche Grunderfahrung: Heiligkeit – bergende und weitende Gottesnähe – wird in der Christus-Begegnung *zugänglich*. Als ansprechbares Du nimmt Christus jene Aufgabe ein, die die Antike dem Kultwesen zuschreibt: Er vergegenwärtigt den Immediatverkehr mit der Gottheit. Anders gesagt: Er führt unmittelbar in die heilige Gegenwart Gottes.
Diese Teilhabe-Erfahrung wird in dem wohl tiefsten Dialog des Vierten Evangeliums als pneumatischer Prozess gedeutet (4,4–42). An beziehungsreichem Ort – dem Brunnen des Erzvaters Jakob am Berg Garizim, dem Kultort der Samaritaner – spricht Jesus zu symbolträchtiger Zeit – die Sonne hat ihren Höchststand erreicht, und die Zeit der Ernte ist da – mit einem Menschen, der, äußerlich betrachtet, zur letzten Tiefe des Gebets aussichtslos ungeeignet scheint: der suchenden Samaritanerin. Aber ausgerechnet sie – und damit alle, die suchen – führt er, wiederum im mystagogischen Einzelgespräch, vom leiblichen zum seelischen Durst, von ihrer verirrten Lebensgeschichte zur Geschichte des wahren Lebens, von der äußeren Anbetung an überkommenen Plätzen zur Anbetung in Geist und Wahrheit: »Denn der Vater sucht solche, die ihn so anbeten. Geist ist Gott! Und die ihn anbeten, müssen ihn anbeten in Geist und Wahrheit!« (4,23f.). Nur scheinbar zusammenhanglos kommt die Frau unverzüglich auf den Messias zu sprechen, und Jesus gibt sich ihr als dieser zu erkennen. Denn solche Anbetung ist nur jenen möglich, die der Vater zu sich (6,44) bzw. der Erhöhte an sich zieht (12,32).
Zu abermals vielsagender Zeit, am Fest der Tempelweihe, und in bezeichnendem Tun, umherschreitend im Heiligtum (10,22f.), offenbart der Sohn sein Wesen: »In mir ist der Vater – und ich bin im Vater« (10,38). Er ist bleibend, was der Tempel war: Ort der Gottesgegenwart und des Gebets; Weg, Wahrheit und Leben (vgl. 14,6–14).
Man kann das gesamte Johannes-Evangelium als Interpretation dieser Erfahrung lesen, an der Wirklichkeit Christi teilzuhaben, in der Gleichzeitigkeit mit ihm – das heißt: im Ewigen – zuhause zu sein. Vor allem in dem von der (gottwidrigen) »Welt« zurückgezogenen Raum des Abendmahlssaals lehrt Jesus, der teilweise bereits im Vergangenheitstempus von seinem Erdendasein spricht, die Seinen, wie sie diese Gleichzeitigkeit mit ihm, dem Erhöhten, zu wahren vermögen. Wenn Jesus hier, im (seit dem 16. Jahrhundert so genannten) »hohepriesterlichen Gebet«, als Vor-Bild des Betens auftritt, hat sich der Schwerpunkt also verschoben: Es ist perspektivisch bereits der Erhöhte und damit den Lesenden Gegenwärtige, der seine Einheit mit dem Vater offenbart. So wird das Beten »in seinem Namen« nun auch unmittelbar Gespräch mit Jesus selbst, der den Beter in die wechselseitige Austausch-Beziehung zwischen Vater und Sohn hineinnimmt. Dies erklärt die Sprache der Immanenz, der Wechselseitigkeit und der realen Gegenwart, die nicht nur den literarischen Stil dieser Offenbarungsreden prägt, sondern Ausdruck der johanneischen Gebetserfahrung ist: »In Ihm sein und blei-

ben«.[32] Im Bild gesagt: »Ich bin der Weinstock, ihr seid die Reben. Wer in mir bleibt und in wem ich bleibe, der bringt reiche Frucht. Denn von mir getrennt, könnt ihr nichts tun« (15,5).

In diesem personalen Beziehungsgefüge, im wechselseitigen Austausch zwischen dem Erhöhten und dem Glaubenden auf Erden, treffen wir erneut auf die leibliche (vgl. bes. 6,48–58), die ethische (vgl. bes. 13,12–17.31–35) und die kirchliche (vgl. bes. 17,9–26) Dimension des Betens. Wie eine Leitmelodie durchzieht die Aufforderung zum erhörungsgewissen Gebet die Offenbarung des Kyrios vor den Jüngern (vgl. 14,13f.; 15,16; 16,23f.26f.). Und wie bei Paulus ist es der Realismus dieser Vorstellung, der am meisten verstört: Nur diese Christus-Beziehung ist Leben im Vollsinn, alles andere entweder Weg dorthin oder Dunkelheit. Die ganze Existenz des Glaubenden wird so zum Gebet, noch einmal: zum »Gottesdienst im Alltag der Welt«. So findet die paulinische Gebetssumme in Röm 12,1f. eine johanneische Parallele, die sich aber ganz dem Wirken Gottes zuwendet (Joh 17,15–17): »Ich bitte dich nicht, dass du sie aus der Welt nimmst, sondern dass du sie vor dem Bösen bewahrst. Sie sind nicht von der Welt, wie auch ich nicht von der Welt bin. Heilige sie in der Wahrheit! Dein Wort ist Wahrheit.«

All diese Bezüge finden in einem sehr schlichten und einprägsamen Beziehungsbild zusammen: dem Geliebten Jünger. Es ist kein Zufall, dass das Bild von der Einheit Gottes (1,18) mit dem Sohn im Bild von der Einheit des Geliebten Jüngers mit Christus wiederkehrt: Er ist es, der beim Abendmahl an der »Brust Jesu« liegt (13,23) – und der daher den Herrn auszulegen vermag. In ihm verkörpert sich Christsein als eine Vertrauens- und Dialogbeziehung zu Christus. Augustinus hat sie in seiner Predigt zum Ersten Johannesbrief so ausgelegt (ad 1 Joh 4,16):

> Gott ist Liebe. Und wer in der Liebe bleibt, bleibt in Gott, und Gott bleibt in ihm. Sie wohnen wechselseitig ineinander: wer umfängt und wer umfangen wird. Du wohnst in Gott, aber so, dass du umfangen wirst. Gott wohnt in dir, aber so, dass Er dich umfängt, damit du nicht fällst.[33]

Der Geliebte Jünger (in dem die kirchliche Legende den Apostel Johannes gesehen hat) ist zunächst eine Autoritätsfigur der johanneischen Gemeinde. Er weist jedoch über sich hinaus: Er steht für den »Jünger erster Hand«. Damit steht er, da es im Licht der Erhöhung keine »Jünger zweiter Hand« mehr gibt, für *jeden* Jünger, der in der Gleichzeitigkeit mit seinem Herrn lebt. Denn »geliebt« ist nicht nur dieser eine (vgl. 15,9–13). Seiner Christus-Teilhabe ist es eigen, Christus im tieferen Sinn zu verstehen (13,24f.), bis zuletzt zu begleiten und sich seiner letzten Anliegen anzunehmen (19,26f.), an ihn, den Erhöhten, gegen allen Augenschein zu glauben (20,1–10), ihn eher und wirklicher als andere wahrzunehmen (21,7) und ihm schlechthin zu folgen (21,20). In der spätgotischen Kunst ist dieser Jünger zu einem Symbol der betenden Christus-Freundschaft überhaupt geworden. Von daher ist das unter Urchristen verbreitete Gerücht (vgl. 21,23) am Ende auf eigene Weise doch wahr geworden: Dieser Jünger starb nicht.

Dialog

Altes Testament

Georg Fischer SJ

Der Durchgang durch beide Teile der Bibel zum Thema »Gebete« ergibt ein berührendes Resultat. AT und NT zeigen sich unter vielen Rücksichten *harmonisch im Einklang*. Dieses Ergebnis ermutigt, nicht nur aus wissenschaftlicher Sicht, sondern auch im Blick auf seine aktuelle Relevanz: Die »jüdischen« Gebete des AT und ihre »christlichen« Entsprechungen im NT sind nicht wesentlich verschieden, im Gegenteil; viele Texte der Hebräischen Bibel, vor allem die Psalmen, werden wörtlich in den Kirchen aufgenommen und mit großer, anhaltender Fruchtbarkeit verwendet.
Das weckt Hoffnung, dass über die historisch und kulturell gewachsenen Unterschiede der verschiedenen Bekenntnisse hinaus die Verehrung des allen gemeinsamen Gottes das Trennende überwinden und uns neu verbinden kann. *Beten vereint* und hat die Kraft, in der Ausrichtung auf das Entscheidende, nämlich die Hingabe an den biblischen Gott, sein Wort und seinen Dienst, Menschen verschiedener Herkunft und Prägung zusammenzuführen.
Diese Erfahrung des Gleichklangs der beiden Teile der Bibel machen mein Kollege Knut Backhaus und ich bereits zum zweiten Mal. Schon beim ersten gemeinsamen Werk (»Sühne und Versöhnung«, in derselben Reihe NEB-Themen, Band 7, erschienen im Jahr 2000) durften wir sehen, wie *Erbarmen und Vergebungswilligkeit Gottes* das Zentrum bilden, das in gleicher Weise das AT wie das NT beseelt.
Schon damals planten wir aufgrund der positiven Erfahrung miteinander eine weitere Zusammenarbeit zum Thema »Gebete«. Nun zeigt sich dabei, trotz der unterschiedlichen Formulierungen der jeweiligen Texte, erneut eine *Fülle verbindender Aspekte*. Sie betreffen Grundlagen des Betens. Drei von ihnen möchte ich hier noch ansprechen.

a) Auch das »neutestamentliche« Beten bleibt auf *Gott hin gerichtet* (s. S. 101f). Die Begegnung mit Jesus Christus, gleichfalls als Auferstandenem, hat diese Orientierung nicht wesentlich verändert, und auch das von ihm gelehrte Gebet redet Gott mit »(unser) Vater« an. Jesus und seine Jünger führen darin die Linie des AT weiter, und ebenfalls jene verstärkte Zunahme des Betens, die in vielen späteren Büchern zu beobachten war. Das NT erscheint so als organische Fortsetzung und Bekräftigung des im AT Erkannten und Entwickelten.
b) Ein besonders auffälliger gemeinsamer Zug ist, dass die *Nähe von Gebeten zur Theologie* im NT wiederkehrt. Am Ende von Teil A (S. 85) heißt es dazu, sie seien »... der Ursprung, die Mitte und die Seele der urchristlichen Theologie«. Ähnliches begegnet mehrfach, u.a. bei der Behandlung von Phil 2 oder beim »Leib-Christi-Gedanken« (s.o. S. 104 und 120). In diesem

Punkt gehen beide Teile der Bibel wiederum überein. Bezüglich des Verhältnisses von Gebet und Theologie kann man daraus zwei Schlüsse ziehen: Einerseits drängt das Bemühen, Gott zu erfassen, zum Beten. Anderseits öffnet Beten für ein tieferes Verständnis Gottes und erweist sich damit als der eigentliche Zugang zur Theologie.
c) Die Gebete im NT sind *sowohl in ihren Grundzügen als auch in ihrer Gestaltung eng mit jenen des AT verbunden.* Die Auslegung von Ps 22 (in Teil A 2) nennt als wichtige, gleichermaßen für das Beten im NT gültige Aspekte, dass es sich um echten Dialog handelt, fragmentarisch und dramatisch ist, Hoffnungsstruktur aufweist und mit dem Leben verbunden ist. Alle diese Momente tragen nicht nur Ps 22, von dem sie abgeleitet wurden, sondern gleichfalls weitgehend das sonstige atl. Beten.
Zudem zeigt die *sprachliche Ausformung viele Übereinstimmungen.* Der »Er-Stil« der Hymnen des NT (S. 103) steht in großer Nähe zu entsprechenden Psalmen. Öfter bilden Texte des AT die Vorlage für Formulierungen im NT (z.B. das Loblied der Hanna, 1 Sam 2, für das Magnificat Marias, in Lk 1, s. S. 110). Außerdem bestehen eine Menge gemeinsamer Motive, was sogar auch für das »Vater unser« gilt. Darin setzt das NT jenen beim AT gesehenen Zug fort, mit Vorliebe auf schon bekannte Ausdrücke und Wendungen aus früheren Texten zurückzugreifen und die Gebete so in vertrauten Traditionen zu verankern.
Insgesamt bezeugen AT und NT *geschwisterlich* Weise, Sinn und Glück des Betens zum biblischen Gott.

Neues Testament

Knut Backhaus

1. Der Weg führt mich vom (vertrauten) neutestamentlichen Gebet in das Alte Testament zurück, dessen Gebetskultur, vom Psalter abgesehen, viele (genauer, so lerne ich: insgesamt 470) Felder besitzt, die ich kaum begangen habe. Ich lese die Übersicht des Kollegen, die nicht nur das Gebetsgut selbst, sondern gerade seinen »Sitz im erzählten Leben« beleuchtet. Mir öffnet sich die Tür in eine *unbekannte Weite*. Das Neue Testament hat, im Wesentlichen betrachtet, ein einziges Gebetsthema: Jesus Christus und die Königsherrschaft Gottes in seinem Magnetfeld. Hier offenbart sich eine Person als die göttliche Tiefe des Lebens. Das alttestamentliche Beten stammt aus dem randvollen Leben des Menschen, treibt neues Leben aus sich heraus, ist selber – vom Jubel bis zum Fluch, mit allen Höhen und Tiefen, in aller Stärke und, weiß Gott, mit allen Schwächen – menschliches Leben. Ich lese von Brautschau und Befreiung, vom tödlichen Gelübde des Jiftach und von der unbeugsamen Hoffnung des Ijob, vom Beten in der Hochzeitsnacht und vom Beten im Krieg, vom Staunen über die Schöpfung und Dankbarkeit für den Tempel, vom Streit mit Gott und vom Glück seiner Nähe, von der Weisheit, die zum Gebet führt, und von der Weisheit, die im Gebet liegt. Es sind Könige, die beten, Priester, Propheten, wissende und verlorene, Hilflose, Siegreiche, Täter, Opfer, Mütter, junge Abenteurer, Engel und Sünder. Sie beten auf Knien und wandernd, musizierend und verzweifelt. Die Töne reichen von der Parodie des Gebets in der Jona-Erzählung bis zum bittersten Ernst in den Konfessionen des Jeremia. Keine menschliche Lebenslage zwischen Geburt und Tod bleibt ausgespart, jede Parzelle des Lebens ist geprägt vom Gebet und damit berührt von Gott.

Es ist, wie wenn ich am Sabbatvorabend in Jerusalem aus der Grabeskirche komme. In ihren verwinkelten Hallen ist mir Jesus von Nazaret, der Lebendige, der Leidende, der Auferstandene, leibhaftig nah. Ich gehe weiter zur »Klagemauer«, wo ich viele Juden beten sehe: in allen Lebenslagen, unter Tränen und tanzend, einsam und gemeinsam, lesend, lachend, schreiend, mit Gebetstuch, osteuropäischem Pelz, schwarzem Hut, buntem T-Shirt oder olivgrüner Uniform – und wenige Meter dahinter beginnt der Muezzin zu rufen, und bald ist die Oststadt von solchen Rufen erfüllt. Und mit dem aufgehenden Mond, dem Panorama der Stadt scheinen noch Natur und Kultur in das Gebet einzustimmen. Für mich als Christ bedeutet Jesus Christus die Mitte des Gebets, aber erst in dieser Fülle des Lebens gewinnt die Mitte ihre Bedeutung. Ohne das Alte Testament, diese Ur-Kunde des Menschseins, bliebe das Neue Testament, die Ur-Kunde des Christseins, ein Torso.

2. Wie beim Thema »Sühne und Versöhnung«, so betont mein alttestamentlicher Kollege, nehmen wir Exegeten einen Gleichklang zwischen unseren Schriftcorpora wahr. Beim Thema des versöhnten Daseins schien mir das Neue Testament niemandem eine Antwort geben zu können, der nicht am Alten Testament das Fragen gelernt hat (und umgekehrt). Beim Thema des Gebets trennt das Bild von Frage und Antwort noch zu sehr zwischen den »Testamenten«. Ich sehe stattdessen die Dynamik von Kontinuität und Konzentration.

a) *Kontinuität*: Die meisten Gebete, die wir im Neuen Testament lesen, könnten auch im Alten Testament stehen, stehen auch im Alten Testament oder sind ein Echo auf alttestamentliches Beten: Jesus stirbt mit einem »alttestamentlichen« Gebet (Ps 22) auf den Lippen, die lukanischen Cantica ahmen die Psalmen nach (und gelangen in den Oden der Septuaginta sogar in das griechische Alte Testament), das Magnifikat ist ein Echo auf das Hanna-Lied (vgl. AT: B 2.1), und nur von ihm her wird sein Christus-Bezug erkennbar! Noch die Christus-Psalmen der Paulinen können ihre Neuheitserfahrung nur in der Weise des JHWH-Gebets zum Ausdruck bringen. Sowohl das Kennzeichen der Leiblichkeit (vgl. AT: E 3) als auch die urtümliche Kraft der symbolsprachlichen Poesie (vgl. AT: E 6) binden das Urchristentum an die alttestamentliche Gebetspraxis zurück. Oder eher: Sie belegen, wie sich das Beten hier wie dort aus den gleichen Tiefen speist und zu gleichem Ausdruck drängt. Der Dialog mit Gott verbindet Zeiten und Orte, Menschen und Völker – gerade weil das Gespräch auf den souveränen Herrn über Zeit und Welt trifft. Der überraschende Umstand, dass im Neuen Testament Jesus Christus selten Adressat des kirchlichen Gebets ist, ist aus ebendiesem theozentrischen Kontinuum zu erklären. Das Frühchristentum hat den Monotheismus, wie es ihm in seiner (alttestamentlichen) Bibel begegnete, nicht preisgegeben, sondern in einem sensiblen Prozess christologisch definiert (vgl. NT: C 1). Eine wichtige Einsicht, die ich bei der Lektüre des alttestamentlichen Teils unseres Buches gewinne, ist ganz einfach die: Es gibt kein alt- und neutestamentliches Beten. Es gibt nur das biblische Beten.

b) *Konzentration*: Die Neuheitserfahrung des Christentums wächst, wie wir sahen, entsprechend zögernd, theologisch behutsam heran. Jesus Christus ist im Neuen Testament das, was im Alten Testament als JHWHs Großtat besungen wird, genauer: Gottes Großtat, die nicht mehr zu überbieten ist, weil er mit ihr sich selbst schenkt. Alle anderen Großtaten, von denen alttestamentliche Gebete handeln – von der Schöpfung über den Exodus, vom davidischen König bis zu Gottes Gericht – spiegeln diese endzeitliche Großtat wider, entfalten sie, versinnlichen sie, geben ihr Leibgestalt und Erdgeruch. Und umgekehrt: All diese alttestamentlichen Großtaten gewinnen ihre letzte, personale Dimension im Individuum Jesus Christus, in dem Kosmos, Befreiung, Macht und Gerechtigkeit im Zeichen der Offenbarung

Gottes als Liebe ihren letzten Sinn gewinnen: »Ihr Lobenden«, so sagt es Sir 43,30 (im Motto zu AT: D), »erhebt den Herrn! Soviel ihr vermögt – denn er wird (es) auch noch übersteigen.« Aus urchristlicher Sicht ist dieser Satz durch die Selbstmitteilung JHWHs in Christus erfüllt. Vielleicht ist der Satz »er wird es auch noch übersteigen« der einzige, den ein Urchrist in dieser Weise nicht mitbeten könnte. Denn mit Christus ist dem Glaubenden am Ende »alles« geschenkt (vgl. Röm 8,32).

3. Zwei Einsichten vor allem entnehme ich dem Dialogteil des alttestamentlichen Kollegen:

a) Niemals sind Menschen ökumenischer, als wenn sie beten. Doch wissen sie es nicht immer (auch dies ist ja eine Erfahrung des Christen an der jüdischen »Klagemauer« unter den Rufen des islamischen Muezzins). Wenn »Christen« beten können wie »Juden«, dann hat die gemeinsame Hinneigung zu Gott, die Hinneigung des biblischen Gottes zu ihnen sie zur Einheit geführt. Eine theologische Konsens-Ökumene wird erst gelingen, wenn zuvor eine Ökumene der Spiritualität gewachsen ist (die die Eigenart des anderen nicht fromm erdrückt, sondern aushält und als bereichernd erlebt).

b) Beten ist Theo-Logie im tiefsten Wortsinn: Gespräch Gottes mit dem Beter und Gespräch des Beters mit Gott. Das altkirchliche Christus-Dogma ist aus der urchristlichen Gebetspoesie gewachsen, das urchristliche Gottesbild verdankt sich der Gebetspoesie der *ecclesia ab Abel*. Theologie, die diesen Namen verdient, verleugnet gewiss ihre Rationalität nicht, aber diese Rationalität muss aus eigener Gotteserfahrung hervorgehen und wieder in sie hineinführen. Theologie ohne diese urbiblische Erfahrungsdimension ist erfahrungsloses Reden über die Erfahrungen Anderer.

4. Der alttestamentliche Teil beginnt damit, dass er Gebet als »Ausschütten des Herzens vor Gott« beschreibt. Der neutestamentliche Teil darf damit enden, dass er noch einmal auf den Geliebten Jünger verweist, der wie kein anderer dafür steht, dass Gott in Jesus Christus sein Herz vor den Menschen ausgeschüttet hat.

Anmerkungen

Hinführung

[1] M. Greenberg, Prayer, 7.
[2] Wenn die Breite des Vokabulars (s. dazu die Anm. 7 in Teil A) berücksichtigt wird und bloße Erwähnungen (von »flehen, Gebet, ...«) oder gar Haltungen (s.u. bei E, 3) auch mitgezählt werden, erhöht sich diese Zahl noch weit mehr.
[3] So die Definition von R.G. Kratz, Gebet, in: HGANT, 198. Er ergänzt weiter als wesentliche Merkmale »Sprachlichkeit« und »persönlichen Gottesbegriff«.
[4] C.H. Ratschow, Gebet, in: TRE 12, 32.
[5] K. Rahner, Not, 48.
[6] Formal und motivlich stehen Gespräche während Gotteserscheinungen oft in großer Nähe zu Gebeten; ein Beispiel dafür ist Abrahams Fürbitten in Gen 18,22–31. Im Unterschied dazu rechnet Beten offenbar mit Gottes ›Abwesenheit‹, in der Weise, dass er nicht unmittelbar präsent ist oder als gegenwärtig erfahren wird.
[7] Diese Auffassung ist offen für zwei elementare Formen, sowohl die des direkten Anredens Gottes (mit »du«, in 2. P.) als auch jene, ihn vor anderen zu loben (in 3. P., mit Sprechen über ihn). Beide begegnen nämlich oft zusammen, ineinander wechselnd – vgl. dazu H.G. Reventlow, Gebet, 161 u.ö., sowie die Ausführungen u. bei den Psalmen (Teil E, 5).

A. Beispielgebende Anfänge in der Tora

[1] Gottes Bote hatte in V. 11 gesagt: »Jhwh hat dein Elend gehört«. Hagars Wechsel zum ›sehen‹ (dreimal in V. 13) bleibt im Bereich des Wahrnehmens, weitet aber in Richtung einer umfassenderen Begegnung aus.
[2] Für die Diskussion über den Beginn des Hauptsatzes s. E.J. Ehrenreich, Aspekte der Gegenwart Gottes, Saarbrücken 2008, 10–12.
[3] Gen 32,10 nimmt korrekt den göttlichen Rückkehrbefehl aus 31,3 auf, wandelt aber »und ich werde mit dir sein« in »und ich werde dir Gutes tun« ab. Es greift diese Veränderung in V. 13 verstärkend auf und kombiniert sie mit an Abraham gegebenen Versprechen (s. Gen 22,17 u.a.) – vgl. dazu, für einen ähnlichen Bezug auf Gottes Sprechen zuvor, David in 2 Sam 7,27.
[4] Sogar B. Jacob, Das Buch Genesis, Stuttgart 2000, 917, hat mehr Fragen als Antworten dazu; einige hilfreiche Hinweise bietet G. Wenham, Genesis 16–50, Dallas 1994, 481f, durch den Aufweis der Bezüge zum Stamm Dan. – Im Hebräischen steht eigentlich Perfekt (»habe ich gehofft«), und das als »Heil« wiedergegebene Wort kann auch Hilfe, Rettung bedeuten.
[5] Die indirekt darin enthaltenen Kriterien an die zukünftige Braut sind Aufmerksamkeit, Bereitschaft, Sorge, Aufnahme von Fremden, Wahrnehmung der Lage auch von Tieren und großer Fleiß. Letzteres hängt zusammen mit dem Durst von Kamelen, die auf einmal bis zu 70 Liter trinken können – bei zehn Kamelen (V. 10) kann das also eine sehr anstrengende Arbeit geworden sein.
[6] Den entscheidenden Ausschlag zum Gelingen gibt die Braut selbst mit ihrer Einwilligung (s. V. 58).
[7] Dies zeigt eine Variabilität im Vokabular für Beten, die auch für andere Formulierungen gilt: Ausdrücke wie »Jhwh suchen, nach ihm fragen, niederfallen, anbeten, (sein Angesicht) besänftigen« usw. können ebenfalls mit Gebeten verbunden sein oder solche beinhalten. Zählt man diese Vorkommen mit, erhöht sich die Zahl der in der Hinführung für das AT genannten Gebete deutlich.
[8] Das Wort »beten« fällt dabei nicht, doch lässt Moses Geste, seine Hände erhoben zu halten (trotz des Singulars in V. 11 ist aufgrund von V. 12 Plural anzunehmen), wegen der Nähe zu vergleichbaren Formulierungen und Körperhaltungen (s. z.B. Ex 9,29) darauf schließen, dass er damit betete: G. Fischer/D. Markl, Das Buch Exodus (NSK–AT 2), Stuttgart 2009, 197f, sowie H.-C. Schmitt, Die Geschichte vom Sieg über die Amalekiter Ex 17,8–16 als theologische Lehrerzählung, ZAW 102 (1990), 335–344.

[9] »Erste« bezieht sich hier und an den weiteren Vorkommen im Absatz auf den von Gen 1 herkommenden Leser und ist nicht als historische Zeitangabe zu verstehen. Viele Anzeichen deuten darauf hin, dass Ex 15 wie überhaupt das ganze Buch Exodus ca. aus dem 5. Jh. v. Chr. stammt, dennoch aber anderen Texten wie Num 16; Jes 12 u.a. vorausliegt, die sich auf es beziehen.
[10] Der hebr. Text gibt Mose den Vorrang, indem er das erste Verb im Sing. belässt, was genau zu übersetzen ist als: »Damals sang Mose mit den Israeliten ...« (anstelle von: »sang*en* Mose *und* die Israeliten«).
[11] Die Kombination der genannten Elemente ist typisch für die sogenannten »Sieges-Tanzlieder«, wie sie in Ri 5; 11,34f; 1 Sam 18,6–8 und Jer 31,4 in ähnlicher Form begegnen.
[12] Lev konzentriert sich auf die Bestimmungen des Kultes. S. Talmon, Die Entstehung des Gebets als Institution in Israel im Licht der Literatur von Qumran, in: ders., Gesellschaft und Literatur in der Hebräischen Bibel, Neukirchen, 190–208, hier 193, beobachtet, daß begleitende Gebete zu kultischen Handlungen weitgehend fehlen – eine Ausnahme bildet Dtn 26, auf das unten eingegangen wird –, und schließt daraus, daß die Opfer früher schweigend vollzogen wurden.
[13] Dort wirft Gott Mose und Aaron Unglauben angesichts ihres Verhaltens am Felsen vor, weil sie sich nicht strikt an seine Anweisungen gehalten haben. Dtn 32,51 greift diese Position auf, während Mose selbst die Schuld mehrfach dem Volk gibt (z.B. hier, Dtn 1,37; 4,21). – Das Beispiel von Dtn 3 macht deutlich, daß Gott die Freiheit hat, Bitten auch von ihm ganz nahestehenden Personen *nicht* zu erhören.
[14] Diese Rolle des Mose spiegelt sich auch in späteren Texten, so z.B. in Jer 15,1 und Ps 99,6.

B. Von Müttern, Propheten und Königen: Gebete in der Geschichte

[1] Mit Mose verbinden in V. 7 die Warum-Frage (Ex 5,22), in V. 8 die Wendung »Bitte, mein Herr!« (Ex 4,10.13) sowie in V. 9 die Argumentation mit Gottes Ruf vor anderen und seinem Namen (Ex 32,12; Num 14,15f bzw. Ex 4,13; 5,23); die unterstellte Absicht und der Alternativplan von V. 7 stehen in größerer Nähe zum Reden der Gemeinschaft, z.B. in Ex 14,12; 16,3 u.ö.
[2] Vgl. besonders V. 1 und aus V. 3 »ich will singen für Jhwh« mit der Eröffnung in Ex 15,1; die Absicht des Lobpreises, wörtl. »Segnet Jhwh!«, spricht aus den beiden Imperativen an den Enden von V. 2 und 9.
[3] Hanna selbst spricht wörtl. von »Bitterkeit der Seele« in V. 10, von »Beschwernis/Härte des Geistes« in V. 15 und von »(Über-)Fülle meines Kummers und meines Grams« (oder: Ärger, Reizung) in V. 16. Alle drei Formulierungen sind in dieser Weise einmalig; Erstere beide haben aber ähnliche Wendungen in Ijob 21,25 und Jes 27,8.
[4] Eigentlich im Hebr. »auf/gegen/an ihr Herz«; in jedem Fall drückt es eine nach innen gekehrte Haltung aus.
[5] Der Ursprung dieser Ausschließlichkeitsbehauptungen mit »keiner« dürfte in Gottes Selbstaussage in Ex 9,14 »keiner ist wie ich« liegen. S. Becker-Spörl, »Und Hanna betete, und sie sprach ...«, Tübingen 1992, 52, charakterisiert den Text als »meditativ, [er] kreist um den Gedanken der Einzigartigkeit Jahwes«.
[6] So H.-P. Mathys, Dichter 133.
[7] Die Schlussverse des Kapitels (7,15–17) betonen dreimal das ›Richten‹ Samuels; er hebt sich dabei von Gideon, Jiftach, Simson ... markant ab, insofern die religiöse Ausrichtung bei ihm tragend ist.
[8] »Er saß vor Jhwh« – gemeint ist wohl ein Knie-Sitz, bei dem Oberschenkel und Gesäß auf Unterschenkeln und Fersen aufruhen (s. dazu Abbildung 423 bei O. Keel, Welt 293).
[9] Möglicherweise spielt bei all diesen kriegerischen Begriffen eine übertragene, geistliche Bedeutung mit eine Rolle: »Schild deiner Hilfe« in V. 36 z.B. kann ebenso als »Schild deines *Heils*« übersetzt werden (Ähnliches gilt für die Fügung »Horn meiner Hilfe« in V. 3) und wiese dann auf ein bildhaftes Sprechen von Waffen und Rüstung hin, wie es u.a. auch in Eph 6,14–17 begegnet.

10 Als Entsprechungen lassen sich auf drei Ebenen zuordnen:
A) das Fest:

Versammlung der Gemeinde	V. 1ff						V. 65f
Opfer		V. 5ff				V. 62–64	
Segen			V. 14ff		V. 55ff		
Gebet				V. 22–54			

B) das Gebet:

Anrede an Gott	V. 23						V. 53
Lob, Erinnerung		V. 23f				V. 53	
»Augen offen«			V. 29		V. 52		
sieben Bitten				V. 31–51			

C) die Bitten:

»Wenn ... sündigen«	V. 31f						V. 46–51
Kämpfe mit Feinden		V. 33f				V. 44f	
(Regen – Fremde)			V. 35f		V. 41–43		
jegliche Not				V. 37–40			

Auch wenn manche Motive ungleich lang entfaltet sind und die dritte, eingeklammerte ›Entsprechung‹ bei den Bitten keine spezifischen Verbindungen aufweist, scheint der Aufbau mit dreimal je sieben Elementen doch sehr bewusst durchkonstruiert zu sein. E. Talstra, Solomon's Prayer (Kampen 1993), 167, notiert ab V. 14 gleichfalls eine symmetrische Struktur.
11 H.-P. Mathys, Dichter 60, bezeichnet 1 Kön 8,30ff deswegen als »Traktat zum Thema ›Sünde und Vergebung‹«. Es gehe darin, wie von Arnold Gamper beschrieben, um das Wiedererlangen von Gottes Huld.
12 S. dazu W. Thiel, Gebete in der Elia- und Elisa-Tradition, in: M. Witte (Hg.), Gott und Mensch im Dialog (FS O. Kaiser; BZAW 345/I), Berlin 2004, 439–447.
13 Vermutlich sind auch die beiden in V. 42 erwähnten Gesten, sich niederzubeugen und den Kopf zwischen die Knie zu nehmen, aus dem Kontext des bald darauf einsetzenden Regens als Beten darum zu deuten.
14 S. dazu die Dissertation von S. Royar, Herr, sowie P.C. Beentjes, Psalms and Prayers in the Book of Chronicles, in: B. Becking/E. Peels (Hg.), Psalms and Prayers (OTS 55), Leiden 2007, 9–44. Letzterer zählt (doch unvollständig) 21 Gebete, davon 9 Übernahmen aus Vorlagen, aber 12 Stellen, die chr Sondergut bilden (S. 10); dazu kommen noch 7 Belege formelhaften Lobpreises. Alle aus Sam und Kön aufgenommenen Gebete hat der Autor von Chr zumindest leicht verändert und mit seinen Akzenten versehen.
15 Diesen und andere Unterschiede hat J. Schreiner, Gebet in der Gemeinde des Zweiten Tempels, in: ders. (Hg.), Freude am Gottesdienst (FS J. Plöger), Stuttgart 1983, 55–66, herausgearbeitet.
16 D. Mathias, Der König als Beter in der Chronik, in: A. Berlejung/R. Heckl (Hg.), Mensch und König (FS R. Lux; HBS 53), Freiburg 2008, 171–189, hier 185f.

C. Brennpunkte des Geschehens: Gebete bei den Schriftpropheten

1 S. die ausführliche Behandlung dieses Textes bei H.-P. Mathys, Dichter, 181–200. Nach ihm enthält er »fast alle Elemente, welche die drei Teile des Jesajabuches verbinden«, was auf eine späte Abfassung hindeutet (S. 197f).
2 W.A.M. Beuken, Jesaja 1–12 (HThKAT), Freiburg 2003, 328, bezeichnet Jes 12 als »Schlüssel zum Verständnis der vorausgegangenen Kapitel«.
3 So auch W.A.M. Beuken, Jesaja 13–27 (HThKAT), Freiburg 2007, 195 mit Anm. 72.
4 W.A.M. Beuken, Jesaja 13–27, 330f. – Auch Jes 27,13 berichtet, wie Menschen aus entgegengesetzten Richtungen zur Anbetung Jhwhs zusammenkommen.
5 Gott sagt »sich finden lassen« sowie »Nähe« zu und lädt unmittelbar folgend in V. 7 Unrecht tuende Menschen zur Umkehr ein; s. S. Paganini, Der Weg zur Frau Zion, Ziel unserer Hoffnung (SBB 49), Stuttgart 2002, 118.
6 U. Berges, Jesaja 40–48 (HThKAT), Freiburg 2008, 423f.
7 Zwei Monographien beschäftigen sich intensiv mit diesem Text: I. Fischer, Wo ist Jahwe?

(SBB 19), Stuttgart 1989, sowie J. Goldenstein, Das Gebet der Gottesknechte (WMANT 92), Neukirchen 2001.
[8] Eine ausführliche Darstellung bietet G. Fischer, Gebete. Für eine detailliertere Auslegung der Einzelstellen in Jer s. G. Fischer, Jeremia 1–25 bzw. Jeremia 26–52, beide HThKAT, Freiburg 2005.
[9] Im Allgemeinen zählt man Jer 11,18–12,6; 15,10–21; 17,14–18; 18,18–21 und 20,7–13 (oder –18) dazu.
[10] 32,1 ist auf das zehnte Jahr Zidkijas datiert, was ca. 588 v. Chr. entspricht; Jerusalem fiel dann im Juli 587.
[11] Nur zwei Beispiele aus V. 17: »Du, du hast gemacht Himmel und Erde« findet sich sonst nur in Hiskijas Gebet in 2 Kön 19,15. Und »eine Sache zu wunderbar« geht auf Gottes Erscheinung an Abraham und Sara in Mamre zurück, Gen 18,14.
[12] Der hebr. Text liest »wir wollen vergelten/ersetzen (als) Jungstiere unsere Lippen«, meist geändert zu »... die Früchte unserer Lippen«. Dies mag auf eine Auffassung hinweisen, die im Reden des Menschen zu Gott eine Art Opfer oder Ersatz dafür sieht (vgl. u.a. Ps 19,15 mit »Worte meines Mundes« in ähnlichem Sinn).
[13] M. Lang, Gott und Gewalt in der Amosschrift (FzB 102), Würzburg 2004, bes. 105–112, 125–133 sowie 236–239, kann aufzeigen, dass diese Doxologien grundlegend zum Verständnis Gottes in Amos sind.
[14] M. Greenberg, Prayer 17, schließt daraus, dass auch ›Heiden‹ den biblischen Gott anrufen dürfen.
[15] S. dazu die Dissertation von H.J. Opgen-Rhein, Jonapsalm und Jonabuch (SBB 38), Stuttgart 1997, vor allem 112–118.
[16] W. Brueggemann, Prayers 61, analysiert dies so: »Jonah misrepresents the cause of his trouble.« Schon früher hatte S. Balentine, Prayer 72, geschrieben, dass die Diskrepanz zwischen Wort und Tat nirgends klarer sei als in Jonas Beten; dies diene auch zur Charakterisierung seiner Person.
[17] Der hebr. Ausdruck dafür hat nur fünf Vorkommen. An allen vier anderen Stellen bedeutet es »mit Gewalt«, was die Intensität hier in Jona 3 unterstreicht.
[18] Zudem verbindet das »Werfen in die Tiefen des Meeres« (V. 19) exklusiv mit Ex 15,1.5. Damit gleicht Gottes verzeihender Umgang mit Sünden dem damaligen Sieg über alle Mächte, die Freiheit und Jhwh-Verehrung verhindern wollen.
[19] D. Markl, Hab 3 in intertextueller und kontextueller Sicht, in: *Bib* 85 (2004), 99–108, hier 104–107.

D. Vermehrtes Beten in späteren Schriften

[1] In Spr wird aber gelegentlich Beten erwähnt: Spr 15,8.29; 20,25 (Gelübde); 28,9.
[2] S. dazu die Dissertation von K. Zastrow, Bußgebete, sowie mehrere Beiträge in M.J. Boda u.a. (Hg.), Seeking the Favor of God, Vol. 1.: The Origins of Penitential Prayer, Leiden 2006.
[3] K. Zastrow, Bußgebete 64.
[4] Worauf sich diese Bemerkung exakt bezieht, ist unklar. Den Formulierungen von V. 12 stehen Dtn 7,3 und 23,7 neben Neh 10,31; 13,25 literarisch am nächsten. Auch wenn man Dtn Mose als Prophet zuschreibt, wird damit der Plural »Propheten« noch nicht gedeckt.
[5] Nur Ps 119 und 78 sind noch umfangreicher. Das Gebet zur Tempelweihe in 1 Kön 8,23–53 ist etwas kürzer als jenes hier in Neh 9.
[6] Beten findet sich in Neh 1,4–11; 2,4; 4,3; 5,13.19; 6,9.14; 8,6; 12,27.31 ... 45f; 13,14.22.29.31.
[7] S. dazu E. Talstra, in: B. Becking/E. Peels (Hg.), Psalms, 234. Er weist auf viele Bezüge von Neh 1 zu anderen biblischen Passagen hin.
[8] So K. Zastrow, Bußgebete 119.
[9] Die griechischen Zusätze zu Daniel (Susanna; Daniel und Bel; Daniel und die Drachenschlange) enthalten weitere Erwähnungen von Beten in 13,42f.60.63 und 14,4f.18.23–25.38.41.
[10] Letzteres gilt für Judit, nach H. Engel, in E. Zenger (Hg.), Einleitung in das Alte Testament, Stuttgart [7]2008, 297.
[11] Ähnlich J. Marböck in: R. Egger-Wenzel/J. Corley (Hg.), Prayer, 91.
[12] Die unterschiedlichen Textfassungen bei Tob (eine kürzere, durch B und A bezeugt, sowie eine längere, von S gestützte Version) bezeugen eine ähnliche Entwicklung wie bei Est, nun aber innerhalb des Griechischen: S weitet an mehreren Stellen die Gebete aus.

[13] So A.A. di Lella, in: R. Egger-Wenzel/J. Corley (Hg.), Prayer, 114, der ihre Haltung dem Selbstmitleid Tobits kontrastierend gegenüberstellt.
[14] Vgl. dazu Esra 9,5; Dan 9,21. Fünfmal wird in Jdt eine Tageszeit für das Beten angegeben (noch in 6,21; 11,17; 12,7f; 13,3), jedes Mal mit Abend oder Nacht verbunden (s. P.C. Beentjes, in: R. Egger-Wenzel/J. Corley [Hg.], Prayer, 249). Dazu passt auch der Mahatma Gandhi zugeschriebene Spruch: »Das Gebet ist der Schlüssel des Morgens und der Riegel des Abends.«
[15] S. dafür die Übersicht bei K. Engljähringer, Theologie im Streitgespräch. Studien zur Dynamik der Dialoge des Buches Ijob (SBS 198), Stuttgart 2003, 99, sowie ihre inhaltlichen Ausführungen bis S. 129. Ich klammere hier die Gespräche zwischen Gott und Ijob in Kap. 40 und 42 aus, weil sie in direkter Begegnung erfolgen.
[16] K. Engljähringer, Theologie 124.
[17] Der hebr. Text von 42,10 steht im Sg. »... für seinen Freund«, vielleicht in Aufnahme von Gottes Anrede an Elifas alleine in V. 7f (s. darin auch die auffällige Formulierung »... gegen dich und deine zwei Freunde«) oder aber in kollektivem Verständnis. Ausführlichste Beachtung widmet D. Iwanski der Fürbitte Ijobs in seiner Dissertation: The Dynamics of Jobs Intercession (AnBib 161), Rom 2006.
[18] In diese Richtung weist auch Bar 2,18, das mit fünf Ausdrücken bedrückte, leidende Menschen als jene nennt, die Gott Ehre und Gerechtigkeit zukommen lassen.
[19] So R. Feuerstein, in: R. Egger-Wenzel/J. Corley (Hg.), Prayer, 289f. Er schließt aus dem Vorlesen auf eine Gebets- und Liturgietradition.
[20] Der Untertitel »Die heilende Kraft der Klage« des mehrere Beiträge umfassenden Sammelwerkes von G. Steins (Hg.), Schweigen wäre gotteslästerlich, Würzburg 2000, macht auf einen weiteren Aspekt aufmerksam: Viele biblische Texte/Bücher zeigen nämlich, wie Klagen selbst schon positive Momente enthält und auch solche Auswirkungen entfaltet.
[21] H. Lichtenberger, in: R. Egger-Wenzel/J. Corley (Hg.), Prayer, fasst 2 Makk 4–7 als (weitgehend) »gebetslose Zeit« (S. 218), der gegenüber sich die Kap. 8–15 durch eine markante Zunahme der Gebete abheben, die mit einem Voranschreiten »von Sieg zu Sieg« verbunden sei (S. 203). – Mit dieser Präsentation setzt 2 Makk die bei 2 Chr gesehene Einstellung und Linie fort.
[22] Evtl. ist noch Koh 5,5 als Fortsetzung zu diesem Thema zu rechnen; s. dazu T. Krüger, Kohelet (BK), Neukirchen 2000, 210.
[23] So die Deutung von L. Schwienhorst-Schönberger, Kohelet (HThKAT), Freiburg 2004, 311 und 313f.
[24] M. Gilbert, in: R. Egger-Wenzel/J. Corley (Hg.), Prayer 117. Zu Gebeten in Sir s. insbesondere M. Reitemeyer, Weisheitslehre als Gotteslob (BBB 127), Berlin 2000.
[25] LXX weicht davon ab, insofern der Text dort das Dankgebet ab V. 12e und den Lobpreis nach V. 30 nicht bietet; s. dazu O. Mulder, in: R. Egger-Wenzel/J. Corley (Hg.), Prayer.
[26] H. Engel, Das Buch der Weisheit (NSK-AT 16), Stuttgart 1998, 29.

E. Die Hochblüte des Gebets – der Psalter

[1] So L. Alonso Schökel, Salmi, 165.
[2] Dieser treffende Kurztitel stammt von F. Delitzsch und wurde aufgenommen von L. Alonso Schökel, Salmi, 114.
[3] Der hohe Grad an Intertextualität ist ein Kennzeichen vieler Gebete. Oft greifen sie auf markante Wendungen oder Passagen in früheren Büchern zurück (s. z.B. Neh 9; Dan 9 u.a.).
[4] G. Fischer, Jeremia 1–25 (HThKAT), Freiburg 2005, 553f.
[5] So auch F.-L. Hossfeld, Psalmen 51–100, 409f.
[6] Auch dies ist ein Zeichen für die bewusste Zusammenstellung der Einzelpsalmen innerhalb der Sammlungen, und damit für die redaktionelle Formung des Psalters.
[7] Hilfreich sind die Darstellungen der Gebetshaltungen bei O. Keel, Welt, 287–301, die auch Einblick gewähren in ähnliche Praktiken im Alten Orient. – Die Vielfalt der Formen klingt ebenso in einer Bemerkung von Ignatius v. Loyola durch, es sei jeweils jene Haltung zu suchen, »in der ich finde, was ich begehre« (Geistliche Übungen Nr. 76).
[8] »Wer singt, betet doppelt« (Augustinus) weist hin auf die emotionale und wertmäßige Steigerung, die den Psalmen als Liedern, oft noch dazu mit Instrumentalbegleitung, zukommt. Im

(zusätzlichen) Singen erhebt sich das Beten weit über den Alltag und das sonstige Leben hinaus und lässt vermehrt Faszination und Schönheit der Gegenwart Gottes verspüren.

[9] Es ist damit zu rechnen, dass in den meisten Fällen nicht so sehr die ›historischen‹ Personen (Jakob, Mose, Hanna ...), sondern die späteren Autoren der jeweiligen Bücher für den exakten Wortlaut der Gebete und ihre Verankerung im Kontext verantwortlich sind.

[10] E. Zenger, Psalmen 51–100, 195, bezieht mit M. Kleer diese Situationsangabe auf die Verfolgung durch Abschalom in 2 Sam 15–17.

[11] F.-L. Hossfeld, Psalmen 101–150, 731. S. dazu auch die Auslegung von J. Marböck in dem anregenden Heft »Mit Israel beten: Die Psalmen. Leben^s Werte^s entdecken«, Linz 2006, 19–21, sowie überhaupt zu unserem Thema ders., Beten.

[12] Das hebr. Wort steht im Pl. und kann entweder eine Gruppe oder eine Haltung bedeuten. L. Alonso Schökel, Salmi, 101, interpretiert im Sinn von Arroganz.

[13] Hilfreich sind hierfür die Überlegungen von A. Wagner, Sprechen zu Gott – Sprechen über Gott, in: ders., Beten und Bekennen. Über Psalmen, Neukirchen 2008, 3–19.

[14] Dies gilt nicht nur für das Sprechen selbst, sondern ebenso für die damit verbundenen Gesten. Nach dem Urteil von F. Heiler, M. Greenberg u.a. haben sie Analogien im gesellschaftlichen Verhalten, z.B. im Sichniederwerfen oder Stehen vor Königen, in der Selbstbezeichnung »Diener« usw.

[15] S., u.a., J. Scharbert, Das ›Wir‹ in den Psalmen auf dem Hintergrund des altorientalischen Betens, in: E. Haag/F.-L. Hossfeld (Hg.), Freude an der Weisung des Herrn (FS H. Groß; SBB 13), Stuttgart 1986, 297–324. – Es gibt jedoch auch Gemeinsamkeiten zwischen Israel und den es umgebenden Nationen im Beten, wie die ähnlichen Motive im Großen Aton-Hymnus und Ps 104 oder die sogenannten »Handerhebungsgebete« (sumerisch Šu-ila, s. dazu die Studien von W. Mayer und A. Zgoll) allein schon von der Haltung her deutlich machen. Beten verbindet die Menschheit, auch wenn im Einzelnen Unterschiede bestehen.

[16] Z.B. E. Zenger, Psalmen 101–150, 327.

[17] S. dazu G. Fischer, Wege in die Bibel, Stuttgart ³2008, 139.

[18] A. Schenker, Das Gebet im Lichte der Psalmen, in: BiKi 35 (1980), 37–41, hier 38, spricht von »kräftiger Weltlichkeit« und davon, dass »keine Kriterien des Passenden und sich Gehörenden eingeführt« werden. Dies trage zur »*Wahrheit* des Betens« bei.

[19] E. Zenger, Psalmen 101–150, 851.

[20] Die hier beschriebene Erfahrung entspricht in etwa dem, was manche heute in der Meditation erleben. Dies spiegelt sich auch in den klassischen Werken von F. Jalics, Kontemplative Exerzitien. Eine Einführung in die kontemplative Lebenshaltung und in das Jesusgebet, Würzburg 1994, und W. Jäger, Kontemplation. Gottesbegegnung heute, Salzburg ²1983, die in vielem den in den Psalmen benannten Haltungen verblüffend nahekommen.

Am Übergang

[1] »Angesicht« ist dabei ein Stichwort für die offene, persönliche Begegnung mit Gott, die den Frommen zur Quelle von Freude, Gnade, Rettung wird, s. Gen 32,31; Num 6,25f; den Refrain von Ps 42f, und zudem die Ausführungen von R. Guardini, Vorschule, ab S. 39.

[2] So beschreibt A. Gonzalez, Prière (DBS VIII), 555–606, hier 583, eine oft in Psalmen beobachtbare Bewegung.

[3] W. Brueggemann, Polyphonie und Einbildungskraft, Frankfurt 2004, 277; vgl. auch ders., Prayers, xx, »daring act«.

[4] Konkrete Hilfen dazu bieten die Bücher von J.M. Steinke und, doch schon etwas älter, J. Müllner. Geistlich inspirierend sind die Werke von R. Guardini und K. Rahner (für alle s. Literaturverzeichnis).

Neues Testament

A. Biblisches Beten – Ein Blick auf das Bleibende

[1] Die Zahlen, zum Teil basierend auf einer EMNID-Umfrage von 1997, bei Michael N. Ebertz, Katholiken – ihr Glaube, ihre Kirche. Zwischen Apologie und Aporie, in: Zur Debatte Nr. 1/2003, 6–8.
[2] Stundenbuch, in: Sämtliche Werke I: Gedichte. Erster Teil, Frankfurt a.M. 1955, 249–366: 297.
[3] *animula vagula blandula,/hospes comesque corporis,/quae nunc abibis in loca/pallidula rigida nudula/nec, ut soles,/dabis iocos* (*Historia Augusta* 25); zur Interpretation vgl. J. Holzhausen, Hadrians *noûs* und seine *animula*, in: Rheinisches Museum für Philologie 143 (2000) 96–109.
[4] Es spricht viel dafür, dass die vormarkinische Überlieferung mit Ps 22,2 den authentischen Sterberuf Jesu aufbewahrt hat (Mk 15,34) und in dieser Anfangsfrage der ganze Psalm 22 mitklingt; zur Diskussion vgl. W. Bösen, Der letzte Tag des Jesus von Nazaret, Freiburg i.Br. [2]1994, 292f. In jedem Fall haben wir mit diesem – schon in der Urkirche als schwierig empfundenen – Gebet ein sehr frühes urchristliches Gedächtnisbild vom sterbenden Kyrios.
[5] Vgl. Immanuel Kant, Die Religion innerhalb der Grenzen der bloßen Vernunft, 4. Stück, Allgemeine Anmerkung, in: Werke in sechs Bänden IV: Schriften zur Ethik und Religionsphilosophie, Darmstadt ([5]1983) 1998, 870–874 (A: 284–290; B: 302–308); Vom Gebet, in: Sämtliche Werke VIII: Vermischte Schriften und Briefwechsel. Hg. v. J. H. von Kirchmann, Leipzig 1873, 200f.
[6] K. Barth, Kirchliche Dogmatik III/4: Die Lehre von der Schöpfung, Zürich (1951) [3]1969, 96. Zur Gebetslehre bei Barth vgl. ebd., 95–127, sowie knapp ders., Einführung in die evangelische Theologie, Zürich (1962) 1985, 175–186.
[7] A Grief Observed (1961), London 1978, 9.
[8] L. Wittgenstein, Denkbewegungen. Tagebücher 1930–1932, 1936–1937 (Normalisierte Fassung). Hg. von I. Somavilla, Innsbruck 1997, n. 203.

B. Jesus: Beten als Beziehung

[9] Beten und Tun des Gerechten. Dietrich Bonhoeffers umstrittenes Erbe (1975), in: ders., Am gegebenen Ort. Aufsätze und Reden 1970–1979, München 1979, 39–47: 47.
[10] Sensibler als die Liturgik ist die Literatur: »Kleine Brote backt ihr. ›Fürbitten‹, wer hat denn das erfunden? Soll Er nicht gesagt haben: ›Fragt und so wird euch gegeben. Und nicht anderes wird euch gegeben, als wonach ihr gefragt. Und nicht ein Stein statt des Fischs?‹ ›Fürbitten‹, für und für, wo soll das hinführen?« (Patrick Roth, Riverside. Christusnovelle, Frankfurt a.M. [1991] 1996, 38).
[11] Der Bedeutung des Vaterunser für die Christen entspricht die Fülle der hinführenden und auslegenden Literatur. Ich beschränke mich auf drei Hinweise: J. Gnilka, Das Matthäusevangelium I (HThK.NT 1/1), Freiburg i.Br. (1986) [3]1993, 212–232; U. Luz, Das Evangelium nach Matthäus I (EKK 1/1), Zürich – Neukirchen-Vluyn (1985) [5]2002, 432–458 (Lit.); H. Schürmann, Das Gebet des Herrn als Schlüssel zum Verstehen Jesu, Freiburg i.Br. (1958) [4]1981.
[12] So U. Luz, a.a.O., 448f.

C. Urchristliche Gebetskultur

[13] Little Gidding, in: T.S. Eliot, Collected Poems 1909–1962, London (1963) 2002, 202.
[14] Dies lässt sich vor allem an der recht eindringlichen Gebetsparänese des Jakobusbriefs beobachten; vgl. dazu näher A. Wypadlo, Viel vermag das inständige Gebet eines Gerechten (Jak 5,16). Die Weisung zum Gebet im Jakobusbrief (FzB 110), Würzburg 2006.
[15] Vgl. L.W. Hurtado, At the Origins of Christian Worship. The Context and Character of Earliest Christian Devotion, Grand Rapids, Mich. (1999) 2000, 63–97, bes. 95–97.
[16] Über die traditionsgeschichtliche Herleitung des »Hymnus« und die paulinischen Ergänzungen besteht eine gewisse Konvergenz in der Forschung. Der vereinzelt geäußerte Wider-

spruch gegen den vorpaulinischen Charakter vermag aus meiner Sicht nicht zu überzeugen. Unter religionsgeschichtlichem Aspekt führt der Gebetstext deutlich vor Augen, wie unsinnig die einem dogmatischen Interesse verdankte Rede von der »Hellenisierung« des Christentums ist: Bereits das vorchristliche Judentum weist weithin »hellenisierte« Züge auf; das Christentum ist von Anfang an in eine »hellenisierte« Welt getreten.

[17] Es fehlt nicht an Ersatzvorschlägen von epideiktischer *digressio* (Exkurs zum Zweck des Lobpreises) über Enkomion (Lobrede) bis ganz allgemein »Christus-Lied« (wobei selbst noch der Begriff des »Liedes« nicht unproblematisch ist, weil wir urchristliche Singweisen nicht kennen). Texttypologien sind stets Ergebnis subjektiver Lesevergleiche. Da das Urchristentum selbst keine Gattungseinteilung getroffen hat, ist eine exakte und konsensfähige Unterscheidung von Gebetsgattungen nicht zu erwarten.

[18] So der schöne Artikel 22 der Konstitution *Gaudium et spes* des II. Vatikanischen Konzils, der auch Kol 1,15 zitiert: »Tatsächlich klärt sich nur im Geheimnis des fleischgewordenen Wortes das Geheimnis des Menschen wahrhaft auf. Denn Adam, der erste Mensch, war das Vorausbild des zukünftigen, nämlich Christi des Herrn. Christus, der neue Adam, macht eben in der Offenbarung des Geheimnisses des Vaters und seiner Liebe dem Menschen den Menschen selbst voll kund und erschließt ihm seine höchste Berufung. ... Der ›das Bild des unsichtbaren Gottes‹ (Kol 1,15) ist, er ist zugleich der vollkommene Mensch, der den Söhnen Adams die Gottebenbildlichkeit wiedergab, die von der ersten Sünde her verunstaltet war. Da in ihm die menschliche Natur angenommen wurde, ohne dabei verschlungen zu werden, ist sie dadurch auch schon in uns zu einer erhabenen Würde erhöht worden. Denn er, der Sohn Gottes, hat sich in seiner Menschwerdung gewissermaßen mit jedem Menschen vereinigt.«

[19] Zur Auslegung vgl. bes. U. Mittmann-Richert, Magnifikat und Benediktus. Die ältesten Zeugnisse der judenchristlichen Tradition von der Geburt des Messias (WUNT II/90), Tübingen 1996.

[20] Die »Einheitsübersetzung« beschreibt stattdessen im Gegenwartstempus ein allgemeines Handeln Gottes, das von diesem unverwechselbaren und unwiederholbaren Anlass losgelöst ist: »er stürzt die Mächtigen vom Thron« usw. – eine bedauerliche philologische und theologische Fehlentscheidung.

[21] G. Greene, The Heart of the Matter, London (1948) 1982, 264. Das Gedicht »Herbst« im Buch der Bilder, in: Sämtliche Werke I: Gedichte. Erster Teil, Frankfurt a.M. 1955, 367–477: 400.

D. Paulus: Beten als Erfahrung

[22] Die Mystik des Apostels Paulus (1930) (UTB 1091), Tübingen 1981, 385.

[23] Lohnende Ansätze bei G. Theißen, Erleben und Verhalten der ersten Christen. Eine Psychologie des Urchristentums, Gütersloh 2007, 111–250; grundsätzlich L.T. Johnson, Religious Experience in Earliest Christianity. A Missing Dimension in New Testament Studies, Minneapolis, Minn. 1998.

[24] Dazu R. Gebauer, Das Gebet bei Paulus. Forschungsgeschichtliche und exegetische Studien (TVGMS 349), Gießen 1989, sowie K.-H. Ostmeyer, Kommunikation mit Gott und Christus. Sprache und Theologie des Gebetes im Neuen Testament (WUNT 197), Tübingen 2006, 40–117.

[25] Zur Vision als Durchbruchserfahrung vgl. G. Theißen, a.a.O., 140–163; speziell zum visionären Erleben bei Paulus ebd., 155–159. Umfassend zur historischen Kontextualisierung der visionären Wahrnehmung des Apostels: B. Heininger, Paulus als Visionär. Eine religionsgeschichtliche Studie (HBS 9), Freiburg i.Br. 1996. Zur Berufungsvision als Initialzündung der paulinischen Botschaft Chr. Dietzfelbinger, Die Berufung des Paulus als Ursprung seiner Theologie (WMANT 58), Neukirchen-Vluyn (1985) ²1989.

[26] Vgl. U. Schjoedt u.a., Highly Religious Participants Recruit Areas of Social Cognition in Personal Prayer, in: Social Cognitive and Affective Neuroscience (advance access published February 25, 2009: doi: 10.1093/scan/nsn050), sowie zur Theoriebildung P. Lampe, Die Wirklichkeit als Bild. Das Neue Testament als ein Grunddokument abendländischer Kultur im Lichte konstruktivistischer Epistemologie und Wissenssoziologie, Neukirchen-Vluyn 2006, bes. 91–93.123–149.

[27] Noch immer sehr lesenswert ist das bahnbrechende Opus von Albert Schweitzer, Die Mystik des Apostels Paulus (a.a.O.). Zur jüngeren Diskussion J.D.G. Dunn, The Theology of Paul the Apostle, Grand Rapids, Mich. 1998, bes. 390–412; K. Backhaus, Evangelium als Lebensraum. Christologie und Ethik bei Paulus, in: U. Schnelle; Th. Söding (Hg.), Paulinische Christologie. Exegetische Beiträge. FS Hans Hübner, Göttingen 2000, 9–31.
[28] Die romantische Schule (1836), in: Werke IV: Schriften über Deutschland. Hg. v. H. Schanze, Frankfurt a.M. 1968, 166–298: 211.
[29] Vgl. G. Theißen, a.a.O., 195–201; L.T. Johnson, a.a.O., 105–136.
[30] Werke VI: Stücke 6, Berlin – Frankfurt a.M. 1989, 7–86: 79–84.

E. Die (johanneische) Summe: Gleichzeitigkeit

[31] Vgl. dazu die eindringliche Untersuchung von A. Meyer, Kommt und seht. Mystagogie im Johannesevangelium ausgehend von Joh 1,35–51 (FzB 103), Würzburg 2005.
[32] Dazu ausführlich und tiefgehend K. Scholtissek, In ihm sein und bleiben. Die Sprache der Immanenz in den johanneischen Schriften (HBS 21), Freiburg i.Br. 2000. Die Selbstvergegenwärtigung des Auferstandenen im Lektüreprozess untersucht lohnend A. Dettwiler, Die Gegenwart des Erhöhten. Eine exegetische Studie zu den johanneischen Abschiedsreden (Joh 13,31–16,33) unter besonderer Berücksichtigung ihres Relecture-Charakters (FRLANT 169), Göttingen 1995.
[33] Die Übersetzung orientiert sich an dem gut lesbaren Band von H.M. Biedermann, Unteilbar ist die Liebe. Predigten des heiligen Augustinus über den ersten Johannesbrief, Würzburg 1986.

Literaturverzeichnis

Altes Testament

Alonso Schökel, L., Trenta Salmi: Poesia e preghiera, Bologna 1982 (inspirierend zu ausgewählten Psalmen; sensibel für künstlerischen Ausdruck)
Balentine, S. E., Prayer in the Hebrew Bible, Minneapolis 1993 (wertvoll; große Themen)
Becking, B./Peels. E. (Hg.), Psalms and Prayers (OTS 55), Leiden 2007
Brueggemann, W., Great Prayers of the Old Testament, Louisville 2008 (zwölf ausgewählte, herausragende Betende mit je einem Haupttext; anregend Einleitung und Rückblick)
Egger-Wenzel, R./Corley, J. (Hg.), Prayer from Tobit to Qumran (DCLY 1), Berlin 2004
Fischer, G., Gebete als hermeneutischer Schlüssel zu biblischen Büchern – am Beispiel des Jeremiabuches, in: A. Lemaire (Hg.), Congress Volume Ljubljana 2007 (VT.S), Leiden (i. D.)
Greenberg, M., Biblical Prose Prayer. As a Window to the Popular Religion of Ancient Israel, Berkeley 1983 (kurz, erhellend)
Guardini, R., Vorschule des Betens, Einsiedeln 1943; [6]1960 (Standardwerk; nicht biblisch)
Hossfeld, F.-L./Zenger, E., Psalmen 51–100 (HThKAT), Freiburg 2000
– *dies.*, Psalmen 101–150 (HThKAT), Freiburg 2008
Keel, O., Die Welt der altorientalischen Bildsymbolik und das Alte Testament. Am Beispiel der Psalmen, Zürich 1972; Darmstadt [3]1984 (erschließt den Bildhintergrund vieler Themen und Ausdrücke)
Marböck, J., Beten – Menschsein vor Gott. Grundhaltungen biblischen Betens, Linz 1982 (knappe Einführung; geistlich, überwiegend zu Psalmen)
Mathys, H.-P., Dichter und Beter. Theologen aus spätalttestamentlicher Zeit (OBO 132), Fribourg 1994 (wissenschaftlich, reichhaltig)
Miller, P. D., They cried to the Lord. The Form and Theology of Biblical Prayer, Minneapolis 1994 (systematische Behandlung; thematische Zusammenstellungen)
Müllner, J., In der Tiefe des Herzens. Briefe über das Gebet, Kevelaer 1988 (aus reicher Erfahrung; nicht biblisch)
Rahner, K., Von der Not und dem Segen des Gebets, Innsbr. 1949 (Klassiker, spirituell; nicht biblisch)
Reventlow, H. G., Gebet im Alten Testament, Stuttgart 1986 (bes. auf Formen ausgerichtet)
Royar, S., »Denn der Herr, euer Gott, ist gnädig und barmherzig ...«. Die Gebete in den Chronikbüchern und ihre Bedeutung für die chronistische Theologie, Münster 2005
Steinke, J. M., Wie Beten geht, Freiburg 2004 (praktisch hilfreich; nicht biblisch)
Zastrow, K., Die drei großen Bußgebete von Esra 9, Nehemia 9 und Daniel 9, Heidelberg 1998

Neues Testament

Cullmann, O., Das Gebet im Neuen Testament. Zugleich Versuch einer vom Neuen Testament aus zu erteilenden Antwort auf heutige Fragen, Tübingen (1994) [2]1997
Gebauer, R., Das Gebet bei Paulus. Forschungsgeschichtliche und exegetische Studien (TVGMS 349), Gießen 1989
Hurtado, L.W., One God, One Lord. Early Christian Devotion and Ancient Jewish Monotheism, Philadelphia, Pa. 1988
ders., At the Origins of Christian Worship. The Context and Character of Earliest Christian Devotion, Grand Rapids, Mich. (1999) 2000
Johnson, L.T., Religious Experience in Earliest Christianity. A Missing Dimension in New Testament Studies, Minneapolis, Minn. 1998
Karris, R.J., Prayer and the New Testament, New York 2000
Ostmeyer, K.-H., Kommunikation mit Gott und Christus. Sprache und Theologie des Gebetes im Neuen Testament (WUNT 197), Tübingen 2006 (Lit.!)
Ratschow, C.H. u.a., Art. Gebet, in: Theologische Realenzyklopädie XII (1984), 31–103
Schönweiß, H. u.a., Art. Gebet, in: Theologisches Begriffslexikon zum Neuen Testament I (1997), 600–615
Theißen, G., Erleben und Verhalten der ersten Christen. Eine Psychologie des Urchristentums, Gütersloh 2007
Untergaßmair, F.G., Im Namen Jesu beten. Bibl. Impulse zu christlichem Gebet, Stuttgart 1990

Abkürzungsverzeichnis

Alttestamentliche Bücher

Gen	Genesis
Ex	Exodus
Lev	Levitikus
Num	Numeri
Dtn	Deuteronomium
Jos	Josua
Ri	Richter
Rut	Rut
1 Sam	1 Samuel
2 Sam	2 Samuel
1 Kön	1 Könige
2 Kön	2 Könige
1 Chr	1 Chronik
2 Chr	2 Chronik
Esra	Esra
Neh	Nehemia
Tob	Tobit
Jdt	Judit
Est	Ester
1 Makk	1 Makkabäer
2 Makk	2 Makkabäer
Ijob	Ijob
Ps	Psalmen
Spr	Sprichwörter
Koh	Kohelet
Hld	Hoheslied
Weish	Weisheit
Sir	Jesus Sirach
Jes	Jesaja
Jer	Jeremia
Klgl	Klagelieder
Bar	Baruch
Ez	Ezechiel
Dan	Daniel
Hos	Hosea
Joël	Joël
Am	Amos
Obd	Obadja
Jona	Jona
Mi	Micha
Nah	Nahum
Hab	Habakuk
Zef	Zefanja
Hag	Haggai
Sach	Sacharja
Mal	Maleachi

Neutestamentliche Bücher

Mt	Matthäus
Mk	Markus
Lk	Lukas
Joh	Johannes
Apg	Apostelgeschichte
Röm	Römerbrief
1 Kor	1. Korintherbrief
2 Kor	2. Korintherbrief
Gal	Galaterbrief
Eph	Epheserbrief
Phil	Philipperbrief
Kol	Kolosserbrief
1 Thess	1. Thessalonicherbrief
2 Thess	2. Thessalonicherbrief
1 Tim	1. Timotheusbrief
2 Tim	2. Timotheusbrief
Tit	Titusbrief
Phlm	Philemonbrief
Hebr	Hebräerbrief
Jak	Jakobusbrief
1 Petr	1. Petrusbrief
2 Petr	2. Petrusbrief
1 Joh	1. Johannesbrief
2 Joh	2. Johannesbrief
3 Joh	3. Johannesbrief
Jud	Judasbrief
Offb	Offenbarung des Johannes

Weitere Bücher

bBer	Babylonischer Talmud, Traktat Berachot
Did.	Didache
ep.	Plinius d. J., Briefe
EvTh	koptisches Thomas-Evangelium
inst.	Quintilian, Institutio oratoria (Einweisung in die Redekunst)
sat.	Petronius, Satyrica

Weitere Abkürzungen

atl.	alttestamentlich
bes.	besonders
hebr.	hebräisch
LXX	Septuaginta
o.	oben
ö.	öfter
Pl.	Plural
Q	Redenquelle
s.	siehe
u.	und/unten

Bibelstellenregister

Alttestamentliche Bücher

Gen

4,26 11, 13
14,19f 13, 20
16,13 13, 21
18 13, 139
20,2.17 13
22,1–19 100
24 14f
25,21–23 14
28,10–22 126
28,20–22 14
32 14, 141
34 54
49,18 14

Ex

2,23–25 15f
3,7 15
4f 16f, 20, 22, 137
8–10 16
9,29 136
12,27 16
14,10.15 16, 22
14,31 18
15 11, 13, 17–19, 21–23, 36, 45, 55, 64, 66, 73, 137, 139
15,24 20
15,25 16
17 16, 24
18,10f 17
19,6 114
24,1 17
32–34 17, 21f, 27, 50

Lev

5,5 19
16,21 19
26,1.40 19

Num

6,22–27 19, 22, 141
6,23–26 112
10,35f 19
11 20, 22
11–21 17
11,2 19f
12,13 20
14,11–20 20, 27
17,11f 61
20 20, 24
21,7 20

Dtn

1,45 20
3 20, 137
4,29 20
6,4f 30, 80
7,9 30
8 20–22, 37
9 21, 27
21,8 21
26 21f
30,2 53
31–33 21f, 29

Jos

7 23f
10,6.12.14 23f
24 23

Ri

5 23, 137
11,30f 24
15,18f 24
16 24
21,1–3 24, 26

Rut

2–4 52

1 Sam

1f 23–26, 46, 72
2 11, 24–26, 28f, 53, 73, 132
2,1–10 110
2,10 111
7 26, 30
8,6 26
12,23 26
15,24–31 27
23,10–12 27
25,32.39 27
28,14–19 27
30,8 27

2 Sam

2 27
5f 27
7 27f, 30, 40, 49, 51, 64f, 72, 136
12,16.20 28
15 28, 64, 141
21,1 28
22 23, 28–30, 33
23,3 29
24,10.17 28

1 Kön

3 30, 61
5,21 33
10,9 33
8 19, 30f, 33, 61, 65f, 139
9,1–9 31

13,6 31
17–19 31, 45

2 Kön
4–6 32
13,4 32
18,3.5f 32
19 27, 32, 139
20 32

1 Chr
4f 33
16,7–36 33
19,13 33

2 Chr
2,11 33
7 31, 33
9,8 33
16,12f 34
24,22 34
29,10–20 33
30,18f 33, 68
32 27, 34
33,12f.18f 34
34,27 34

Esra
3,11; 7, 27f 48
9f 46, 48f, 51, 65, 73, 140

Neh
1 30, 49, 51
4–6 49f
9 11, 30, 49–51, 65, 73, 141
12f 49

Tob
3 53
8 53
12f 53, 72

Jdt
2–7 54
9 54
11–13 54
16 37, 54

Est
1 52
4 51f

1 Makk
3f 58f
6,43–46 24
7,37f 59

2 Makk
1–3 59
10–12 59
12,42 17
15 58f

Ijob
7 56
9f 56
13f 56
16f 56f
30,20–23 56f
42,8.10 56f

Ps
1–3 64, 66, 68
6 65, 71
7 67
8 64f
11,5 100
15 66
16 62f, 73
17 63, 66
18 28, 66f
19 64f, 67
22 58, 63, 79–84, 132
22,2–4 79
22,8f 83
22,19 83
23 63, 67f
24 66
27 63, 66, 72
30 73
31,6 93
32 67
33,3 37
34 66, 71
40 37, 60, 72
41 67
42f 62f, 73, 141
50,13–15 72
51 38, 65–67, 72
55 69f
62 67f
63 63, 65
65,3 71
68,25f 66
71,14–19 60
72,15 57
73 63
77 63f
78 64, 139
84f 70f
92,2 72
96 33, 65
99,6 137
102,20f 71
104 63, 141

105f 33, 36, 64
113,7f 25
116 73
118 18, 63, 69
119 139
130 67
136 60, 63
139 63, 65f
144,9 37
148 69f
150 64f, 68

Spr
8,22–31 107
18,22 14
20,25 24, 139

Koh
5,1–3 24, 59

Weish
7–9 61
10,18–21 18, 61
11–19 61, 67

Sir
23,1–6; 28,2 60
34–36 60, 66
43 48, 60
50f 60

Jes
1,15 35, 45
12 18, 35f, 137
19 36
24–26 36
37,4 27, 37
38,9–20 32, 37
42,10 37
43–45 37
45,21^LXX 105
45,23^LXX 105
52,7–10 98
55f 37, 59
61,6 114
62 37f
63,7–64,11 37–39, 53
65f 37f

Jer
2f 39f
7,9f 45
10 28, 39f
11f 41
14 39
15 27, 39, 41, 137
17f 41, 64
20 41f
25,11f 51
29 20, 40, 57
30f 40, 56
32 42
42 40

Klgl
1f 55f
2,19 11, 55
3 55f, 60
5 55f

Bar
1 40, 57f
2f 57, 140
6 58

Ez
8,8; 11,13; 21,5; 46,3 43

Dan
2f 50
6 31, 50
9 30, 50f, 65, 72, 140
13f 139

Hos
6 43–45
8,1f 45
14 43f

Joël
1f 44

Am
4,13; 5,8; 9,5f 44
7,2.5 27, 44

Jona
1 44
2 44f, 73
3f 45, 51

Mi
3,3f 45
7 35, 45f

Hab
3 46

Zef
1,5f 45
3,9f 46

Sach
8,20–22 46

10,1 46
11,5 45
14,16f 46

Mal
1,9 46

Neutestamentliche Bücher

Q (Zählung entspricht Lk)
11,9–13 88f.
17,6 89

Mt
5,44 40
6,1–18 90
6,5–7 16, 45, 59, 90
6,7f. 90f.
6,9 11, 38
6,9–13 95–100
6,25–34 89
6,34 99
11,28 58
17,20f. 89
18,19f. 91
18,23–35 99
21,21f. 89
23,35 34

Mk
1,14f. 87
1,15 98
1,35–38 87f.
1,39 87
4,26–32 98
6,2 87
7,6f 45
11,15–17 87
11,22–24 89
12,40 45
14,32–42 88
14,38 88
15 79–84
15,24 83
15,29 83
15,34 88
15,39 93

Lk
1,39–46a 109
1,46b–55 25, 110–112, 132
1,57–67 109
1,68–79 112
2,29 51
2,29–32 112f.
2,51 92
3,21f. 92
4,16–21 92
7,36–50 92
10,38–42 92f.
11,2 11
11,2–4 95–100
11,5–8 94
15,20–24 92
17,6 89
18,1–8 94f.
18,9–14 95
18,15–17 95
19,1–10 93
23,34 57, 93
23,46 93
23,47 93
24,53 93

Joh
1,1–5 83
1,1–18 101, 126
1,12 126
1,14 126
1,16 126
1,18 126, 128
1,35–51 126
2,19 126f.
4,4–42 127
4,23f. 127
6,44 127
6,48–58 128
10,22f. 127
10,38 127
11,25 125
12,32 127
13,12–17 128
13,23 128
13,24f. 128
13,31–35 128
14,6 125
14,6–14 127
14,13f. 128
15,5 128
15,9–13 128
15,16 128
16,23f. 128
16,26f. 128
17,9–26 128
17,15–17 128
19,26f. 128
20,1–10 128
21,7 128
21,12 125
21,20 128
21,23 128

Apg
2,42–47 93

4,23–31 93
6,14–17 137
7,55–60 93
7,59f 34
9,3–6 102
10,2 93
15,28 93
22,6–10 102
26,13–18 102
27 94
27,21–26 94
27,35–38 94

Röm
1,8–10 122
5,5 120
6,2–11 120
6,3–11 102
8,15f. 120
8,21f. 122
8,23 120
8,26f. 120
8,32 135
10,8–14 102
12,1f. 123, 128

1 Kor
1,4–9 122
2,1–13 116
2,9 116
3,16f. 122
6,17 120
6,19f. 121
7,14 121
10,16–22 120
11,17–34 122
11,23–26 120
11,23–32 102
11,27–30 121
12,3 102
12,4–30 120
13,1 116
14,24f. 121
14,26 104
15,8–10 117
16,22 102

2 Kor
1,3–11 122
1,19f. 83
1,21f. 120
4,6 102
4,7–9 124
4,7–18 102
4,16 124
5,12 116
5,17 102, 119
5,18–20 102
6,1–10 102
6,10 117
6,11 117
12,1 118
12,2–4 118
12,5–10 116, 118
12,7 118
12,8f. 102f.

Gal
1,11–16 117
4,6 120
5,22f. 119f.
5,25 120

Eph
1,3–10 107f.
1,3–14 108
1,9 108
1,17f. 108
3,18f. 108
5,19 104
6,14–17 137

Phil
1,3–11 122
2,1–5 105
2,6–11 103–105
2,9–11 102
2,17 123
3,8–12 117f.
3,16 123
3,17 118
4,18 123

Kol
1,11–14 107
1,15 101
1,15–20 106f.
1,26f. 108
2,2f. 108
3,16 104

1 Thess
1,2–10 122
2,4 116

1 Tim
3,16 108f.

Phlm
4–7 122

Hebr
1,1–4 83, 101
2,11–13 82

Jak
1,5–8 89
1,13f. 100
5,15f. 89

1 Joh
1,1–3 125
4,16 128

Offb
1,5f. 114
4,1 114
4,8–11 114
5,6–14 102
5,8–10 113f.
5,8–14 114
5,9 37
7,9–12 114
11,15–18 114
11,19 114
12,10–12 114
14,3 37
15,2–4 114
16,5–7 114
18f 18
19,1–8 114
19,5 114
19,11 114
20,6 114
21,1–22,5 114
21,2–4 114
21,22 115
22,1 102
22,3 102, 115
22,20 102
22,20f 115
22,9.20 11

Außerbiblische Schriften

EvTh
48 89

Did.
8,1f 90
8,2f 95f
10,6 102

Tertullian, De oratione
1 95
8 100

bBer
12a 98

Plinius, ep.
10,96,7 104